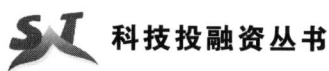

科技投融资丛书

适应创新驱动发展的投融资体系研究

Research on Investment and Financing System Adapting to Innovation-driven Development

张明喜 等/著

经济管理出版社
ECONOMY & MANAGEMENT PUBLISHING HOUSE

图书在版编目（CIP）数据

适应创新驱动发展的投融资体系研究/张明喜等著 . —北京：经济管理出版社，2019.1
ISBN 978 - 7 - 5096 - 6377 - 6

Ⅰ. ①适… Ⅱ. ①张… Ⅲ. ①投融资体制—研究—中国 Ⅳ. ①F832.48

中国版本图书馆 CIP 数据核字（2019）第 017790 号

组稿编辑：陈　力
责任编辑：杨国强
责任印制：黄章平
责任校对：董杉珊

出版发行：经济管理出版社
（北京市海淀区北蜂窝 8 号中雅大厦 A 座 11 层 100038）

| 网　　　址：www. E - mp. com. cn |
| 电　　　话：（010）51915602 |
| 印　　　刷：北京玺诚印务有限公司 |
| 经　　　销：新华书店 |
| 开　　　本：720mm×1000mm/16 |
| 印　　　张：16 |
| 字　　　数：264 千字 |
| 版　　　次：2019 年 1 月第 1 版　2019 年 1 月第 1 次印刷 |
| 书　　　号：ISBN 978 - 7 - 5096 - 6377 - 6 |
| 定　　　价：68.00 元 |

·版权所有　翻印必究·

凡购本社图书，如有印装错误，由本社读者服务部负责调换。

联系地址：北京阜外月坛北小街 2 号
电话：（010）68022974　邮编：100836

科技投融资丛书编委会

主　任：王　元

编　委（排名不分先后）：

贾　康　　王松奇　　赵昌文　　胥和平　　邓天佐　　林　新
房汉廷　　赵志耘　　张卫星　　周新生　　朱海雄　　丛树海
张陆洋　　费方域　　沈中华　　闻岳春　　雷家骕　　郭　戎

科技投融资丛书编写说明

1985年,《中共中央关于科学技术体制改革的决定》提出,"广开经费来源,鼓励部门、企业和社会集团向科学技术投资"。经过近30年的发展,中国的科技投资为全社会知识与技能储备的快速增加,为高新技术产业竞争能力的大幅提升做出了巨大贡献,从而为我国在21世纪迎头赶上世界新科技、新经济发展浪潮奠定了坚实基础。

2006年,中共中央、国务院召开全国科技大会部署实施《国家中长期科学和技术发展规划纲要(2006~2020年)》,胡锦涛同志在题为"坚持走中国特色自主创新道路 为建设创新型国家而努力奋斗"的讲话中,阐述了强化科技投融资建设的重大意义:"世界各国尤其是发达国家纷纷把推动科技进步和创新作为国家战略,大幅度提高科技投入,加快科技事业发展,重视基础研究,重点发展战略高技术及其产业,加快科技成果向现实生产力转化,以利于为经济社会发展提供持久动力,在国际经济、科技竞争中争取主动权";我国则"要把对科技事业发展特别是提高自主创新能力的投入作为战略性投资……形成多元化、多渠道、高效率的科技投入体系,提高科技资源共享利用的效益,为提高自主创新能力提供坚实保障"。

回顾我国改革开放的实践历程就会发现,科技进步不断对我国投融资体制和机制建设提出新的需求,财政、税收、金融、国有资产管理等制度则为促进科技发展进行了持续的制度创新。科技部门和金融部门通过共同提出决策建议、落实中央政策和联合制定部门文件等方式,推动了我国科技投资实践的跨越发展。20世纪80年代,财政科技经费分配办法实施改革,创业投资的概念和经验引入中国,经由星火计划、火炬计划建立国有银行服务科技型中小企业的"科技贷款"机制;90年代,制定高新技术企业所得税政策,通过捆绑科技类中小企业方式尝试推出"高新技术产业开发区企业债券",建立了科技成果等国有科技资产流转处置、投资入股的激励和奖励机制,提出设立中国创业板(及其前身——证券市场"高新技术企业板块")的意见。

21世纪,科技部和金融部门向国务院建议并成功在中关村科技园区试点未

适应创新驱动发展的投融资体系研究

上市高新技术企业进入证券公司代办系统进行股份转让。为鼓励创业投资发展，《公司法》《证券法》和《合伙企业法》等陆续修订，国家创业投资引导基金设立。高新技术企业税收政策优化调整后载入《企业所得税法》，企业研究开发费用加计扣除政策得以实施，银行、担保、证券、租赁、保险等支持科技创新的新机构、新机制和新工具不断涌现，各类科技金融服务平台纷纷建立。上述科技投融资机制建设的每一次前进，都使科技成果向现实生产力的转化过程变得更好、更快，同时也极大丰富了我国全社会投融资体系的层次与内容，大批投资机构和金融机构通过服务实体经济内生增长而切实获益。

中国科学技术发展战略研究院科技投资研究所前身是中国科学技术发展促进研究中心创业投资研究所，专职于科技投融资机制与政策研究，具体包括科技与金融结合、财政科技投入预算与绩效、科技创新税收政策、国有科技资产管理制度、全国创业投资行业调查分析以及国家重大科技项目的投融资机制等。自成立以来的十多年中，研究所的同仁有幸亲眼见证了科技投融资的建设进程，参与了许多相关支撑性研究工作，深深体会到这一研究领域的重要和魅力，也深刻认识到目前研究总体上还处在片段化、应对性的浅表阶段，其深入化、系统化、规范化和科学化的任务艰巨而紧迫。为此，不断提升自身的研究质量责无旁贷，促使更多社会力量关注和加入科技投融资研究领域同样义不容辞。编写本套丛书的基本设想是：科技投资研究所的研究者们集结自己的研究成果，并不断梳理和摸索；所抛出的"引子"和"靶子"，供感兴趣的研究者们批判和创新。本套丛书要力争成为一个支持新力量、新创作的有效工具。科技投资研究所计划利用承担的国家社科基金重大项目"创新型国家背景下的科技创新与金融创新结合问题研究"等国家级课题资助、支持丛书编写和出版。

在此感谢中国科学技术发展战略研究院的领导和同事们的支持。还要感谢科技部科研条件与财务司、政策司、计划司、火炬中心、监管中心、风险中心等单位的领导和有关同志多年来对科技投融资研究给予的指导。特别感谢丛书编委会中院外专家们的关怀，他们主要在选题等方面给予学术指导，但丛书中的具体观点、事实和数据均由相应著（编）者负责。

我们希望丛书真正成为一个开放性平台，期待与各方在此汇合，开展多方位合作，共同探索立足实践、面向未来的科技投融资理论体系，为走中国特色自主创新道路增添不竭的智力支持。

中国科学技术发展战略研究院科技投资研究所
二〇一三年三月

序
Preface

长期以来,人们往往关注科技创新本身,而忽略了支持科技创新的金融体系创新。今后一个时期,是我国经济转型升级、实现创新驱动发展的关键时期。加强科技金融创新,构建广覆盖、宽辐射的科技金融服务体系,是抓住新一轮科技革命和产业变革机遇、引领经济发展新常态的战略选择。

中国经济进入新常态后,经济增长速度从过去40年平均9.5%的增速下降到7%甚至6%。这种变化背后意味着更深刻的经济发展阶段的变化,那就是中国经济从工业化阶段开始向服务化和信息化阶段转变。

在工业化阶段,以间接融资为主的银行融资方式支撑了工业化的发展。现在,这个阶段已经过去,整个经济在向服务化、信息化转变,对金融服务的需求也发生了变化。从需要大规模化的金融,转向需要个性化、专业化、非标准化、去中心化的金融服务,这和传统的工业化时期完全不同。但是,工业化时期留下来的以间接融资为主的金融结构完全适应不了这种个性化、非标化、去中心化的需求,于是就会产生矛盾,就会有或大或小的金融危机发生。科技金融和金融科技应运而生,并带来了一些解决问题的方法。

实施创新驱动发展战略中的金融体系是一个宏大而复杂的研究课题,科技创新更加依赖良好的金融支持,金融发展也越来越依靠科技创新来拓展空间。科技金融加快发展正在显著缩短产业生命周期,有力促进科技创新及其产业化,成为实施创新驱动发展战略的加油站。《适应创新驱动发展的投融资体系研究》涉及财税、创业投资、资本市场、保险等诸多方面,中国科学技术发展战略研究院科技投资研究所团队所做的研究比较深入、全面,与我国创新经济的实际结合得比较紧密，对科技金融的发展具有很好的指导意义。

我国金融改革现在面临最主要的问题，就是如何提高中国金融资源的利用效率问题，这是金融改革很重要的一个着眼点。现在主要问题是效率低，如何证明效率低？就是县域经济、三农领域、小微企业、民营科技等存在严重的资金可得性问题，中国金融资源如此丰富，但这些领域却拿不到钱，说明在中国储蓄投资循环中有阻碍，问题没有从体制机制制度上解决。中国金融改革，要以提高金融资源配置效率为着眼点。

党的十九大报告提出，着力加快建设实体经济、科技创新、现代金融、人力资源协同发展的产业体系，着力构建市场机制有效、微观主体有活力、宏观调控有度的经济体制。这意味着要建设创新引领、协同发展的产业体系，实现实体经济、科技创新、现代金融、人力资源协同发展，使科技创新在实体经济发展中的贡献份额不断提高，现代金融服务实体经济的能力不断增强，人力资源支撑实体经济发展的作用不断优化。

与此同时，信息技术和金融的深层融合不断打破现有金融行业的边界，金融科技正以迅猛的势头重塑金融产业生态，深刻改变着金融服务的运作方式。这是金融服务方式的创新。金融创新的方向务必要和科技相结合，"无科技不金融"已成为金融行业的共识。人工智能、大数据、区块链、云计算等金融科技改变了金融服务的模式与效率，昭示出新科技的巨大张力，必将对未来金融业的发展产生巨大而深远的影响。金融机构必须紧紧借助科技的力量，提升服务实体经济的能力。

如何理解、如何发展、如何研究提出新的理论概括来引导我国未来的发展，这是新的研究任务。希望中国科学技术发展战略研究院科技投资研究所团队用新的面貌来研究新的任务，承接新的挑战。

前 言
Introduction

本书立意

党的十八大以来,坚持以科技创新为核心的全面创新,逐步形成了以新发展理念为指导、以供给侧改革为主线的政策体系。十八大明确提出"科技创新是提高社会生产力和综合国力的战略支撑,必须摆在国家发展全局的核心位置",强调要坚持走中国特色自主创新道路、实施创新驱动发展战略。"十三五"科技创新规划中也明确提出,要健全支持科技创新创业的金融体系,发挥金融创新对创新创业的重要作用,构建以直接融资为主的各类金融工具协同融合的科技金融生态体系。

坚持实施创新驱动发展战略,关键在于发挥市场在资源配置中的决定性作用,坚持以企业,特别是中小企业为创新主体,疏通资本进入创新的渠道。然而现阶段,在经济发展新常态下,财政供给持续低速增长,金融资本、民间投资供给充分,但投融资渠道狭窄,科技型中小企业面临的融资难、融资贵等问题依然突出,成果转化仍然面临资金瓶颈,国家重大研发任务也急需资金投入。因此,必须探索出一条适合中国国情路径,打通资本与创新、科技与金融、财政与社会资本之间的双通道,充分发挥市场配置资源和政府引导作用,构建多元化、多渠道、多层次科技投融资体系。

本书特色

为落实"十三五"科技创新规划和创新驱动发展战略纲要,本书对财政、金融、税收、民间投资支撑创新的现状、问题、优化路径等问题开展深入调研和分析，提出政策建议，开展面向"十四五"的前瞻性设计，尝试给出支持创新驱动发展的多元化投入体系的最优路径，进而优化已有制度设计。

从需求侧出发，科研院所、大学，企业（大、中、小）对资金需求都不一样，投融资机制要精准对接。重点研究全社会研发投入、可投入创新的各类要素供给能力和水平、科技创新资源配置现状，以及科技创新的需求状况等。

研究和写作过程中做到"点面结合"，选取一批有代表性的企业、科研院所、高校和地方政府（国家自创区、高新区）等进行调研，对我国科技创新资源在微观层面的配置现状进行深入了解，了解不同类型机构的融资痛点。结合地方实践经验，挖掘研究新型研发组织进行重点案例解剖。

从供给侧出发，分析当前社会支持创新创业投融资现状，以及如何创新支持方式，构建新型科技金融投融资体系。

在创新驱动发展战略下，科技财税体系表现为稳定增长的财政资金支持、不断优化的财政科技投入结构和更富有激励创新的税收政策。研究（中央、地方）财政投入与税收政策，特别是财政科技投入对金融和社会资本的引导机制，不断提升财政资金使用效率。

研究银行、担保、租赁、保险等间接融资支持创新的发展情况，研究其与创新型企业的融资需求的匹配情况，剖析金融供给在传统行业过剩却在新兴行业不足的内在原因。

研究多种形式的天使投资与创业投资，跟踪把握股权类融资的现状与问题，从政府引导与制度设计的角度，构建适应创新创业活动的直接融资服务体系。研究创业板、新三板、区域性股权交易市场等发展现状，剖析存在问题，为完善多层次资本市场提供决策参考。

从大金融的角度，重点研究各类混合模式创新，如投贷联动、众筹等，通过资本的优化配置与组合工具的金融创新，满足企业不同阶段的融资需求。互联网技术改变了消费者与实体货币的关系，越来越多的创新型企业则借助互联网享受金融服务，着重跟踪分析区块链、金融科技等新兴模式的发展现状与趋势，研究提出其支持创新的政策体系。

同时，研究引导金融资本和社会资本进入科技创新领域的新机制。在研发阶段，研究如何引导金融资本和社会资本参与国家重大研发任务、科技创新基础设施和科技创新示范工程（项目）等，利用财税政策手段等，构建多元化的研发投入机制。在成果转化阶段，研究如何根据技术领域的不同特点、行业发展的不同阶段，构建符合成果转移转化规律的多元化投入机制。在产业化阶段，研究如何有效满足中央和地方的战略需求，搭建适应创新驱动发展、打造经济新动能的多层次、多元化投融资机制。

本书结构安排

全书共九章，四个专题。

"适应创新驱动发展的投融资体系界定及其中央战略部署"章节对科技金融的理论内涵进行了分析。同时，对适应创新驱动发展的投融资体系进行了界定：指一定范围内或各类的投融资方式，为了适应创新驱动发展的需要，按照一定的秩序和内部联系组合而成的有机整体。适应创新驱动发展的投融资体系主要由财税引导、创业投资、资本市场、科技信贷、科技保险、科技金融服务等要素构成。梳理归纳了中央对实施创新驱动发展的部署，主要包括创新是引领发展的第一动力，创新引领全面发展，核心是科技创新，路径是双轮驱动。中央对构建投融资体系提出了新要求，对科技创新主攻方向和突破口要加大投入，要围绕创新链完善资金链，要促进科技和金融的深度融合，进一步凸显企业是投入的主体，构建有利于创新发展的财税与金融体制。

在"理论研究与国外实践"章节，对技术创新和金融资本的经济范式，科技金融和投融资体系的基本理论进行了分析。同时，总结了国外科技创新驱动发展的新动态，提出了其对我国科技资源配置的启示。

"科技创新投入的现状分析"章节，对我国科技投入现状进行了研究，同时，对国内外科技投入进行了比较分析，分析了存在的主要问题，包括投入主体相对单一，基础投入相对较少，企业科技创新投入强度有待提升、结构有待优化等。

在"创新创业企业的营运资本"专题，分析营运资本对企业研发的影响，通过调研得到新发现：一是研发投入难以保证，二是中小企业税负依然较重，三是中小企业希望得到政府的研发支持，四是融资成本过高。建议降低中小企业各项负担，调整优惠政策方向，发挥政府对金融市场的引导作用。

在"以人工智能为代表的新技术融资"专题，新一代人工智能作为新一轮科技革命和产业变革的核心力量,将重构生产、分配、交换、消费等经济活动各环节,形成从宏观到微观各领域的智能化新需求,催生新技术、新产品、新产业,引发经济结构重大变革,推动产业转型升级、实现生产力的新跃升。人工智能产业从基础支撑、核心技术到应用的产业链条正逐步形成,新一代人工智能相关学科发展、理论建模、技术创新、软硬件升级等整体推进,正在引发链式突破,推动经济社会各领域从数字化、网络化向智能化加速跃升。按照2015年的市场规模推算,2020年时全球AI市场R&D投入将在800亿~1600亿元,中国AI核心产业R&D投入在400亿~800亿元,带动相关产业的R&D投入超过5000亿元。建议统筹配置国际国内创新资源,发挥好财政投入的引导作用,加大人工智能领域的资金投入;加大重点人工智能领域的基础研究投入,提升核心技术竞争力;多渠道多元化增加资金投入,形成财政资金、金融资本、社会资本等多方支持的新格局。

在"金融科技"专题,本书经过研究认为,金融科技是技术革命的产物,金融科技的本质是技术创新驱使金融业变革,金融科技的发展彰显新发展理念。金融科技在全球范围内的迅速兴起,引起了国际组织和各国的广泛关注。国际组织高度重视金融科技发展,美国积极保持前瞻性态度,英国大力支持金融科技发展。为促进金融科技健康发展,建议超前布局金融科技领域研发,在促进科技和金融结合试点区域开展监管试点,建设支撑金融科技发展的新基础设施,营造金融科技发展的良好生态。

在"财政科技投入"章节,战略性和产业共性技术研发要求创新财政投入方式,创新发展新趋势要求国家对企业技术创新的投入方式转变为以普惠性财税政策为主,财政收支压力加大要求科技金融成为广义科技投入的重要支撑。财政科技支出总量大幅增长,但增速和支出强度略有下降。财政科技投入方式创新——科技领域开始探索PPP模式。支持创新的税收政策进一步完善和丰富。科技领域PPP应用中存在的主要问题包括:我国现有研发PPP非现代意义,战略和产业共性技术供给效率和科技成果转化效率较低,科技基础设施与公共服务PPP应用面尚窄。科技创新税收政策落实中存在的问题突出表现在:中小企业难从研发费用加计扣除政策中受益。高新技术企业税收优惠政策在实施中存在"双重审核"问题。创业投资企业和天使投资个人70%投资额税收试点政策对非试点地区产生不公平。股权激励延期纳税优惠不适用于"持股平台",导致部分科技人员无法享受优惠。技术秘密转让无法享受技术转让所得税优惠。以流转税为主的税制结构加重企业负担。同时，总结了发达国家研发 PPP 合作实现 3.0 版，加大对科技创新的税收支持，中小企业是创新税收政策的支持重点等特征。建议尽快研究出台科技领域应用 PPP 的指导意见，进一步完善创新税收优惠政策，增强普惠性，多种手段保障和激励地方政府增加财政科技支出，继续加强科技与金融结合，引导银行等社会资本投资创新。

在"创新券的发展与应用"专题，对我国创新券实施情况进行了全面梳理，归纳了创新券的"新特征"，探索开展创新券跨区域使用，创新券设计更加精细化，创新券的服务方式已经扩展至其他领域，省级创新券按照实施差异化的经费配套，创新券的专项资金使用方式逐渐灵活。在遇见的障碍方面，个别地方对创新券支持范围过于苛刻，创新券兑付问题仍然存在，创新券的服务机构认定仍然缺乏统一标准，服务机构与企业之间的关系难以长期维系。建议制定并出台创新券全国管理办法，搭建全国统一的创新券管理平台，形成以创新券为代表的公共财政科技投入与金融资本与民间投资有效互动机制。

风险投资在国家创新体系建设中扮演着重要角色，成为助推高科技企业发展的重要动力。"创业风险投资"章节结合科技部第 16 次全国创投专项调查数据，分析了 2017 年我国风险投资行业发展的新态势，调查了行业发展的景气指数；同时，结合相关调研情况，对行业面临的发展障碍提出了初步考虑。

在"银行"章节，银行支持科技创新创业企业的现状。2013 年，银监会出台《中国银监会关于进一步做好小微企业金融服务工作的指导意见》（银监发〔2013〕37 号），要求商业银行深入落实利率风险定价、独立核算、贷款审批、激励约束、人员培训、违约信息通报"六项机制"，并将单列年度小微企业信贷计划列入银行考核指标。2014 年，出台《关于大力推进体制机制创新 扎实做好科技金融服务的意见》（银发〔2014〕9 号），鼓励银行业金融机构在高新技术产业开发区等科技资源集聚地区通过新设或改造部分分（支）行作为从事中小科技企业金融服务的专业分（支）行或特色分（支）行；在加强监管的前提下，允许具备条件的民间资本依法发起设立中小型银行，为科技创新提供专业化的金融服务；并加快推进科技信贷产品和服务模式创新。2016 年，制定《关于支持银行业金融机构加大创新力度开展科创企业投贷联动试点的指导意见》（银监发〔2016〕14 号），选择 10 家银行在 5 个国家自主创新示范区启动"投贷联动试点"工作。截至目前，全国成立的科技支行超过200家；由用友网络等发起设立的中关村银行开业运营。先后成立了逾百家科技担保机构，并启动了国家科技成果转化引导基金风险补偿工作。"投贷联动试点"工作在国内稳步开展。分析了银行支持科技创新创业存在的主要问题，包括银行支持科技创新的信贷存在诸多不足，政府对银行的考核监管措施落实难度大，政府设立的贷款风险分担资金引导性不足。对国际经验进行了借鉴，包括美国硅谷银行、法国国家投资银行、欧盟设立银行贷款风险分担机制。

在"资本市场"章节，2013年，中关村科技园区非上市股份有限公司代办股份转让系统向全国推广，服务对象从国家高新技术产业开发区内的高新技术企业扩展到全国的创新型、创业型、成长型中小微企业。各地区域股权交易市场也纷纷设立，由主板、中小板、创业板、新三板和区域股权交易市场组成的多层次资本市场基本成型。资本市场成为企业融资的重要来源，截至2017年上半年，A股上市企业达到3277家，新三板挂牌企业超过11000家；A股上市公司首发和增发融资分别达到2.73万亿元和6.75万亿元，新三板挂牌企业定向增发融资达到3349亿元。仅交易所发行企业债、公司债超过6万亿元，近年来推出的中小企业集合债、中小企业私募债、双创公司债等新产品也为科技型中小企业提供了更多融资工具选择。但是，创业板改革进展缓慢，新三板市场功能发挥不足。美国、英国是资本市场相对发达的国家，其中美国多层次资本市场中的纳斯达克成为创新企业最重要的融资渠道之一；英国的多层次资本市场也具有非常鲜明的特色。建议建立创业板改革长效机制，突出创业板特色，激励中介机构积极性。在新三板方面，强化分层管理，提高市场活力，推动制度创新。

在"科技保险"章节，研究发现，科技保险的功能进一步丰富，保险科技正在颠覆传统保险业，创新是实现科技保险可持续发展的源泉。在科技保险的发展现状方面，2012年，人保财险苏州科技支公司成立，成为全国第一家科技保险专营机构。2013年，保监会确定在苏州高新区开展全国首家"保险与科技结合"综合创新试点。2014年国务院出台《关于加快发展现代保险服务业的若干意见》（国发〔2014〕29号）要求"建立完善科技保险体系，积极发展适应科技创新的保险产品和服务，推广国产首台首套装备的保险风险补偿机制"。2015年，启动首台（套）重大技术装备保险补偿机制试点。2016年，太平科技保险公司正式成立。地方建立"保险+双创孵化器+多家科技型中小企业"的"1+

1+N"的"双创"平台运营模式,推广小额信贷保险,发展贷款、保险、财政风险补偿捆绑的专利权质押融资新模式。截至2016年底,公司政策性科技保险共为5326家科技企业提供风险保障逾9500亿元,已支付赔款2.25亿元,有效地支持了科技企业的正常运转;专利保险在63家地市进行推广,累计为4450家科技企业的10346件专利提供风险保障逾93.83亿元。科技保险存在的主要问题主要有:政府对科技保险的支持与退出机制有待进一步健全,科技保险的弱可保性未得到妥善解决,科技企业对风险管理的意识较弱,未形成各参与主体的网络效应。从国外科技保险的险种设置、科技保险承办机构等方面,总结了科技保险发展的国际经验借鉴。研究认为,建议建立政府对科技保险的合理引导机制,不断提高承保风险的可保性,强化风险管理理念,构建科技保险的多方共赢机制。

在"政策建议"章节,分析了适应创新驱动发展投融资体系面临的复杂形势,研究认为,完善科技投融资体系面临着科技革命尤其是金融科技的复杂形势,完善科技投融资体系面临科技和经济融通发展的复杂挑战,完善科技投融资体系面临着改革思路和路径选择动态调整的复杂背景,完善科技投融资体系面临创新体系的灵活性和全球化需求,完善科技投融资体系面临将资金的潜在供给变为有效供给的困难,完善科技投融资体系面临创新创业企业相对轻资产的复杂基础。研究发现,完善适应创新驱动发展投融资体系面临的新挑战:将资金供给不平衡不充分变为均衡发展,将融资的后端化转变为精准融资,将融资方式较为单一变为多样化,将金融监管滞后转变为发展与监管协同,将科技金融基础薄弱转变为能力提升。最后,提出了完善适应创新驱动发展投融资体系的思路、目标与举措。

本书主要结论

面向"十四五",围绕中央对创新驱动发展做出的重要部署,不断完善金融体系支持创新驱动发展战略的作用机制,强化金融服务创新的功能,提出支撑创新发展的投融资政策建议。

——加大财政资金投入,弥补科技创新和金融机构的风险损失。创新财政科技投入方式,综合运用设立专项、组建基金等方式,将"事前补""直接投""无偿资助"逐步调整为"事后补""间接投""有偿自主"等方式。

——加快建立供给侧结构性改革相适应,扶持有力、导向明晰、稳定规范的税收政策体系，进一步增强税收支持创新发展的效能。构建税收支持创新体系，加大对大众创业万众创新的税收支持力度，完善支持新兴产业发展的税收优惠政策等。

——优化金融结构，激发金融机构活力。健全直接融资与间接融资相协调的金融体系，激发各个主体参与技术创新的积极性。围绕实施创新驱动发展战略与新发展理念，提出符合创新驱动全链条的资金需求和供给建议。

——健全社会资本参与国家重大研发任务的政策体系，健全社会资本参与国家重点研发任务的治理模式，强化对参与国家重点研发任务的各主体激励等。

——深化促进科技和金融结合试点，进一步明晰未来的试点方向，完善试点工作机制与创新政策，促进科技金融深度融合创新发展。

——夯实科技金融公共技术和基础服务，为完善投融资体系提供支撑。持续开展创业风险投资统计监测工作，健全全国科技金融信息（网络）系统。

本书主要撰写安排

"适应创新驱动发展的投融资体系界定及其中央战略部署"由张明喜研究撰写。"理论研究与国外实践"由张俊芳研究撰写。"科技创新投入的现状分析"由魏世杰、朱欣乐研究撰写。"创新创业企业的营运资本"由魏世杰、薛薇研究撰写。"以人工智能为代表的新技术融资"由张俊芳研究撰写。"金融科技"由张明喜研究撰写。"财政科技投入"由薛薇研究撰写。"创新券的发展与应用"由朱欣乐研究撰写。"创业风险投资"由张俊芳研究撰写。"银行"由李希义研究撰写。"资本市场"由魏世杰研究撰写。"科技保险"由张明喜研究撰写。"政策建议"由张明喜研究撰写。全书由张明喜负责统稿。

目 录
Contents

第一章 适应创新驱动发展的投融资体系界定及其中央战略部署 ······ 001

 第一节 创新驱动发展的投融资体系界定 ······ 001

 第二节 中央对实施创新驱动发展战略的新部署 ······ 003

 第三节 中央对构建投融资体系提出了新要求 ······ 006

第二章 理论研究与国外实践 ······ 011

 第一节 理论解释 ······ 011

 第二节 国外科技创新驱动经济发展的新动态 ······ 013

第三章 科技创新投入的现状分析 ······ 033

 第一节 我国科技投入现状 ······ 033

 第二节 国内外科技投入比较 ······ 038

 第三节 存在的主要问题 ······ 043

 专题1：创新创业企业的营运资本 ······ 044

 专题2：以人工智能为代表的新技术融资 ······ 050

 专题3：金融科技 ······ 065

第四章 财政科技投入 070

第一节 新需求 070
第二节 发展现状 072
第三节 主要问题 076
第四节 国际经验借鉴 078
第五节 政策建议 085
专题4：创新券的发展与应用 088

第五章 创业风险投资 095

第一节 我国创投行业发展的新特征 095
第二节 行业景气指数分析 102
第三节 与美国对比分析 104
第四节 思考与建议 113

第六章 银 行 115

第一节 新需求 115
第二节 银行支持科技创新创业企业的现状 116
第三节 银行支持科技创新创业存在的主要问题 125
第四节 国际经验借鉴 127
第五节 投贷联动试点工作的进展及其模式研究 142
第六节 政策建议 151

第七章 资本市场 153

第一节 新需求 153
第二节 多层次资本市场支持科技创新 155
第三节 新三板创新 164
第四节 主要问题 174
第五节 国际经验 181
第六节 政策建议 199

第八章　科技保险 …… 202

第一节　新需求 …… 202
第二节　科技保险的发展现状 …… 204
第三节　存在的主要问题 …… 209
第四节　科技保险发展的国际经验借鉴 …… 210
第五节　进一步推动科技保险发展的政策建议 …… 213

第九章　政策建议 …… 216

第一节　完善适应创新驱动发展投融资体系面临的复杂形势 …… 216
第二节　完善适应创新驱动发展投融资体系面临的新挑战 …… 219
第三节　完善适应创新驱动发展投融资体系的思路、目标与举措 …… 221

参考文献 …… 229

后　记 …… 233

第一章

适应创新驱动发展的投融资体系界定及其中央战略部署

第一节 创新驱动发展的投融资体系界定

一、科技金融

在学术界,有关科技金融的内涵有多种,具有代表性的主要有以下两种:一种是工具论。如赵昌文等(2009)指出,科技金融是促进科技开发、成果转化和高新技术发展的一系列金融工具,包括产业发展的金融体系、金融政策和金融服务体系,也包括为科学和技术创新活动提供金融资源的政府、企业、市场、社会中介组织等。同时,科技金融也是金融体系和国家创新体系的重要组成部分。另一种是本质论。如房汉廷(2010,2015)认为,科技金融是一种创新活动,即科学知识和技术发明被企业家转化为商业活动的融资行为总和;科技金融是一种技术—经济范式,即技术革命是新经济模式的引擎,金融是新经济模式的燃料,二者合起来就是新经济模式的动力所在;科技金融是一种科学技术资本化过程,即科学技术被金融资本孵化为一种财富创造工具的过程;科技金融是一种金融资本有机构成提高的过程,即同质化的金融资本通过科学技术异质化的配置,获取高附加回报的过程。科技金融是以培育高附加价值产业、创造高薪就业岗位、提升经济体整体竞争力为目标,促进技术资本、创新资本与企业家资本等创新要素深度融合、深度聚合的一种新经济范式。

结合我国科技金融工作实践和理论研究,本课题倾向于科技金融的实践性表述。科技金融指通过创新财政科技投入方式,引导和促进银行业、证券业、保险业金融机构及创业投资等各类资本,创新金融产品,改进服务模式,搭建服务平台,实现科技创新链条与金融资本链条的有机结合,为初创期到成熟期各发展阶段的科技企业提供融资支持和金融服务的一系列政策和制度的系统安排。科技金融发展,不仅有利于发挥科技对经济社会发展的支撑作用,也有利于金融创新和金融的持续发展。

二、适应创新驱动发展的投融资体系

适应创新驱动发展的投融资体系指一定范围内或各类的投融资方式,为了适应创新驱动发展的需要,按照一定的秩序和内部联系组合而成的有机整体。适应创新驱动发展的投融资体系主要由财税引导、创业投资、资本市场、科技信贷、科技保险、科技金融服务等要素构成。

从融资渠道看,适应创新驱动发展的投融资体系主要表现为:第一,财政支持,包括财政直接与间接支持,以及相关税收减免优惠政策等。第二,内源性投融资。主要是指企业利用自身的留存收益和折旧转化为投融资。第三,直接投融资,包括风险投资、资本市场、保险、债券等。第四,间接投融资,包括政策性金融、商业银行信贷、民间金融贷款、小额贷款等。第五,创新性投融资,包括知识产权质押融资、联合发债、融资租赁、担保融资、互联网金融融资等。

推动财政主导融资向多元化投融资体系转型是加快创新驱动发展的"经济助推器",也是孕育我国经济新增长点和新发展动能的绝佳"沃土"。当前,我国处于供给侧结构性改革的"攻坚期",创新将为我国经济发展提供动力和方向。现阶段经济中出现脱实向虚等现象,本质上是源自"资产荒",即没有好的投资项目,特别是没有由实体经济带动的能够产生经济效益的增长点。如何通过构建多元化投融资体系,将创新转化为经济增长力量,是我国未来百年大计。

现阶段,适应创新驱动发展的投融资体系,需要在政府引导下实现三个创新:一是"从财政投入为主向间接投融资为主"转变,这主要是由我国金融体系特点决定的;二是"从间接投融资为主向间接投融资+直接投融资+内源性投融资"转变,这取决于未来直接投融资市场的发展以及企业资本积累速度;三是从传统投融资向"传统投融资+非传统投融资"转变,未来投融资资金渠道可能会进一步拓展到民间资本、国际资本等。

第二节 中央对实施创新驱动发展战略的新部署

当前,我国正处于加快全面建成小康社会、建设世界科技强国的关键战略期,以习近平同志为核心的党中央高度重视科技创新,举起定向、谋篇布局、攻坚克难、强基固本,始终站在时代发展的战略高度,坚持和运用马克思主义的世界观和方法论,紧密围绕"两个一百年"的奋斗目标,立足和着眼于中国特色社会主义建设的新需要和新实践,对科技创新及投融资相关问题进行了一系列论述,对未来一段时期的科技金融工作进行了战略部署。

以习近平同志为核心的党中央,站在时代发展和战略全局的高度,提出加快从要素驱动发展向创新驱动发展转变,发挥科技创新的支撑引领作用。创新改变中国,创新改变世界。习近平指出:"创新是国家和企业发展的必由之路。""十三五"规划建议明确提出,"深入实施创新驱动发展战略"。党的十九大报告进一步明确指出,"坚定实施科教兴国战略、人才强国战略、创新驱动发展战略、乡村振兴战略、区域协调发展战略、可持续发展战略、军民融合发展战略[①]"。

一、创新是引领发展的第一动力

马克思主义政治经济学理论指出,生产力是人类利用自然和改造自然、进行物质资料生产的能力,是最活跃、最革命的要素。习近平总书记结合当代科技创新发展的新趋势,指出"纵观人类发展历史,创新始终是推动一个国家、一个民族向前发展的重要力量,也是推动整个人类社会向前发展的重要力量[②]"。"只

---

① 《决胜全面建成小康社会 夺取新时代中国特色社会主义伟大胜利——习近平在中国共产党第十九次全国代表大会上的报告》,2017年10月18日。
② 《在中央财经领导小组第七次会议上的讲话》,2014年8月18日。

有不断推进科技创新,不断解放和发展社会生产力,不断提高劳动生产率,才能实现经济社会持续健康发展。"① 在此认识基础上,习近平总书记强调"创新是引领发展的第一动力。抓创新就是抓发展,谋创新就是谋未来。适应和引领我国经济发展新常态,关键是要依靠科技创新转换发展动力"②。习近平在贵州调研时,他又强调,"要大力推进经济结构性战略调整,把创新放在更加突出的位置,继续深化改革开放,为经济持续健康发展提供强大动力"③。把创新作为引领发展的第一动力,是中央对新时期创新与发展关系做出的重大论断,反映了对发展动力机制演变的规律把握,体现出科学技术在整个经济社会发展中扮演着不可或缺的核心地位。

二、创新引领全面发展

党的十八届五中全会提出要牢固树立创新、协调、绿色、开放、共享发展理念,并把创新摆在"五大发展理念"之首。这就要求必须把创新摆在国家发展全局的核心位置,将创新理念贯穿于协调、绿色、开放、共享等理念的落实中。第一,坚持协调发展,需要创新提供支撑。习近平总书记指出,"我们要立足于科技创新","在新的发展水平上实现协调发展"④。第二,坚持绿色发展,需要创新破解难题。习近平总书记指出,"依靠科技创新破解绿色发展难题,形成人与自然和谐发展新格局"⑤。第三,坚持开放发展,需要创新拓展新局面。习近平总书记指出,"国际经济合作和竞争局面正在发生深刻变化,全球经济治理体系和规则正在面临重大调整。经济全球化表面上看是商品、资本、信息等在全球广泛流动,但本质上主导这种流动的力量是人才、是科技创新能力"⑥。第四,坚持共享发展,需要创新提供新手段。习近平总书记指出,"人民的需要和呼唤,是科技进步和创新的时代声音"⑦。"提高社会发展水平、改善人民生活、增强人民健康素质对科技创新提出了更高要求。"⑧ 依托科技创新可以提升医疗卫

---

① 《在中央财经领导小组第七次会议上的讲话》,2014年8月18日。
② 《在参加上海代表团审议时的讲话》,2015年3月5日。
③ 《在贵州调研时的讲话》,2015年6月16~18日,《人民日报》2015年6月19日。
④⑤⑥ 《在全国科技创新大会、两院院士大会、中国科协第九次全国代表大会上的讲话》,2016年5月30日。
⑦⑧《在全国科技创新大会、两院院士大会、中国科协第九次全国代表大会上的讲话》,2016年5月30日。

生、教育、养老等各类社会事业的技术与水平，依托互联网等新技术，可以让人人都有平等机会参与创新，共享经济与社会发展成果。

把创新摆在国家发展全局的核心位置，让创新贯穿党和国家一切工作。这一表述，把创新在经济社会发展中的地位提升到了前所未有的高度。在经济全球化和社会信息化深入发展的今天，发展环境和条件的变化快于以往任何时候，只有以更快的速度创新，才能跟上时代进步的潮流；在国家间竞争日益激烈的背景下，各国都把创新作为制胜法宝，只有以更大的力度创新，才能抢占发展的制高点。

三、核心是科技创新

习近平总书记指出，"创新是多方面的，包括理论创新、体质创新、制度创新、人才创新等方面，但科技创新地位和作用十分显要"[1]。在河南考察时，习近平总书记指出，"一个地方、一个企业，要突破发展瓶颈、解决深层次矛盾和问题，根本出路在于创新，关键要靠科技力量"[2]。在中央财经领导小组第七次会议上，习近平总书记指出，"党的十八大提出的实施创新驱动发展战略，就是要推动以科技创新为核心的全面创新"，"实施创新驱动发展战略，必须紧紧抓住科技创新这个'牛鼻子'，切实营造实施创新驱动发展战略的体制机制和良好环境，加快形成我国发展新动源"[3]。2016年5月，习近平总书记进一步指出，"科技创新是核心，抓住了科技创新就抓住了牵动我国发展全局的牛鼻子"[4]。推动以科技创新为核心的全面创新，既体现出科学技术第一生产力的本质属性；也体现出必须将科技创新与理论创新、制度创新、文化创新等协同链接，前者是根本和基础，后者是保障和支撑。

创新覆盖领域广泛，不仅涉及理论创新而且涉及制度创新，不仅涉及科技创新而且涉及文化创新等，是发展全局的核心支撑和引领发展的第一动力。创新是全领域、全方位的，但也应有重点；在不同阶段，创新的重点有所不同。推动创

---

[1] 《在中央财经领导小组第七次会议上的讲话》，2014年8月18日。
[2] 《在河南考察时的讲话》，2014年5月9～10日。
[3] 《在中央财经领导小组第七次会议上的讲话》，2014年8月18日。
[4] 《在全国科技创新大会、两院院士大会、中国科协第九次全国代表大会上的讲话》，2016年5月30日。

新,应以充分发挥创新在形成新的发展动力中的作用为主线,找准政策的着力点。在目前的发展阶段,科技创新是最需要取得重大突破的领域之一。按照中央部署,充分发挥科技创新在全面创新中的引领作用,把创新驱动发展建立在技术不断进步的基础上。

四、路径是双轮驱动

习近平总书记在全国创新大会上强调,"创新是一个系统工程,创新链、产业链、资金链、政策链相互交织、相互支撑,改革只在一个环节或几个环节搞是不够的,必须全面部署,并坚定不移推进。科技创新、制度创新要协同发挥作用,两个轮子一起转"①。科技创新要发挥好第一动力的作用,明确支撑发展的方向和重点,形成持续创新的系统能力。体制机制创新要破除制约科技创新的思想障碍和制度藩篱,统筹推进科技、经济和政府治理三方面体制机制改革,最大限度释放创新活力。

第三节　中央对构建投融资体系提出了新要求

如果把科技创新比作经济发展的"新引擎",那么科技投融资就是这个"新引擎"的"燃料"。"燃料"的质量不仅决定"新引擎"的"转速",而且还决定着"新引擎"的稳定性和持久性。

一、对科技创新主攻方向和突破口要加大投入

习近平总书记明确指出,"我们要全面研判世界科技创新和产业变革大势,既要重视不掉队问题,也要从国情出发确定跟进和突破策略,按照主动跟进、精心选择、有所为有所不为的方针,明确我国科技创新主攻方向和突破口。对看准的方向,要超前规划布局,加大投入力度,着力攻克一批关键核心技术,加速赶

---

① 《在全国科技创新大会、两院院士大会、中国科协第九次全国代表大会上的讲话》,2016 年 5 月 30 日。

超甚至引领步伐"①。确定投入时,务必要搞清楚投向。习近平总书记指出,"推进科技创新,首先要把方向搞清楚,否则花了很多钱、投入了很多资源,最后也难以取得好的成效"②。对符合发展方向、看清看准的事,大胆推进,要切实加大投入,习近平总书记强调,"要密切跟踪、科学研判世界科技创新发展的趋势,看到差距,找准问题,对看准的方面超前规划布局,将成熟的思路及时转化为政策举措,切实加大投入,抢占先机"③。

当前,我国科技投入环境发生重大变化,投入的主要矛盾由总量不足转变为结构性矛盾。上述重大举措,抓住了科技投入的主要矛盾,指出科技投入应聚焦于科技创新的主攻方向和突破口,科技投入应为创新驱动发展提供坚实的物质保障,努力占领世界制高点、掌控技术话语权。

二、要围绕创新链完善资金链

习近平总书记指出,"要着力围绕产业链部署创新链、围绕创新链完善资金链,聚焦国家战略目标,集中资源、形成合力,突破关系国计民生和经济命脉的重大关键科技问题"④。关于如何在科技成果转化过程中匹配创新链和创新链,《中共中央关于制定国民经济和社会发展第十三个五年规划的建议》提出,"加强技术和知识产权交易平台建设,建立从实验研究、中试到生产的全过程科技创新融资模式,促进科技成果资本化、产业化"⑤。

"围绕创新链完善资金链"这一新理念,破除了束缚传统科技投入的思想藩篱,更加鲜明地突出了创新链与资金链两者的辩证关系。同时,随着创新活动的复杂性远胜于昔,在创新链的不同环节上更加需要精准、合理地投入创新资金。此外,"围绕创新链完善资金链",意味着科技资源配置要从"小投入"转向"大投入",既围绕创新链加强资源统筹,优化配置政府财政科技资源,又引导全社会资源向科技创新集聚,推动创新链、产业链和资金链的有效衔接,不断提高全社会科技创新的效率。

---

① 《在中央财经领导小组第七次会议上的讲话》,2014 年 8 月 18 日。
② 《在上海考察时的讲话》,2014 年 5 月 23 日、24 日。
③ 《在〈努力在新一轮科技革命和产业变革中占领制高点〉上的批示》,2014 年 6 月 23 日。
④ 《在中国科学院第十七次院士大会、中国工程院第十二次院士大会上的讲话》,2014 年 6 月 9 日。
⑤ 《中共中央关于制定国民经济和社会发展第十三个五年规划的建议》,2015 年 10 月 29 日中国共产党第十八届中央委员会第五次全体会议通过。

三、要促进科技和金融的深度融合

科技与金融通常被认为是经济增长的"双引擎",科技金融则是科技创新与金融创新结合发展到一定程度的产物。经济发展离不开科技推动,而科技进步则需要金融的强力助推。一方面,科技是发展动力转换和实现创新驱动的核心和关键;另一方面,金融作为现代经济的血液,是创新驱动发展的重要支撑。与传统经济不同,以知识和技术密集为特征的现代经济,对金融服务的要求越来越高。

从世界范围看,现代经济实现突破性增长的一个重要特征,就是科技与金融的深度融合。比如,美国的硅谷就是科技创新与金融创新的结合体。在我国,人们对科技与金融融合发展的意义认识越来越深入,不管是国家层面还是地方层面,都在出台措施不断强化金融对科技创新、高新技术产业、科技型企业的支撑作用。促进科技与金融深度融合。

习近平指出,"我们要促进科技同产业、科技同金融深度融合,优化创新环境,集聚创新资源"①。

2017年8月20日,中共中央、国务院出台《关于服务实体经济防控金融风险深化金融改革的若干意见》(中发〔2017〕23号),明确提出完善科技金融的具体要求和措施。

党的十九大报告指出,"着力加快建设实体经济、科技创新、现代金融、人力资源协同发展的产业体系"②。这为新时期的科技金融工作提出了更高要求。

科技和金融互为需求,而是通过一系列金融制度的创新安排,推进科技创新与金融创新的深度融合。

四、进一步凸显企业是投入的主体

党的十八大报告和十九大报告均明确强调实施创新驱动发展战略,加强企业作为技术创新的主体地位。习近平总书记指出,"要进一步突出企业的技术创新

---

① 《在"一带一路"国际合作高峰论坛开幕式上的演讲》,2017年5月14日。
② 《决胜全面建成小康社会 夺取新时代中国特色社会主义伟大胜利——习近平在中国共产党第十九次全国代表大会上的报告》,2017年10月18日。

主体地位，使企业真正成为技术创新决策、研发投入、科研组织、成果转化的主体，变'要我创新'为'我要创新'"①。企业是技术创新的主体，对其投入需要进一步强化，习近平总书记强调，"企业是科技和经济紧密结合的重要力量，应该成为技术创新决策、研发投入、科研组织、成果转化的主体"②。在充分发挥企业家在筹集科技投入方面的重要作用时，习近平总书记还强调，"企业家有十分敏锐的市场感觉，富于冒险精神，有执着顽强的作风，在把握创新方向、凝聚创新人才、筹措创新投入、创造新组织等方面可以起到重要作用③"。

将突出企业投入主体地位提到了一个新高度，既更加符合科技创新的内在规律，又满足了提高我国创新体系整体效能的迫切需要。

五、构建有利于创新发展的财税与金融体制

习近平总书记指出，"要消除价格、利率、汇率等经济杠杆的扭曲，强化风险投资机制，发展资本市场，增强劳动力市场灵活性，形成有利于创新发展的财税、金融体制"④。财税与金融体制是创新发展的重要保障，需要用体制机制倒逼创新，发挥体制改革牵引作用。习近平总书记强调，"要继续实施积极的财政政策和稳健的货币政策，加快财税体制改革，落实各项减税降费政策，引导社会资金更多投向实体经济"⑤。

如何形成有利于创新驱动发展的财税与金融体制，需要在重点领域和关键环节改革上突破，《中共中央关于制定国民经济和社会发展第十三个五年规划的建议》提出，"构建普惠性创新支持政策体系，加大金融支持和税收优惠力度"⑥。党的十九大报告指出，"深化金融体制改革，增强金融服务实体经济能力，提高

---

① 《在参加全国政协十二届一次会议科协、科技界委员联组讨论时的讲话》，2013 年 3 月 4 日。
② 《在全国科技创新大会、两院院士大会、中国科协第九次全国代表大会上的讲话》，2016 年 5 月 30 日。
③④《在中央财经领导小组第七次会议上的讲话》，2014 年 8 月 18 日。
⑤ 《在就当前经济形势和下半年经济工作中共中央召开党外人士座谈会上的讲话》，2016 年 7 月 26 日。
⑥ 《中共中央关于制定国民经济和社会发展第十三个五年规划的建议》，2015 年 10 月 29 日中国共产党第十八届中央委员会第五次全体会议通过。

直接融资比重，促进多层次资本市场健康发展"①。

构建有利于创新发展的财税与金融体制，既符合创新驱动发展战略中财政政策和货币政策的主要定位，也符合深化供给侧结构性改革中财税和金融体制改革的本质要求。

---

① 《决胜全面建成小康社会　夺取新时代中国特色社会主义伟大胜利——习近平在中国共产党第十九次全国代表大会上的报告》，2017年10月18日。

第二章
理论研究与国外实践

第一节 理论解释

从理论源头上看,科技金融源自熊比特的开拓性研究。熊比特在1912年出版的《经济发展理论》中提出:创新是指把一种新的生产要素和生产条件的"新结合"引入生产体系。它包括五种情况:引入一种新产品,引入一种新的生产方法,开辟一个新的市场,获得原材料或半成品的一种新的供应来源,新的组织形式。熊彼特的这个创新概念,实际上已经包含了技术作为一种新的生产要素如何纳入"生产体系"的问题——技术要不要资本化?技术资本化过程需不需要一种更具冒险精神的资本加入?企业家对新要素的运用是不是更为重要?

尽管熊比特的创新理论开启了科技金融的萌芽,但没有实现真正的发生,其后的研究者也主要是沿着丰富和完善创新理论的路径进行深入研究。例如,弗里曼认为技术创新是指新产品、新过程、新系统和新服务的首次商业性转化;傅家骥认为技术创新是企业家抓住市场的潜在盈利机会,以获取商业利益为目标,重新组织生产条件和要素,建立起效能更强、效率更高和费用更低的生产经营方法,从而推出新的产品、新的生产(工艺)方法、开辟新的市场,获得新的原材料或半成品供给来源或建立企业新的组织，它包括科技、组织、商业和金融等一系列活动的综合过程。

经典的金融发展理论表明，Mckinnon（1973）和 Shaw（1973）研究主要是通过适当的金融改革促进金融深化（储蓄投资转化），从而与经济发展形成良性循环。经济增长的源泉较多，但比较持续的原因是全要素生产率的提高，它往往由技术创新引起。因此，金融发展理论的一个推论便是金融有利于技术创新。

在把熊比特创新内涵收窄为技术创新的过程中，创新资本和企业家的作用逐渐被忽视。从理论重新触及科技金融研究的是卡箩塔·佩蕾丝。Perez（2002）在《技术革命与金融资本》中，第一次揭示了技术创新与金融资本的基本经济范式，使我们得以看清楚技术革命与金融资本是如何共同引起产业变迁以及社会变革的——新技术早期的崛起是一个爆炸性增长时期，会导致经济出现极大的动荡和不确定性。风险资本家为获取高额利润，迅速投资于新技术领域，继而产生金融资本与技术创新的高度耦合，从而出现技术创新的繁荣和金融资产的几何级数增长。卡箩塔·佩蕾丝对技术革命与金融资本"相互缠绕"的关系分析得非常透彻，并从五次大的技术革命与金融创新中都找到了相应的对应关系。

Mazzucato（2016）认为，必须超越创新生态系统中的创新分工问题，重新思考如何保证有限的国家预算承担更多的创新风险，建立一个"共生"的而不是"寄生"的创新生态系统，并且提出了可以考虑的具体措施：知识产权黄金股份和国家创新基金、收入比例还贷贷款与权益以及发展银行。第一种方案是建立国家创新基金。政府直接投入应用技术的回报通过专利税的形式获得，专利税收益直接进入国家创新基金，用于下一阶段的创新资助。这项政策能够保证国家对创新的支持更加可持续。要实现该政策的第一步是提高政府投资的透明度，能够更好地追踪政府资金的来龙去脉。第二种方案是引入类似于学生贷款的收入比例还贷贷款，当企业的收益达到一定程度后，开始向国家提供一定比例的返还；或者国家对它支持过的公司享有权益，实际上，芬兰已经实行了这项政策，芬兰通过隶属于议会的国家研究与发展基金（SITRA）支持了诺基亚的研发，SITRA的资助类似于VC，从而获得了可观的回报。国家投资银行则是一种更加直接的工具。2012年，德国复兴银行的利润达到30亿美元。发展银行在创新中可以发挥更加重要的作用，例如中国国家开发银行投入30亿美元支持大型风电项目，阿根廷也受益于这样的投资。

科技金融作为一个政策问题由来已久，但作为一个具有独立内涵的理论问题，长期没有引起足够的关注。一方面，科技本身包含了多层含义，从侧重于发现与认知的基础研究活动，到偏重于技术发明的应用研究、开发研究，再到侧重于新知识、新技术的商业化，确实难以看出科技金融的对象和边界；另一方面，金融创新无论从机制还是工具角度看，它更强调普适性，特别是收益——风险匹配原则。因此，实践活动的丰富多彩与理论研究的落寞并存，这种局面国内外大体相同。

第二节 国外科技创新驱动经济发展的新动态

一、美国——实施《2015创新战略》，优化投资方向

（一）2015创新战略，突出科技创新的重要作用

2009~2014年，美国创新战略取得积极成效，促进美国经济加速复苏，降低能源依赖，先进制造业引领全球，科技创新实力继续增强。2014年，美国经济提档加速，第三季度经济增速高达5%。根据美联储、美国国会预算办公室、世界银行等预测，未来3年美国经济增速至少高于2%。从近一个时期美国经济高速增长看，创新发挥了突出作用。

从2007年的《美国竞争法》，到2009年的"美国复兴与再投资计划"和《美国创新战略：推动可持续增长和高质量就业》，再到2011年的《美国创新战略：确保我们的经济增长与繁荣》，美国始终高度重视创新战略的设计。2014年7月，美国发布联邦公告，号召全国的思想家、实干家和企业家、创业者就大有前景的新动议或紧迫的新一轮投资需求提交议案。该公告反映美国创新战略的新动向主要聚焦在以下几个方面：

1. 进一步拓宽创新的内涵

最早提出创新概念的熊彼特将创新分为五类：新产品、新的生产方法（工艺）、新的供应源、开辟新市场以及新的企业组织方式。随着技术的进步，时间和空间已经在很大程度上改变了传统意义上创新的内涵。美国联邦公告提出，近

年来创新过程的本质发生了什么变化？这些变化对科技投资和创新政策采取的模式产生了新的要求。例如，许多人提到日益重要的是：开放创新、组合创新和用户创新，生物学、物理科学和工程学的融合以及以人为中心的设计。公告还进一步强调了制度创新的重要性，认为特别重要的制度创新例子有 17 世纪英国人发明的专利和版权、19 世纪美国实施的农业技术推广服务和 20 世纪形成的支持基础研究的同行评议制度。"2011 创新战略"提出，创新是个人和组织产生新的想法并将它们付诸实践的过程。联邦公告中的问题表明，在"2015 创新战略"中，美国政府将会结合新的变化，进一步拓宽创新的内涵，更加重视制度创新的内容。

2. 更加强调政府在推动创新中的积极性和能动性

美国"2011 创新战略"提出，私营部门是创新的引擎，政府是创新的推动者，更大程度上强调了政府在创新中的积极性和能动性。联邦公告中，美国强调政府和市场是决定具体产业竞争力的两股力量。联邦政策包括科技创新政策会对具体产业的生产力和竞争力产生影响，联邦政府如何加强这方面的整体分析能力，其中最重要的问题是什么？政府怎样才能在这些领域促进系统的研究及计划方案评估？如何提高联邦政府对政策影响的分析能力，并使之能有助于制定创新政策。从联邦公告的内容可以看出，美国政府在促进创新中将更加关注基于影响力分析的科技创新政策制定，以系统提高具体产业的竞争力。

3. 科技创新的优先发展方向更加侧重平台技术开发

在联邦公告中，美国认为开发影响大的平台技术能够有效地减少与重要材料、产品和系统的"设计、生产、测试"周期相关的时间和成本。当前，美国政府的许多研究计划旨在开发平台技术，如国防部先进研究项目局（DARPA）、国立卫生研究院（NIH）和食品药品管理局（FDA）组织实施的"组织芯片"项目，旨在改变研究人员评估候选药物安全性和有效性的方式，"材料基因组计划"正在向材料创新基础设施投资，旨在使发现和制造先进材料的时间和成本至少减少 50%。联邦政府投资研发新工具，以减少生物系统的设计制造时间和成本，DARPA 的"自适应车辆制造计划"支持开发模拟仿真设计等技术，目标是使武器系统的开发时间至少缩短 80%。美国在"2011 创新战略"中更强调技术研发环节的投入，包括清洁能源、先机制造、生物医药、纳米技术、教育技术等。在"2015 创新战略"中，联邦政府可能将更多资源投入平台建设，更加重视为企业创新提供公共服务，而不是参与企业技术创新。

4. 产业发展的重点将更加重视实体经济和创业

在联邦公告中，美国认为经过十多年的大量离岸外包，美国已丧失了重要的生产制造能力，以及制造商、技术诀窍、全国供应链、教育机构、本地劳动力和金融机构之间的联系。而这些因素将为美国制造新技术提供基础和源泉。随着美国制造业复苏并不断得到加强，美国提出重建"产业公地"对美国在国内赢得新技术创造和下一代制造能力十分重要。同时，联邦公告认为，在新的地区一级资本密集、风险较高、需要长期持续投资的技术领域和产业，应当探索新的投资模式来支持创业。应当推动新工具、商业模式、金融以及其他方面的创新来降低生命科学、先进材料、清洁能源等资本密集型产业的创业或业务扩张成本。基于过去二十年低廉且可扩展的云计算、开源软件以及其他类似发展的共同作用，促进了信息技术公司创办和扩张成本的急剧下降，美国需要探索将之推广到资本密集型产业的方式。美国的"2011 创新战略"更多强调的是再工业化和出口倍增，强调产业复兴和市场扩张。在新的创新战略中，美国一方面将更加重视实体经济的发展，将之视为美国持续经济增长和高质量就业的基石，另一方面更多注重到科技产业自身的发展和竞争力提升。

5. 更加注重创新生态的培育

在"2015 创新战略"中，美国联邦政府更加强调产业创新生态环境的维护。在联邦公告中，美国提出政府应采取什么具体行动来构建和维持美国的优势，如创新文化、灵活的劳动力市场、世界一流研究型大学、区域创新生态系统和占世界份额很大的创业资本投资。熟练劳动力开发方面，强调建立新型机制或模式，促进科技劳动者与雇主需求的匹配。产业生态方面，强调知识产权和竞争政策如何适应创新模式的多元化，政府如何开发新型工具促进创新，包括公私合作模式搭建实验平台、提高各级政府支持试验的能力以及促进开放数据和开放应用程序编程接口等系列开放联邦资产等。区域创新生态方面，促进联邦政府、州政府以及地方开展合作，建立新型伙伴关系或合作关系，促进大城市"创新区"的发展。

（二）联邦财政投入方式与组织模式不断创新

近年来，作为实施美国国家创新战略、推动科研改革打造创新生态体系的重要环节，美国联邦财政除了对各类研发机构①进行研发项目支持和对联邦政府内部研发机构的稳定支持之外，还改革科研资助与管理模式，促进能源部的新型研发创新及管理机构、制造业创新研究院等一批重点研发机构的发展，其中一些创新举措和经验值得借鉴。②

1. 投入方式

（1）联邦财政投入引导公私合作领域方向，充分利用社会研发资源。不论是美国能源部的 EFRCs 和 EIHs，以及制造业创新研究院（IMIs），其最大特点是充分调动民间和私营部门的研发力量和社会资源。一是充分利用已有的各类研究院所资源。例如，第一批 46 个 EFRCs 的牵头单位分布为大学 31 个、能源部国家实验室 12 个、非营利组织 2 个、企业研发机构 1 个。二是充分吸引社会资金的投入。例如，IMIs 要求在联邦财政投入同时，私营及非联邦部门配套一倍以上的资金。每个 IMI 在成立时均须制订自我维持计划，随着时间的推移，其运营资金将大部分由私营部门和其他渠道保障，而且在联邦政府资助 5~7 年后完全自立。

（2）定向支持一批特色中小型研究中心，专注特定领域的前沿突破与发展。以美国能源部的 EFRCs 为例，其起源可追溯到美国能源部科学局基础能源科学处咨询委员会 2002 年发表的一份报告，广泛涵盖了各个能源议题所需要的基础研究，并在 2008 年发布的另一份报告文件中确定了社会所面临的最关键的科学问题和技术挑战。最终能源部与研究界就解决这些问题和挑战达成共识，即建立大量的小型研究中心。因此，能源部在提交给国会的 2009 财年预算案中提议实施 EFRCs 计划。在五年资助期内，每个 EFRC 每年将获得 200 万~400 万美元，支持来自不同机构的研究人员（由 12~20 名高级研究员领导）的科学合作，专门致力于 2008 年报告中描述的其中一项重大挑战。例如，催化烃功能化前沿研究中心专注于天然气利用的基础研究领域，将其转为液体燃料，促进其作为化学工业的原料，以及开发甲烷基燃料电池。

（3）通过对研发机构的集中和有条件的稳定财政资助，引导战略性、前瞻

---

① 美国的研发机构按照机构性质基本可分为企业研发机构、联邦研发机构、大学研发机构以及非营利研发机构。其中联邦研发机构是财政资金投入的最主要部门，占联邦政府科技投入的 40% 左右。2013 财年美国联邦政府实际执行研发经费 1303.07 亿美元，2014 财年预期投入研发经费 1333.35 亿美元。

② 丁明磊，陈宝明. 美国联邦财政支持研发机构的创新举措及启示 [J]. 调研报告，2014（11）.

性的重大科技项目的实施。联邦财政资金通过资助 EIHs 和 IMIs 等机构，迎接一系列能源相关重大议题，以及巩固美国制造业领先地位的一系列前沿部署。在实现国家需求和任务目标的前提下，联邦财政对机构给予集中和有条件的稳定支持。EIHs 和 IMIs 往往由一家主要机构领导（可能是国家实验室、大学、非营利组织或私营企业），其研究人员涵盖了多个科学和工程学科背景和不同机构，在一定时期内，联邦财政给予集中和相对稳定的支持。以 EIHs 为例，在五年内，联邦财政一般第一年资助 2200 万美元（其中最高 1000 万美元用于基础设施建设），随后几年每年约 2500 万美元。联邦财政通常在五至七年内向 IMIs 拨付 7000 万~1.4 亿美元，并且前期支持力度大，2~3 年后逐渐减弱。

（4）针对革命性和颠覆性技术研发组建新型研发资助机构。先进能源研究计划署（ARPA–E）成立于 2009 年，旨在为小型团队或个体研究者所研发的高风险、企业不愿投资但具有潜在革命性和颠覆性的能源技术提供 2~3 年的短期资助。ARPA–E 项目每年资助额在 50 万~1000 万美元，资助对象包括来自各类机构的研究者和研发团队。目前的招标领域涵盖了电池、燃煤电厂二氧化碳捕集和建筑节能技术等领域①。在 2013 财年，ARPA–E 共计资助了 1.59 亿美元的 81 个新项目，项目承担单位以大学研究机构和小企业为主。2015 财年预算案 ARPA–E 的预算支出更是增长到了 3.25 亿美元。另根据媒体报道，ARPA–E 在 2012 年前资助的 11 家创新机构主导的项目，已经获得了超过 2 亿美元的私营资本投资。

2. 组织管理

（1）对资助机构精心选择、完善考核和评估。以能源部为例，能源部定期监查先进能源研究计划署（ARPA–E）项目、EIHs 和 EFRCs。ARPA–E 如果没有达到项目里程碑，能源部可以削减其资金。EIHs 的目标领域均由能源部官员和专家精心选择，之后科研团队提交申请书，具体阐述本团队的问题解决方案，竞争能源创新中心资金。2010 年能源部对 EFRCs 的早期运营和管理情况进行了评估。2012 年，每个 EFRC 将接受一个外部科学咨询委员会严格的科学和技术评估。在此基础上，能源部将详细评估 EFRCs 计划，包括该计划是否推动了研

---

① ARPA–E 资助项目包括七个主题：电力灵便传输技术（ADEPT）、运输领域电力储能电池（BE-EST）、建筑节能创新热设备（BEETIT）、微生物制液体燃料（Electrofuels）、电网规模可扩展间歇可调度式储能（GRIDS）、碳捕集技术创新材料与工艺（IMPACCT）以及其他。

究发展等关键问题，这一点明显有别于简单的项目资助模式。继第一批 46 个 EFRCs 之后，第二批 32 个 EFRCs 中有 22 个在第一批已入选，并根据绩效考核和在未来研究方案的基础上获得延续资助。同样，每个 IMI 的产生均是在本土若干研究机构竞标基础上通过严格的筛选程序产生的。

（2）机构内部缩短项目审批流程。以典型的美国国家实验室为例，申请联邦科研经费需要经过预算编制与层层审批的过程：研究部或课题组以机构使命为基础，提出若干研究课题，由实验室主任审批确定优先项目，并打包形成此领域的研究项目，提交至部门项目审批和预算部门；部门再审批各项目，确定预算优先项目，调整或淘汰某些项目；部门将所有项目打包，向总统和国会申请机构科研预算。能源中心打破了传统的科研组织方式，为了让研究人员能够对那些大有希望的引领方向迅速做出反应，能源创新中心（EIHs）实行"减少联邦干预"的管理方式。能源部针对每个中心仅设一个联系人（项目官员）。能源部组建独立的特别工作组，就能源创新中心等新兴研发管理资助机制的管理和早期进展进行评估。资金不是由个别首席研究员支配而是视情况支配，利用整个中心的资源来攻克重大问题。

（3）聚合公私创新资源网络化布局。美国政府在规划"国家制造业创新网络"计划之时，就一直强调其重点是将公私资源结合在一起，每个制造业创新研究院（IMI）被看作是连接已有国家和国际资源的一个枢纽，同时连接产业协会、区域集群等其他创新资源，特别要连接其他已有联邦科技计划支持的各种研究中心。从目前的发展看，已建成的制造创新中心均与企业、研究型大学、社区学院、非营利机构和实验室结成了广泛的创新联盟，带动非联邦及私营部门的大量研发投资。能源部 EFRCs 和 EIHs 之间也建立了合作关系。以人造光合作用联合研究中心（EIHs 之一）为例，与约 20 个 EFRCs 开展催化剂领域的合作，推动研发机构形成创新网络。

二、欧盟——出台联合技术促进计划（JTI），创新科技资源配置方式

为了提高产业技术水平，加强其作为技术创新经济体的地位，2007 年，欧美提出政府、研究团体、产业联合起来的公私合作（Public-private Partnership）应发挥重要作用，在第七研发框架计划（FP7）中，推出了联合技术促进计划

(Joint Technology Initiatives，JTI)。

（一）JTI 的基本介绍

JTI 定位于提高欧洲产业竞争力的几个关键领域，这些领域不仅具有战略重要性和极高的社会经济影响，而且在全球的发展只处于初级阶段。JTI 使欧盟、会员国和私人的资源、技术、研发能力联合起来，在几年或十几年内，通过优势资源共享来突破产业技术瓶颈，实现关键领域在质量和规模上的发展，保证欧盟能够在技术创新上世界领先。

JTI 包括各领域的 JTI 专项计划，专项计划再由多个项目组成。目前，已确定 6 个领域的 JTI 专项计划，专项计划的领域和已经启动的项目数。JTI 于 2007 年推出，除环境与安全的全球监测专项计划外，其他 5 个专项计划都已在 2008 年底前启动，如表 2-1 所示。

表 2-1　JTI 专项计划的领域和启动项目数

JTI 专项计划	启动的项目数*	总预算（亿欧元）	欧盟委员会投资（亿欧元）
燃料电池与氢能	32	8~9	4~4.5
航空学与航空运输	未知	16	8
创新药物	15	20	10
2020 纳米电子学技术	18	28	4.4
嵌入式计算系统	25	26	4.1
环境与安全的全球监测	无	无	无

* 包括 2008 年和 2009 年的启动项目数。

JTI 的目标包括：确保欧洲对未来战略技术领域研究的持续投入；加速新知识的产出和向技术的转化，以提高生产率，增强产业竞争力；将资源集中在几个能提升欧洲产业竞争力的关键领域上；加强技术验证以保证技术可以市场化；收集用户需求以引导研发投资投向可操作、有市场潜力的项目。

JTI 专项计划的工作计划包括三个层次，分别是战略研究议程、多年度战略计划和年度工作计划。战略研究议程阐述了研发面临的挑战和要实现的目标；多年度战略计划是为了实施战略研究议程而制定的计划，每年都需要讨论和修订；年度工作计划负责确定每个年度的项目征集范围。

(二) JTI 基于产业的选择机制

JTI 是由产业界驱动的研发,并且支持领域必须对欧洲产业竞争力有重要影响,支持的技术是研发周期长、多学科交叉、竞争前的技术。这些领域及其技术往往因为高成本、高风险、高难度而出现市场失灵,需要政府的支持和引导。为了保证专项计划满足产业发展需求,JTI 专项计划形成了基于产业的选择机制,先由产业界基于自身需求申请,再由欧盟根据欧洲发展需要选择,统筹了公共私营部门的共同利益和需求,使公共资金的使用更有效。

首先,产业界要基于欧盟产业发展需求提出申请,提交战略愿景文件和战略研究日程。产业界作为发起人,将某一产业领域的利益相关者聚集起来,利益相关者要对未来发展目标达成共识,形成一个战略愿景文件,并由来自产业中领袖企业的总经理共同签署。这一愿景文件要解释这一计划的战略意义、发展目标和主要原则,要重点说明为什么这一计划需要在欧盟范围上进行。其次,需要制定战略研究议程和实施战略。战略研究议程重点确定中长期研发的优先领域,并制定联合欧盟资源和提升欧洲研发能力的措施。战略研究议程的制定通常由顾问委员会①协调,由执行小组撰写。成员国通常设有镜像组(Mirror Group),在战略研究议程形成过程中通过镜像组来征求成员国意见。战略研究议程确定后,实施战略需要配套制定,进一步对保障战略研究议程有效实施的关键要素制订计划。

欧盟委员会再对这些提交的计划严格筛选,最终确定 JTI 专项计划。选择标准包括 5 个方面:①战略重要性与可实施性。计划需要能应对对欧盟未来竞争力有显著影响的技术挑战,并且要提供预期研究成果和清晰的研究方案。②存在市场失灵。该领域的技术研究投资风险过大或周期过长,产业和金融部门已不能接受,而且技术具有明显外部性。③能对欧盟产生经济或社会价值。战略研究议程的实施已经超过单一成员国的财政或研究能力,欧盟的政策工具如标准、公共采购程序,能促进战略研究议程有效实施。另外,在健康、安全、环境、消费者保护等领域,通过欧盟层面协调公私合作,有助于推动欧盟政策目标的实现。④有明确的产业界义务。产业界有义务持续提供资金和人力支持;大公司有义务与中小企业交流;产业界确保合作的开放透明,并制定了交流、传播、扩散机制;产业界明确预期成果和商业计划,已经形成可实施的技术路线和实施方案;已确定

---

① 顾问委员会由广大利益相关者的代表组成。

技术、制度、融资和合作管理框架。⑤现有欧盟政策工具不充分。JTI只支持目前政策工具和框架计划不能保证目标实现的领域和技术，如该领域研发周期超过单个框架计划的时间。

（三）JTI采用大范围的公私合作机制

在JTI的定位和引导下，JTI专项计划形成了基于共同目标的公私联盟，在一段时间内集合起所有重要的相关机构的资金和研究力量，包括欧盟、会员国、产业、科研机构等，以实现欧盟的技术领先。

在资金方面，JTI充分体现出欧盟范围的公私联合。表2-2列出的各JTI专项计划的预算投入情况，可以看出欧盟投资预算不超过50%，其余均来自于会员国和私有资金。以嵌入式计算系统和2020纳米电子学技术的专项计划为例可以看出，无论是预算投资还是已发生的投资，私有投资都大于公共投资。

表2-2 嵌入式计算系统和2020纳米电子学技术专项计划的资金组成

单位：亿欧元

专项计划	预算投资额			2008~2010年实际发生额	
	欧盟	会员国政府	会员国私有企业	公共投资	私有投资
嵌入式计算系统	4.1	7.45	14.45	2.88	3.76
2020纳米电子学技术	4.4	8	15.6	2.79	4.65

在研发方面，JTI也体现出欧盟范围的公私联合创新。目前，航空学与航空运输专项计划的参与成员包括16个国家的86个组织，其中有54个大型企业，20个中小企业，15个研究院所和17所大学。燃料电池与氢能专项计划第一批启动的32个项目包括243个成员，其中43%来源于企业。

以创新药物专项计划为例详细分析研发主体的构成。实施该计划的成员主要有4个来源，欧洲制药工业协会、协会外的大型企业、中小企业、大学和科研院所。该计划参与国家数较多，平均每个项目的参与国家超过10个，体现出欧盟国家间的合作。另外，平均每个项目的参与成员超过26家，其中科研机构所占比例为52.4%，企业占参与主体的47.6%（见表2-3）。可见，在研发上，创新药物专项计划的项目参与国家和成员数量多、范围广，企业和科研机构的比例几乎各占半壁江山，体现出公私大规模密切地合作。

表 2-3 创新药物专项计划 2009~2010 年的项目基本情况

项目	启动时间	项目资金（欧元）	持续时间（年）	参与机构（个）				参与国家数（个）
				EFPIA 中的大型企业	中小型企业	其他大型企业	大学和科研院所	
PHARMATRAIN	2009-5-1	6653588	5	15	0	0	35	18
SAFE-T	2009-6-15	35871055	5	11	4	0	5	11
PROTECT	2009-9-1	29810613	5	12	2	0	15	12
PROactive	2009-9-1	16736468	5	8	1	0	10	9
NEWMEDS	2009-9-1	24015436	5	9	3	0	7	11
EU2P	2009-9-1	7270886	5	15	0	0	9	11
EMTRAIN	2009-10-1	7722663	7	16	0	0	11	13
EUROPAIN	2009-10-1	18232458	5	7	1	0	12	7
U-BIOPRED	2009-10-1	20685241	5	9	4	1	26	13
SUMMIT	2009-11-1	28449408	5	4	1	0	18	6
EFPIA	2010-1-1	13319233	5	5	1	0	6	7
eTOX	2010-1-1	12974267	5	13	4	0	8	11
PHARMA-CoG	2010-1-1	27707023	5	11	5	0	13	10
SAFESCIMET	2010-1-1	6653588	5	15	0	0	18	12
IMIDIA	2010-2-1	25907480	5	8	1	0	12	8

三、德国——多项措施并举，促进企业早前期融资

（一）财政资助更加关注产学研结合和发挥市场力量

德国科技政策改革方向之一是从对大学和公立科研机构以及企业单独采取支持措施转变到促进产学研联合，更加关注中小企业技术创新融资服务的需求端，根据中小企业需求和既有资助环节的缺口，为中小企业量身定做支持政策，提高实用性。德国将以前实施的相关中小企业创新资助政策进行整合，推出了中小企业创新核心计划（ZIM）。ZIM 主要资助中小企业和与之合作的科研机构，2012 年支出 4.45 亿欧元，2013 年支出 4.93 亿欧元。该项目的资助不设行业和技术领域限制，采取开放领域的方式以充分尊重市场创新的需求，调动各类中小企业创新的积极性和主动性；但在资助标准方面，依据企业规模、所处区域和类型不同，设置差异化的资助比例，体现政策导向作用。

ZIM 主要包括两大类：一类是独立项目（ZIM-SOLO），对单家企业产品开发或生产工艺创新过程进行资助；另一类是合作项目（ZIM-KOOP），这类项目鼓励企业之间、企业与研究机构之间开展紧密合作，加速技术知识向商业应用的转化，包括两个子类，一是协作项目，二是合作网络项目。分别由不同的中介机构负责项目管理。

在项目管理机制方面，ZIM 以竞争方式选拔各类中介机构承担项目管理任务。以 VDI/VDE Innovation + Technik GmbH 为例，该公司成立于 1978 年，是一家独立的中型私营企业，2012 年营业额 2.48 亿欧元，拥有工程科学、自然科学、经济学和社会科学等领域专家 270 多名，在项目咨询、评估等方面充分发挥专家特长。该公司不是政府指定，而是通过竞争和选拔程序成为联邦政府相关项目的管理人，目前负责管理包括 ZIM 在内的政府资助计划项目，职责包含接受项目申请、跟踪企业动态、监督资金使用、提交使用报告、开展专家评价等。

在业务监管方面，联邦政府对 VDI/VDE Innovation + Technik GmbH 这类项目管理机构管理的项目进行抽查，抽查比例大约为 5%。项目管理机构也主动向政府汇报项目进展情况。由于项目管理机构的运作关系到财政资金的使用绩效，联邦审计署随时不定期检查项目管理机构的业务运作，督促其依法依规履行职责。

（二）公私合作帮助科技型企业启动

德国政府认为，应该给新成立的技术创新公司提供良好的机会，以推动产学研紧密结合，将成果更快地转化为经济效益，从而在高新技术领域占据并保持领先地位，提高德国企业的国际竞争力。在此背景下，联邦政府启动了高科技创业基金（High-Tech Gründerfonds），以弥补科技型企业创建初期的融资不足。该基金由联邦经济技术部（BMWi）与德国复兴信贷银行（KFW）、巴斯夫（BASF）、博世（Robert Bosch）等若干德国知名企业共同出资组建。

从资金来源上看，既有政府资金，又有政策性银行资金，还包括私人部门资金。2005~2010 年是该基金运作的第一阶段，共计向约 250 家企业投资 2.72 亿欧元。自 2011 年起进入第二阶段，又引入德国邮政集团（DHL）、博朗（Braun）等企业投资者，基金总规模达到 3.035 亿欧元（其中：BMWi 2.2 亿欧元、KFW 0.4 亿欧元、大企业 0.435 亿欧元）。自 2005 年以来，已有 350 余家新建企业受到资助，同时获得来自第三方的后续融资 6 亿多欧元。

在支持方式上,该基金主要以次级可转债形式①(转股可占企业15%的股权)投资新成立的以研发为基础的科技型企业(企业存续期短于1年、雇员人数少于50人、营业额低于1000万欧元),最高达50万欧元。可转债通常为7年,利息(目前利率为10%)可以延期4年后支付以保持企业流动性。对于企业创立者而言,应该自有出资20%(前东德地区和柏林为10%),该出资的一半可以来自商业天使、区域性种子基金或其他投资者。

同时,高科技创业基金还向科技型企业提供后续融资、管理支持、技术转移、合作伙伴网络等增值服务。对于中后期资金需求量大的企业,高科技创业基金还提供150万欧元的后续融资支持,并帮助其制订更高融资水平的解决方案。

(三)间接支持与直接支持相结合解决初创期困境

在欧洲复兴计划(ERP)框架下,2004年德国设立总额2.5亿欧元的企业启动基金(ERP-Startfonds),由德国复兴信贷银行(KFW)负责管理运作,目前规模已达7.22亿欧元。该基金主要面向风险相对较高、刚度过种子期的科技型企业(拥有新产品和新技术、雇员人数少于50人、年营业额不高于1000万欧元、存续时间不超过10年)。该基金要求企业必须已有一家主导投资者,该投资者可以是风险投资或私募股权基金,也可以是商业天使等。ERP-Startfonds投资条件与主导投资者基本相同,对每家企业的投资规模最高达500万欧元(首轮投资和12个月内的后续投资不超过250万欧元)。主导投资方参与企业的管理和运作,并向KFW披露企业的相关信息,该基金还要求企业高管投资入股,以自有资金表示对企业未来的信心和对风险的担当。自成立以来,已经支持450多家企业。

2012年3月,欧洲投资基金(EIF)与ERP(Special Fund)联合设立了7000万欧元的欧洲天使基金(European Angels Fund,EAF),该基金由EIF管理运营,联合经验丰富的商业天使(Business Angels)和其他非机构股权投资者(Non-institutional Investors)向科技型中小企业投资(EAF与商业天使50∶50)。目前已与8家商业天使签订合同,承诺出资2000万欧元。该基金旨在加强与商业天使的跨界合作,建立欧洲范围内的资助网络。

企业启动基金(ERP-Startfonds)、高科技创业基金(High-Tech-

---

① 还包括股权投资、夹层资本等其他形式。

Gründerfonds）等主要是直接资助初创期企业，而 EIF/ERP – Dachfonds 主要是采取间接金融支持方式。EIF/ERP – Dachfonds 在 2004 年由联邦经济技术部与欧洲复兴计划共同建立，由欧洲投资基金（EIF）进行管理。EIF/ERP – Dachfonds 是一种基金的基金，起初拥有 5 亿欧元资本（EIF 与 ERP Special Fund 各占 50%），2010 年资本超过 10 亿欧元，主要向聚焦德国本土、高科技、早期和发展阶段的风险投资机构融资，投资期一般为 5 年，最长限度为 10 年，融资额可占风险投资机构的 20%～30%。实践证明，EIF/ERP – Dachfonds 具有较高的杠杆效率，撬动约 24 亿欧元私人资本，间接支持了科技型中小企业成长。

2013 年 5 月，联邦经济技术部（BMWi）启动了商业天使投资风险补助，如果私人投资者（如商业天使）投资初创期科技型企业 3 年以上，将获得其投资额 20% 的补助。目前已有 250 余家商业天使获益，涉及投资的 500 多家初创期科技型企业。未来 4 年，补助资金规模将达 1.5 亿欧元。

四、英国——推出"商业银行"行动计划，促进小企业融资

以 G8 为代表的发达国家政府一直高度重视完善鼓励中小企业发展的财政、税收、法规和公共服务平台等条件环境，近来最为有力的措施之一是组建专业服务银行（机构）。国际金融危机后，英国政府连续推出若干以支持创新型中小企业为核心的救市计划。然而，"朝野"上下一致认为还需要研究采取更为大胆和长效的改革措施。2013 年 3 月，英国政府公布了出资设立国有"商业银行"时间表，作为英国国家产业战略的重要保障措施。设立"商业银行"计划由英国商业、创新和技能部（BIS）负责推动实施，主要思路是整合英国联邦政府层面已有中小企业资助计划，建立统一的创新型中小企业项目管理体制，与相关市场力量合作，充分挖掘社会资本的潜能。BIS 部长 Vince Cable 在阐明必要性时指出，英国是 G8 国家中唯一尚未设立类似功能机构的国家。该"商业银行"在 2014 年下半年实现完全商业化运作，是一个典型的政府引导、市场决定的范例。

新设银行将不会直接向企业放贷或投资，而是采用间接化方式与私营部门合作，提高现有金融市场服务企业的能力。

（一）政府新注资并整合现有中小企业计划

政府向该银行新注资 10 亿英镑，另整合现存总额为 29 亿英镑的各类相关政府项目资金，涉及目前由商业、创新和技能部（BIS）和英国财政部（HMT）分

头管理的各类计划。如表2-4所示。

表2-4 新设"商业银行"整合的计划/项目

计划/项目名称	财政资金投入（累计已投入，百万英镑）	市场效果合计（包含所带动的私人部门投资，百万英镑）
股权投资		
企业投资基金	413	690
携手天使投资基金	100	400
创新投资基金	150	330
激励基金	13	25
债权投资		
企业融资担保	425	3270
初创贷款	110	110
企业金融伙伴关系计划	1100	2200（至少）
企业金融伙伴关系计划（中小企业）	100	200（至少）
小计	2411	7255
后续投资阶段		
股权投资	350	984
债权投资	147	178
小计	497	1162
总计	2908	9549

资料来源：英国商业、创新和技能部（BIS）工作报告《BUILDING THE BUSINESS BANK：Strategy Update》。

政府计划通过新增注资和调整组织运行机制，将各个计划/项目分散的运行进行集中管理，从而形成一致、连贯、综合的一揽子中小企业资金支持方案。

（二）"商业银行"的总体目标

"商业银行"主要拟解决如下问题：第一，支持企业债务和股权融资市场的多元化发展，通过增加市场化融资渠道促进金融机构之间的竞争；第二，增加对前景良好的中小企业的资金供给，尤其是长期融资的供给；第三，汇集政府现有中小企业扶持计划/项目，创建统一的管理体制以简化企业申请流程；第四，整合各类供给政策，提高政府可利用扶持政策等在创新型企业认知程度，并提供相应的专家智力支持；第五，市场化方式运作，以最有效率的方式使用政府财政资金。

（三）"商业银行"业务构成

"商业银行"的成立过程被分为五个阶段。先期，"商业银行"在商业、创新和技能部（BIS）的管理下运行，由 BIS 下属企业资本有限公司（CFEL）和政策研究机构以及私营部门专家管理，待时机成熟后由职业管理团队运营。

"商业银行"的三大业务板块为：股权、债权和咨询业务等，方案解决思路是政府将已实施的股权计划、债权计划和咨询服务计划管理权移交给"商业银行"；政府对"商业银行"的资本拨款对其中部分原有计划进行扩充增资，同时开设新的融资渠道。特别要注意的是，英国政府认为向中小企业发展提供个性化服务与提供资金一样重要，因此在筹建"商业银行"的过程中非常重视企业咨询服务模块设计，制定了专门的咨询服务发展战略。在提出上述业务构想的基础上，政府要求"商业银行"最大化各类资助计划的效果，并取得良好的银行资本收益率。

五、以色列"创业国度"

以色列拥有近 6000 家创新科技公司，据称初创企业总数仅次于美国硅谷，2016 年平均每天诞生 3 家科技创新公司；在美国纳斯达克上市的高科技公司中，以色列公司数量接近 120 家，仅次于美国和中国。因此，以色列在国际上享有"创业国度"的美誉。以色列成为创业国度的原因在于：政府、学术界、军队和产业界形成了充满活力的创新创业生态系统。

（一）政府支持创新的高效率

授课老师都认同以色列政府在支持创新方面是最高效的，对于建立健康创新创业生态发挥了关键性作用。

（1）公私合作，发挥市场效率。创新创业载体的私有化是重要体现。比如，以色列经济部首席科学家办公室（OCS）负责的孵化器激励计划自 1991 年开始实施，孵化器由政府资助和管理。2000 年，互联网经济泡沫破裂，以色列创新创业也进入低谷。为提高孵化器运行效率，2002 年，以色列对孵化器进行私有化，弱化政府作用，增强私人力量在初创企业前期的投入力度。以色列中小企业局（ISMEA）负责的 MATI 中心计划，专门为小企业提供一站式服务，包括创业培训、创业导师咨询和融资服务等，也采取私人运营、政府资助的私有化模式。在新型创新创业载体的刺激下，以色列又迎来了新一轮科技创业热潮。目前，以色列孵化器共19家，MATI中心9家。

（2）重在引导，承担投资损失。以色列很多创新政策都是"多方共赢"的设计，主要方式是政府"舍弃利益"和"承担损失"，体现了政府重在引导而非参与收益的政策目标。Yozma计划是典型代表，由政府出资吸引私人资本成立创业投资公司（VC）。Yozma基金投资的创业投资公司，在5年期内，私人投资者可以买断政府股份，政府投资退出。这样不仅激励了私人VC，弥补市场失灵；而且实现了政府资金的不断周转，循环利用。经此一役，进入以色列的VC基金总额10年内翻了60倍，以色列的VC投资一路高歌猛进。Yozma计划也完成历史使命，于2000年完全私有化后彻底退出历史舞台。再比如，以色列孵化器计划中，政府对被孵的创业企业一次性拨付核准预算的85%，但并不占股份。若企业成功毕业，以市场销售额的3%逐年还清政府孵化基金本金；若企业失败，也无须偿还。政府兜底的利益分配机制有效激励了创新创业，每年都有近千家企业被孵化。

（3）紧跟市场，创新政府管理。以色列政府在支持创新方面始终保持"改革"和"开放"理念，而市场就是"指挥棒"。近几年最重要的改革是将首席科学家办公室独立出来，成立以色列创新署（Israel Innovation Authority）。一方面为提高效率，另一方面也为紧跟市场。创新署的目标和功能定位在：发展创新基础建设、保持国际上"创业国度"的地位，为企业研发提供资金支持，连接以色列经济与全球创新行业，完善政策和法律，促进政府与社会资本合作。以色列政府的开放主要体现在：接受有利于创新的新事物，如对各种"众筹"平台通过制定法律进行宽容管理；签署国际联合研发协议，如以色列是唯一全面参与欧洲第七研发框架协议的非欧洲国家。

（二）大学技术转移的高效率

大学、科研院所和公立医院在开展技术转移方面也是不遗余力，实现了科技与经济的有机结合。主要方式如下：

（1）独立公司全权负责技术转移，利益分配实现多方共赢。以色列大学系统中共有7所研究型大学，都建有技术转移公司（TTO）。TTO具有独立法人资格，以营利为目的，在人事、经营、财务管理等方面拥有完全自主权。TTO享有其所在大学全部职务知识产权（IP）的使用权，并挑选有商业价值的 IP，决定技术许可对象是大公司或新创建的独资企业（Spinout）。多数情况是许可给新创企业，因为多数 IP 距离市场化尚存在距离。新创企业的创始人包括 TTO、发明人和发明人学生团队成员。为支持新创企业，TTO 以内部基金、吸引外部投资或寻求政府资金支持等方式支持企业继续研发，且通过签署合同，明确 IP 归属和允许企业继续使用大学实验室等事宜。一般地，新创企业先由 TTO 的项目经理和大学教授（一般为 IP 发明人）负责运营；若 VC 有兴趣投资，再雇佣首席运营官（CEO）。大学教授允许在新创企业全职工作 2 年后再回大学，期间薪水由新创企业支付；在职教授还允许利用 20% 时间为新创企业做技术咨询。技术转移收益包括技术许可费和股权转让收益，60% 归 TTO，40% 归发明人团队；TTO 所得收益的 20%，还会作为研发资金继续资助发明人实验室。YEDA（魏茨曼科学研究院）和 YISSUM（希伯来大学）都是世界著名的技术转移公司，特拉维夫大学的技术转移公司 RAMOT 的年收入也达几百万美元。此外，以色列 5 家公立医院也建有类似的技术转移机构。

（2）大学加速器服务大学生创业。大学技术转移的另一个重要途径就是鼓励大学生创业，几乎每个大学都设有大学生创业加速器或中心。比如，我们走访的 Azrieli 工程学院和霍隆理工学院都设有这样的加速器，创业者可免费使用大学实验室、3D 打印机等仪器设施，可与大学教授自由交流，可获得加速器各类合作公司的帮助，如微软云、众筹平台等。Azrieli 工程学院的"A2B"加速器获得了政府支持，每 6 个月换一批被孵企业，前 3 批已成功走出 24 家创业企业；很多合作公司为加速器免费提供实验室设备或服务，并经常和大学交流所需人才；大学根据市场人才需求变化适时调整课程。以色列全国类似的加速器有 70 家左右。

（三）军队技术转移的独有模式

授课老师普遍认同以色列独特的兵役制度对创新创业有重要影响。有人说"以色列军队是世界上最好的孵化器"。

（1）培养大量科技创业人才。以色列实行全民兵役制度，高中毕业生要先进部队服役，男生 3 年，女生 2 年，退伍后再读大学。入伍时，每名士兵都要经过身体、智力、心理等评估，并根据评估结果进入不同的部队部门。其中，两个部门对于科技创业人才的培养发挥了关键性作用。①学术保留部队。这是以色列的超级精英培养计划,每年入选者仅占高中生的2%,入选者需签署6年兵役协议。但在服兵役前首先接受4年的特别学习,学习专业主要是数学、物理和医学等,同时进行基本军事训练和进入军官学校学习;之后3年是一般性的义务兵役,最后3年则是在武器研发类专业领域服役。②8200部队。这是以色列情报和网络战争部门,只有计算机测试高分士兵才可以进入;其中的优秀者又会进入网络安全精英组,并以小组为单位进行技术研发,寻求新的解决办法。这种组织方式很类似于创业。许多以色列软件公司是由8200部队退役士兵创建。此外,服役经历也使以色列创业者们有着超人的领导力、执行效率和抗压能力,这些都是创业者需要的素质。

(2)创业者将军用技术转为民用技术。以色列对军队技术的保护政策比较自由。从军队退役的年轻士兵们可自由利用他们在军旅生涯中掌握的技术去创业,而许多创业团队本身就是在军营中相识。以色列创业团队在互联网安全、视觉识别、AI等高科技领域有着天然优势,国防军训练功不可没。以色列著名的高科技公司,如Waze、Check Point等都有类似背景。

(四)商业化的创新创业生态

除技术和创业者,创新的成功还需要资金、市场和孵化服务。

(1)活跃的风险投资助力创新创业。以色列拥有约90家活跃的风险投资基金,据称在全球规模仅次于美国;人均获得风险投资数量世界最高。目前,在90家之外,还有超过200家微型风投(Mircro VC)和天使投资人。众筹、风险借贷(Venture Lending)、私募基金等也都十分活跃。以色列风险投资总额的70%以上来自国外VC。美国所有一线VC全部在以色列有过投资,许多还在以色列设有办公室。以色列创业者使用的众筹平台也主要来自美国。近几年,中国VC开始在以色列投资;以色列本土VC也在寻求中国市场。比如,以色列著名的投资银行英菲尼迪公司在20世纪90年代就进入中国市场,与国家开发银行、苏州市政府合资成立了创业投资基金。

(2)全球市场战略助力创新创业。以色列的科技企业基本都是以美国、欧洲市场为目标,具有全球化视野,基于市场需求进行技术创新,因此高科技产品出口是以色列科技企业的主要收入来源。以色列高科技产品的出口服务也较为发达和成熟,比如提供综合类服务的高科技和创新协会、提高企业营销能力的各类辅导培训或咨询公司等。

（3）多样的民间孵化服务助力创新创业。以色列的孵化服务除了来自政府支持的孵化器、Mati 等外，还有大量私人投资和运营的众创空间。民间的众创空间形式多样，为创业企业提供工作空间、导师辅导，以及营销、市场、财务和金融等全方位服务。

六、对我国科技资源配置的启示

当前新一轮产业变革的核心是制造业的数字化、智能化和网络化，相关的基础共性技术逐渐成为新的技术高地。发达国家正在加快布局，美国政府部署制造业创新网络，德国政府提出工业 4.0 战略，千方百计加强"产业公地"建设，加快技术的商业化[①]。从美国财政支持研发机构，以及欧盟、德国、日本等国的一些创新举措可以看出，随着各种类型创新主体之间的关联越来越紧密，创新单元在创新链上越来越明显地表现出集成化的趋势，政府逐渐强化利用各种政策工具吸引社会资源投入于符合国家需求的研发方向，通过财政投入有条件地支持一批特定研发机构发展，建立如 ARPA-E 这种新型资助机构等方式来协调研发资源配置，引导公私合作领域方向和吸引更多私营和非财政资金，完善"产业公地"和打造创新高地，通过专业机构进行科技计划管理，取得了重要进展。各国科技资源配置的一些创新举措和经验值得我们借鉴。

（1）有条件地稳定支持一批科研院所和重大创新基地建设，探索中长期的科技项目实施机制在体现国家意志、服务国家战略目标、对促进国家经济社会发展具有重要意义的领域，选择一批科研机构进行稳定支持，赋予完成国家目标的职责和使命。在现有科技计划体系中，探索中长期的科技项目实施机制，对重点领域、重点方向、重点创新基地和团队，采取以五年为周期的一次性整体预算方式给予相对长期的支持。同时，强化考核和激励，加强对稳定支持的科研机构、创新团队的绩效考核，完善绩效考核机制，以评估结果作为进行稳定支持的依据。研究建立科研机构绩效拨款制度，支持民办科研机构等新型研发组织发展。借鉴德国 ZIM 计划经验，充分培育发展专业机构，实现政府简政放权管理。

（2）拓展颠覆性技术研发的支持渠道与机制，强化市场激励。充分借鉴美国国防部先进研究计划局（DARPA）和能源部先进能源研究计划署（ARPA-

---

[①] 引自苏波在《制造繁荣——美国为什么需要制造业复兴》一书的推荐序，有文字改动。

E）的经验，既要完善财政对共性技术以及战略性、基础性、前沿性科学研究的支持机制，又要健全技术创新市场导向机制。①探索建立专门研究基金会等专业化管理机构，建立健全科技项目决策、管理与实施相分离的体制机制，如国防高级研究基金会[①]、能源高级研究基金会，立足已有分散在各部委相关科技计划项目的统筹和整合，实现多渠道来源、统一口径支持和专业化的管理，捕获包括颠覆性技术在内的新兴前沿技术机遇，促进颠覆性技术的诞生和发展。②充分借鉴中小企业创业投资引导基金的一些做法和经验，通过阶段参股、跟进投资、风险补助和投资保障等方式，面向市场拓展颠覆性技术研发的支持渠道与机制。③充分借鉴国外 PPP 模式的做法与经验，通过引入社会资本，进行公私合营等做法，保障重大专项的实施。

（3）将中央财政支持的科研机构作为科技宏观资源配置的重要手段，带动社会创新资源集聚、创新网络建设和重大项目研发。首先，明确各类科研机构的功能定位和出资人制度，明确政府部门对于财政支持的科研机构的所有权或管理关系，优化现代科研院所的战略布局，将其设立和发展纳入到国家宏观科技管理的统筹机制之下。将中央财政支持的科研机构作为科技宏观资源配置的重要手段。明确任务方向，围绕院所建设带动社会创新资源集聚、创新网络建设和重大项目研发。同时，在进一步明确产权关系的基础上，探索多种协调有效的管理方式。比如鼓励按照国家战略和科技资源配置的需要，创建多种形式的创新中心，作为承担国家科技计划（专项）的重要载体。

（4）根据创新和企业发展的阶段采取系统化和多样化的资助方式，形成融资支持创新链条，如德国针对基础研究、应用导向的基础研究、应用研究、发展研究等阶段推行不同方式的资助，使创新活动能够形成顺畅的传递链条，将知识转化为财富。不仅如此，针对不同发展阶段的科技型中小企业，采取相应的资助方式，例如对种子期、启动期、存续 10 年以内的和 10 年以上的科技型中小企业都有不同的支持。瞄准创新链和企业发展的薄弱环节，不断调整和优化资助项目，重点关注应用导向的基础研究、初创期的科技型中小企业。

---

① 2012 年 10 月，俄罗斯总统普京签署法令，批准成立国防高级研究基金会，旨在借鉴美国 DARPA 模式。

第三章
科技创新投入的现状分析

第一节 我国科技投入现状

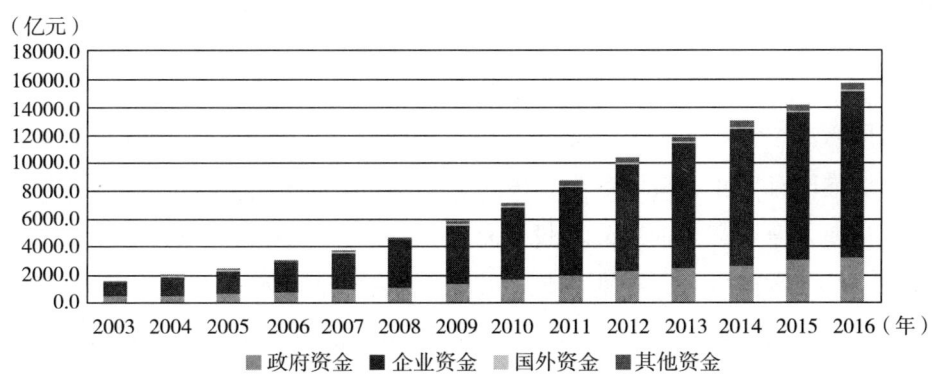

图 3-1 全社会研发经费来源（2003~2016 年）

如图 3-1 所示，近年来，我国科技经费投入力度加大，研究与试验发展（R&D）经费投入、国家财政科技支出均实现较快增长，研究与试验发展

（R&D）经费投入强度稳步提高。

2016年，全国共投入研究与试验发展（R&D）经费15676.7亿元；研究与试验发展（R&D）经费投入强度（与国内生产总值之比）为2.11%。

一、企业成为科技创新投入的主要力量

在国家创新体系中，企业是技术创新的主体。随着科技体制改革的不断深化和市场经济的深入发展，创新的理念和发展模式得到广泛认同，越来越多的企业投入科技创新，企业成为科技创新投入的主要力量，在全社会研发投入占比超过70%，如表3-1所示。

表3-1 研发经费内部支出中来源企业资金占比（2006~2016年）

年份	2006	2007	2008	2009	2010	2011	2012	2013	2014	2015	2016
R&D经费内部支出（亿元）	3003.1	3710.2	4616.0	5802.1	7062.6	8687.0	10298.4	11846.6	13015.6	14169.9	15676.7
企业资金（亿元）	2073.7	2611.0	3311.5	4162.7	5063.1	6420.6	7625.0	8837.7	9816.5	10588.6	11923.5
企业资金占比（%）	69.1	70.4	71.7	71.7	71.7	73.9	74.0	74.6	75.4	74.7	76.1

从所有制类型看，民营企业（本报告中国有企业指企业登记注册类型为内资企业中的国有企业、集体企业、联营企业、国有独资公司，民营企业指除国有企业、港澳台商投资企业、外商投资企业以外的全部企业）成为研发投入的主导力量。统计数据显示，规模以上工业企业自有资金投入研发中，民营企业所占比重从2011年的59.4%上升到2016年的70.0%。2017全球企业研发投入榜单上，华为进入全球前10。

二、财政科技投入大幅增长

（一）政府投入持续增加，但占比逐步下降

1991~2006年，科技活动经费筹集额中，来自政府资金从126.38亿元增长

至1367.85亿元,占比从29.6%下降至22.07%;2003~2016年,R&D经费内部支出的资金来源中,来自政府的资金从460.6亿元增长到3140.8亿元,占比从29.9%下降至20.0%。具体而言,无论是考察科技活动经费筹集额还是考察全社会R&D经费内部支出,来自政府的资金均保持增长,除个别年份(1996年、2003年、2014年和2016年)增速低于10%,其余年份均以10%以上速度增加,1997年亚洲金融危机和2008年国际金融危机之后的年份,政府资金增速更高,如1999年和2000年,2009年和2010年,增速均超过25%,其中1999年达到了34%,如图3-2、图3-3所示。

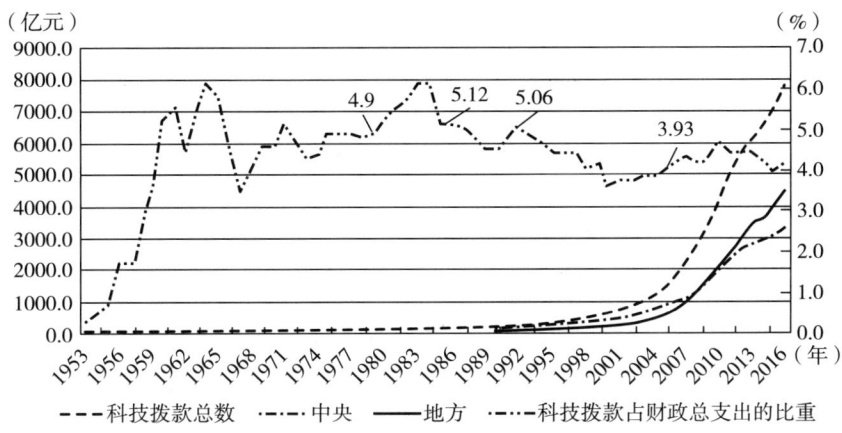

图3-2 科技拨款占财政支出比重(1953~2016年)

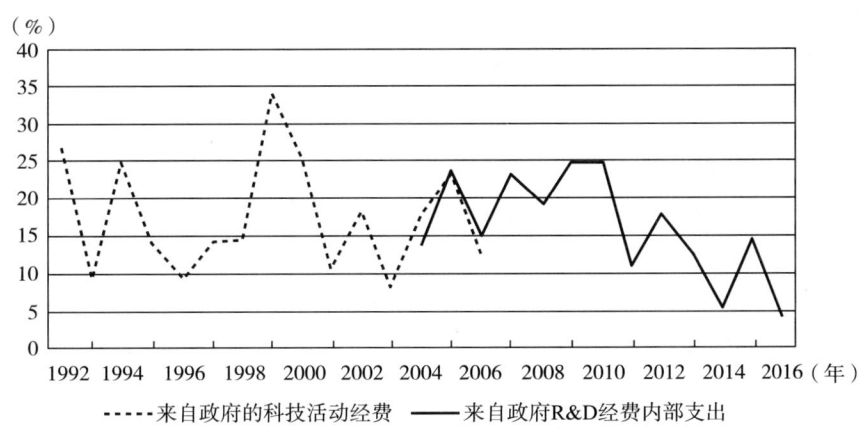

图3-3 政府资金投入增速(1992~2016年)

来自政府资金占比则呈现逐步下降的趋势，仅在两次金融危机后的年度出现了或多或少的上升，如1999年的32.38%和2010年的24.02%，均高于之前年份，如图3-4所示。

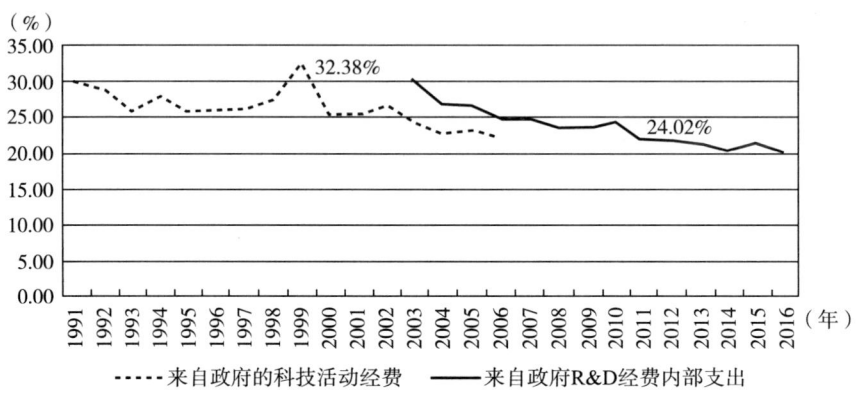

图3-4 政府资金投入占比（1991~2016年）

此外，财政科技拨款占财政总支出的比重也呈现下降的趋势。在经历1993~2000年较大幅度的下降周期后，2001年开始，财政科技拨款占财政总支出的比重有所增加，这种增长趋势持续到大约2010年，占比从3.72%增长到4.67%，随后再次进入下降通道，到2015年下降至3.98%。虽然这一比例高于2000年，但是仍然处于历史较低水平，实际上除新中国成立初期和"文革"期间，大部分时间内，我国财政科技拨款占全部财政支出的比重在5%以上。

（二）地方政府投入超过中央政府

近年来，来自地方政府的财政科技投入增长迅速，并于2007~2009年超过中央政府投入。具体而言，1990~2016年，中央政府投入占比从超过70%逐步下降至40%，地方政府投入则从不足30%提高至近60%（见图3-5、图3-6）。从中央和地方政府投入的增速看，中央政府和地方政府财政科技投入增速在大部分年份呈现互补特征，即中央政府财政科技投入增速下降的年份，地方政府财政科技投入增速往往增加。

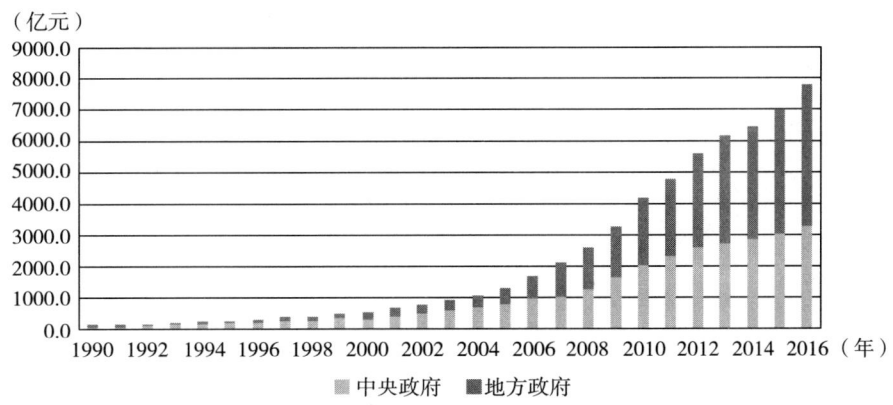

图 3-5 中央和地方财政科技拨款（1990~2016 年）

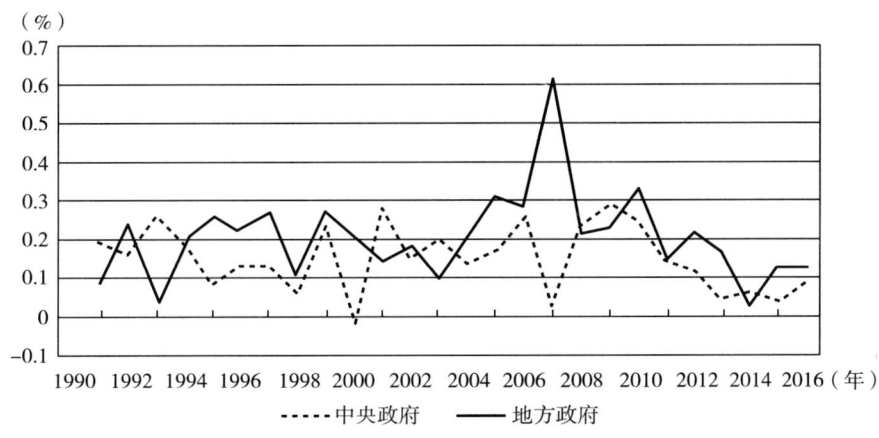

图 3-6 中央和地方财政科技投入增速（1990~2016 年）

（三）财政科技投入范围更加明确，财政科技投入结构更加优化

在范围上，按照公共财政原则，明确财政科技资金主要用于支持市场机制不能有效配置资源的公共科技活动（包括基础研究、前沿技术研究、社会公益研究、重大共性关键技术研究等），同时还发挥引导企业和全社会科技投入的作用。在结构上，重点完善与竞争性经费相协调的稳定支持机制，加大对科研机构（基地）运行、自主科研和条件建设的稳定支持力度，建立了公益性行业科研稳定支持渠道。（2005 年中央本级稳定支持与竞争性支持经费比例是 2∶8，2016 年已经提高到 5∶5，在一定程度上缓解了竞争过度的问题）。

（四）政府资金主要支持研究与开发机构

政府资金主要支持研究与开发机构、高等学校的 R&D 内部支出。其中研究与开发机构执行了政府经费的60%以上,高等学校执行了约20%。近年来,企业执行的政府资金占比有所提高,从2003年的10.3%提高到2016年的14.3%,其中2013年最高的达到16.4%;研究与开发机构执行的政府资金比例从2003年的69.6%下降到2016年的59.0%,其中2012年最低达到58.2%;高等学校执行的政府资金占比保持稳定略有上升,最低年份为19.0%,最高年份为21.9%,如图3-7所示。

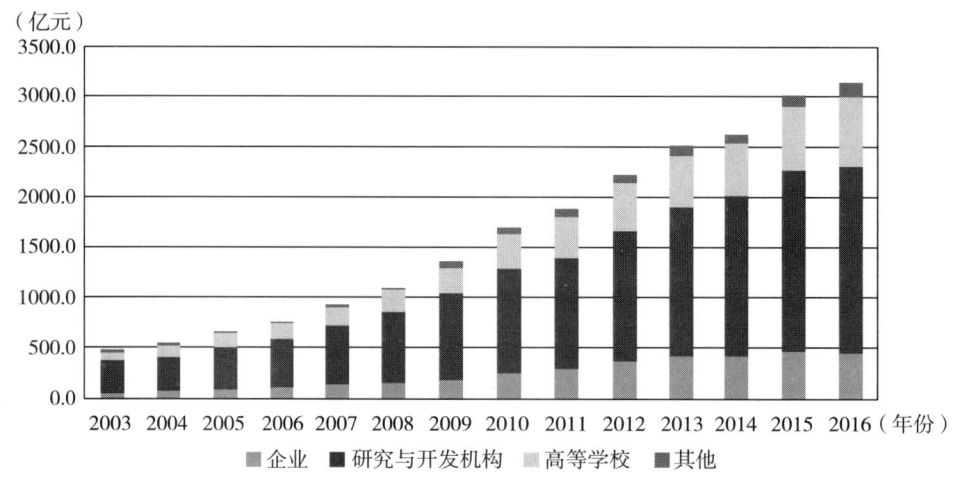

图3-7 政府资金的执行部门(2003~2016年)

第二节 国内外科技投入比较

一、投入总量

与世界主要国家相比,中国的科技投入总量还不高。考虑到经济发展水平,中国与发达国家之间的差距将被缩小,甚至研发强度要高于部分发达经济体。如2014年中国的研发强度已经高于德国,而同期德国的人均GDP是中国的近3倍,如图3-8所示。

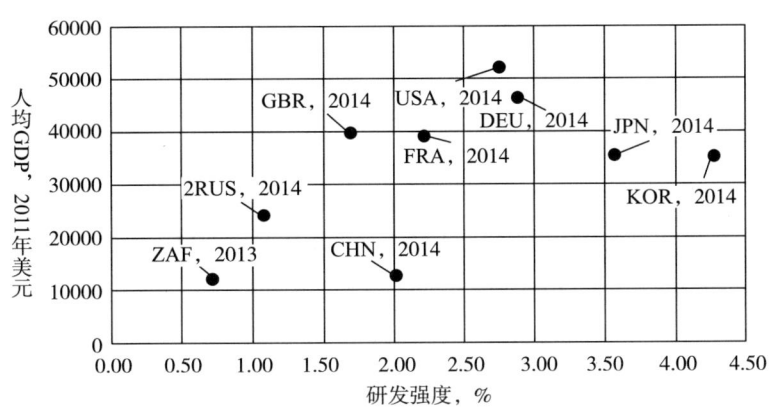

图 3-8 中国与部分国家人均 GDP 和研发强度比较（2014 年）

对比主要发达国家与当前中国人均 GDP 相当年份的研发强度后，我们发现，英国、中国台湾地区、法国和中国的研发强度分别在 1986 年、2001 年、2006 年和 2014 年达到 2.02，但是同年四个对象的人均 GDP 差距较大，法国最高接近 35000 美元，中国台湾地区、英国分别超过了 30000 美元和 20000 美元，而中国还未达到 15000 美元。比较人均 GDP 在 10000 美元到 20000 美元国家的研发强度，发现中国的研发强度处于中等水平，明显要高于俄罗斯、南非的水平。如图 3-9、图 3-10 所示。

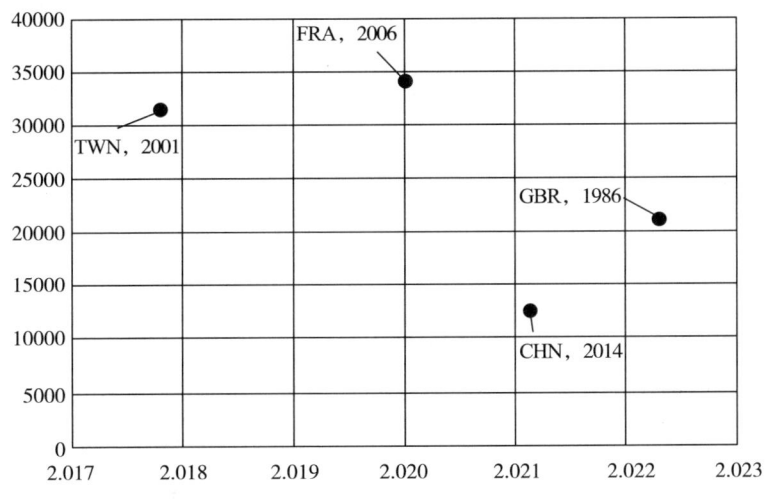

图 3-9 类似研发强度国家的人均 GDP 比较

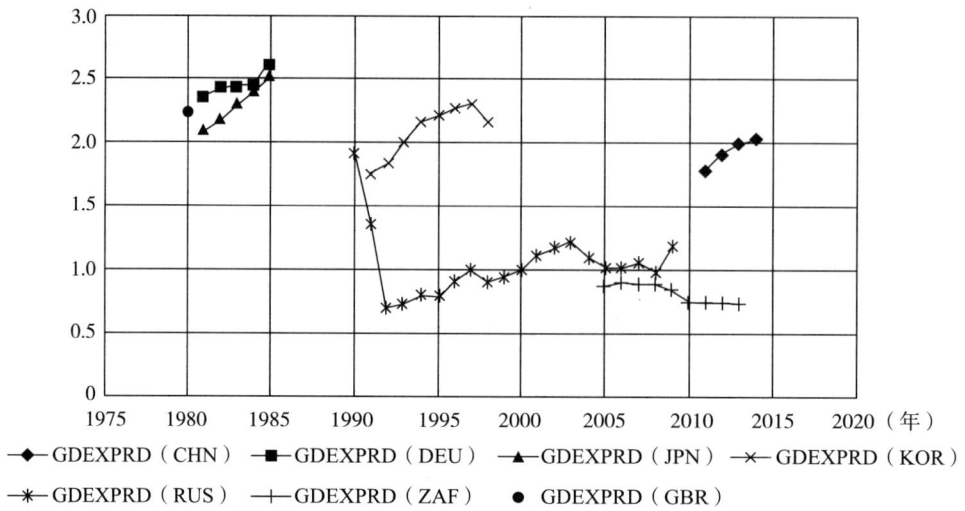

图3-10　类似人均GDP区间国家的研发强度比较

进一步观察上述国家人均GDP与研发强度之间的关系,我们发现,中国的研发强度与GDP的比例关系与德国、日本类似,不同于韩国、俄罗斯和南非,如图3-11所示。

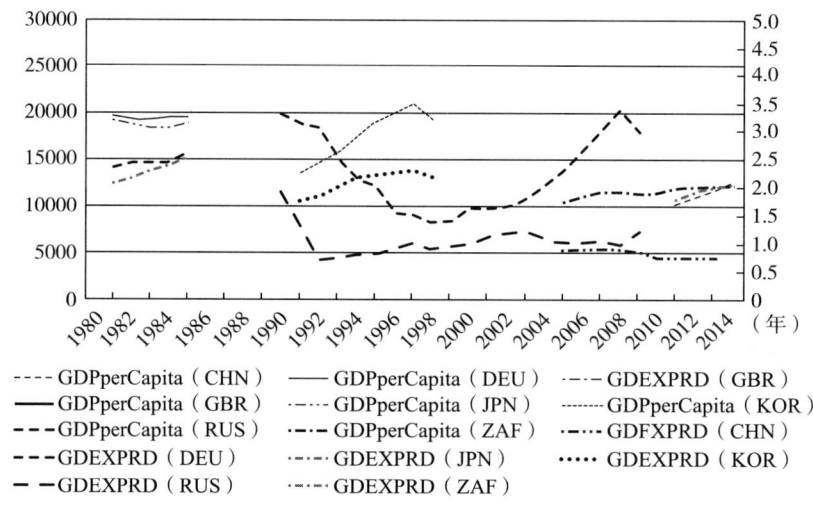

图3-11　人均GDP接近国家的研发强度与人均GDP关系

二、投入结构

表 3-2　2013 年美国研发支出（按执行部门、资金来源和活动类型分）

执行部门及研发类型	经费来源（百万美元）						执行比例
	全部	商业部门	联邦政府	非联邦政府	大学和学院	其他非营利	
R&D	456095	297279	121808	4113	15240	17655	100.0
商业	322528	292153	29362	194	*	819	70.7
联邦政府	49859	180	49448	50	*	181	10.9
非联邦政府	467	*	193	274	*	*	0.1
大学和学院	64680	3502	36867	3594	15240	5477	14.2
其他非营利机构	18561	1444	5939	*	*	11178	4.1
资金来源占比	100.0	65.2	26.7	0.9	3.3	3.9	na
基础研究	80460	21213	37826	2317	9384	9720	100.0
商业	19508	18203	1196	21	*	88	24.2
联邦政府	9531	52	9413	14	*	52	11.8
非联邦政府	NA	*	NA	NA	*	*	NA
大学和学院	41275	2156	24148	2213	9384	3373	51.3
其他非营利机构	10029	802	3021	*	*	6207	12.5
资金来源占比	100.0	26.4	47.0	2.9	11.7	12.1	na
应用研究	90629	46290	33357	1340	4801	4841	100.0
商业	51013	44738	6028	47	*	200	56.3
联邦政府	15103	82	14915	23	*	83	16.7
非联邦政府	NA	*	NA	NA	*	*	NA
大学和学院	18608	1103	9845	1132	4801	1726	20.5
其他非营利机构	5671	366	2472	*	*	2833	6.3
资金来源占比	100.0	51.1	36.8	1.5	5.3	5.3	na
试验发展	285007	229776	50625	456	1054	3096	100.0
商业	252007	229212	22137	126	*	532	88.4
联邦政府	25225	46	25120	13	*	46	8.9
非联邦政府	NA	*	NA	NA	*	*	NA
大学和学院	4797	242	2874	249	1054	379	1.7
其他非营利机构	2861	276	446	*	*	2139	1.0
资金来源占比	100.0	80.6	17.8	0.2	0.4	1.1	na

　　* = small to negligible amount, included as part of the funding provided by other sectors; na = not applicable; NA = not available.

　　NOTES: Data for 2013 include some estimates and may later be revised. Some components of R&D performance and funding by other nonprofit organizations are projected and may later be revised.

　　资料来源：《Science and Engineering Indicators 2016》。

如表 3-2 所示，2017 年 3 月 16 日，美国总统特朗普提交任内首份题为《美国优先：一份让美国再次伟大的预算蓝图》。5 月 23 日，特朗普正式提交题为《美国伟大的新基石（2018 财年）》详细预算案。根据特朗普提交预算案，2018 财年研发预算 1176.97 亿美元，较 2017 年下降 20.71%。导致大幅度下降的主要原因是技术原因，OMB 缩窄了"开发"的统计口径，由"开发"变为"实验开发"（Experimental Development）。如果按照 2017 财年及之前关于"开发"的定义，另有 335.47 亿美元为国防部（DOD）和航空航天局（NASA）开发资助（Development Funding），研发预算合计达 1512.44 亿美元，那么联邦科研经费支出则较 2017 年增长了 1.89%。

从研究性质来看，2018 财年基础研究预算为 289.36 亿美元，较 2017 财年下降了 12.99%，占总研发预算的 24.58%；应用研究预算为 334.85 亿美元，较 2017 财年降低了 8.58%，占总研发预算支出的 28.45%；开发预算为 531.94 亿美元，较 2017 年下降 29.97%，占总研发预算支出的 45.19%，如果按照 2018 财年之前关于开发的定义，则预算支出为 867.41 亿美元，较 2017 财年增长了 14.2%；实验设备与仪器总支出为 20.82 亿元，较 2017 年增加 19.92%，占总研发预算 1.7%，如表 3-3 所示。

表 3-3　2018 财年研发结构与 2017 财年相比

科目	2016 财年（实际）	2017 财年（连续）	2018 财年（计划）	2018 财年较 2017 财年变化
基础研究	32913	33257	28936	-12.99%
应用研究	37047	36629	33485	-8.58%
开发	75760	75957	53194	-29.97%
调整后（按照原有关于 R&D 的定义计算）			86741	14.20%
科研设施与仪器	2582	2600	2082	19.92%
合计	148302	148443	117697	-20.71%
调整后（按照原有关于 R&D 的定义计算）			151244	1.89%

我国的基础研究投入较低，从绝对占比看，中国的基础研究投入占比远低于美国。美国始终占领科技创新的制高点和全球产业链的最顶端，与其大量的基础研究投入密不可分。这取决于美国发达的经济水平，不仅有较为充足的财政资金

保持基础研究的稳定资助，同时私人部门也大量投入基础研究，与公共部门投入形成了很好的互动作用。

第三节 存在的主要问题

一、投入主体相对单一

与发达国家相比，我国的研究投入主要是政府和企业，部分高等学校和研究机构也开展研发投入，但近年来企业投入占比逐步加大。如果考虑到大部分中小企业研发投入统计难以纳入的因素，企业在研发投入中的占比或许更高。其中主要的原因在于，我国财政资金支持创新的比例不足，公益机构参与研发积极性不高。

近年来，受宏观经济、税制改革以及清费正税等改革的影响，我国财政收入增速有所下滑，影响了政府对研发的支持，特别是中央政府对研发的支持力度有所减弱。我国非营利机构发展相对发达国家起步晚，较多的非营利机构还处于解决弱势群体基本民生阶段，对于影响人类发展的研发关注不够。上述原因造成了我国研发投入主体相对单一，企业投入独大的问题。

二、基础投入相对较少

与美国等发达国家相比，中国的基础投入相对较少，且主要来源于政府投入。相对少的基础投入意味着在基础研究领域的突破和成就难以保证，不利于我国建设创新型国家，也影响我国在全球垂直价值链分工中的角色改变。我国财政科技投入虽然绝对值保持增长，但是相对较多的需求，财政投入还不足。在财政科技投入分布方面，基础研究由于不确定性大，与现行财政资金使用管理体制间还存在不适应的问题，在财政科技投入增量无法充分保证的情况下，基础研究的投入增长更加缓慢。

三、企业科技创新投入强度有待提升、结构有待优化

虽然我国企业研发经费规模已居世界前列,但企业研发投入强度与发达国家还有一定差距。数据显示,2016 年我国规模以上工业企业研发经费投入强度仅为 0.94%,而美国、日本、德国等发达国家则普遍在 2% 以上。

从企业科技创新投入的活动类型看,投入到科学活动的占比较少。数据显示,2016 年企业研发经费支出中,科学研究经费仅占 2.7%,世界主要国家企业研发支出中科学研究所占比重普遍在 20% 以上(例如,美国为 24%,日本为 25%,德国则高达 56%)。

从企业科技创新投入的产业看,传统产业仍然是主导。投向高技术产业是发达国家企业研发投入的重要特征,美国、英国等高技术产业研发经费支出占制造业研发经费支出比重 60% 左右,而我国 2016 年仅为 22.3%。

专题 1:创新创业企业的营运资本

一、营运资本的内涵

营运资金(Working Capital),又称营运资本、循环资本,是指一个企业维持日常经营所需要的资金,有总营运资金和净营运资金之说。

美国会计师公认会计程序委员会于 1953 年发布第 43 号会计研究公报第三(ARB NO. 43, CH3, Part4)指出:流动资产指现金及可合理预期将与一年或一个正常营业周期孰长期内,转换为现金,或节省现金使用的各项资产,通常涵盖以下各项:①现金及约当现金;②商品存货(包括原料、物料及零件等);③应收款项(包括应收票据、应收账款及应收承兑汇票等);④可于一年内按正常营业方法收回的应收员工款项、应收关系企业款项及其他应收款等;⑤按正常营业方法或条件发生的分期付款销货应收款或递延款项等;⑥可于当年度发现的金融商品;⑦各项预付费用(包括预付保险费、预付利息、预付租金、预付税捐、预付保险费及用品盘存等)。此等预付费用虽不能转换为现金,却可节省现金的

使用。美国注册会计师协会（The American Institute of Certified Public Accountants）在会计研究公告第 7 章 43 号中指出营运资金是指在资产负债表测量流动性的部分，营运资金对于测量企业资产的流动性具有重要意义，并指出营运资金是以为了满足企业日常营业活动周转的保证或缓冲为特征的，由此，营运资金作为一种静态测量工具而存在，成为重要的财务分析工具。

George William Collins（1945）指出，营运资金是指流动资产超出流动负债的部分，文中主要利用资产负债表和利润表研究营运资金的来源和使用，通过调整分录最终编制成营运资金的来源和使用表，此表中可以看出营运资金是如何变化的，文中大量篇幅说明了关注营运资金变化带给企业的作用。Park 和 Gladson 认为，这样的界定对其企业管理分析和计划相关性不大，他们更倾向于将它定义为所有资产和负债的流动性相对较高部分的营运资金。毛付根（1995）指出，营运资本一般是指企业流动资产总额；而净营运资本是指企业流动资产与流动负债之间的差额。国内外对营运资金管理的研究大多以流动资产减流动负债的净营运资金概念为基础的。

通过对营运资金概念界定相关文献的解读，"营运资金"概念的出现是与财务报表分类列报的演变息息相关的，可以说，"营运资金"由财务报表而来，作为财务分析的重要工具或衡量指标而存在。营运资金之所以被定义为流动资产超出流动负债的部分，这与财务报表的列报方式以及当时的管理理念是息息相关的：资产负债表的列报方式区分的是流动性部分与非流动性部分，营运资金衡量的是流动性；企业及其报表使用者更多关注流动性较强部分的资产及负债变化，更关注近期的变化。但对营运资金概念界定的讨论并没有引起更多的关注，多是集中在早期营运资金的研究中，多数学者认为营运资金作为衡量企业流动性的静态指标而存在，并没有对流动性的要求做出更高的要求，是该放宽还是缩窄营运资金的界定是随着环境的改变而相应变化的。

从营运资本的概念看，营运资金是企业日常生产活动中的重要组成部分，同时也对企业研发支出具有重要影响。虽然外部资金对企业的研发起到了重要作用，但中小企业获得外部资金用于研发的可能性要远远小于大型企业。因此，营运资金是大部分中小企业开展研发的重要资金来源。Hall（2002）认为，从融资视角，企业的创新活动因其长期性和不确定性，受到严重的融资约束，主要依靠企业内部资金。我们在中国研发经费内部支出的结构分析也发现，企业执行的研发费用中,绝大部分来源于企业,政府资金、国外资金和其他资金来源不足10%。

从企业研发经费的外部支出看,企业研发经费主要来自于企业内部。《科技统计年鉴》数据显示,企业研发经费的外部支出主要用于境内研究机构,其次是境内企业,其中境内企业占比约为25.78%。

二、营运资本对企业研发的影响

(一) 企业现金持有与研发活动相关

学者研究发现,开展R&D活动的企业往往持有更多现金。Opler等(1999)发现,美国那些研究密集型的企业持有更多现金,同时也发现,企业获得外部融资的难易程度对上述关系产生负向影响。Brown和Petersen(2012)发现,美国研发密集企业普遍使用了现金储备调节研发支出,并且外部融资约束越严重的企业越有采用现金持有进行研发平滑的动机,1998~2002年,美国的中小企业利用积极的现金持有管理减少了大约75%的研发投资波动。Brown等(2012)对欧洲国家的研究同样发现,企业运用现金持有管理进行研发平滑,而且现金持有管理对于研发的融资约束有缓解作用。

Schrotl和Szalay(2005)研究发现,持有现金对于企业研发成功也具有正向作用,充足的营运资金可以让企业更快抓住新机会并及时开展研发活动从而处于领先地位。Xu(2009)研究了美国股市对研发密集企业现金持有行为的反应,发现市场总是给予企业现金增持行为正向的反馈,说明投资者更加看好有大量现金储备的高研发企业。

我国学者也发现存在类似的现金持有行为,并对此进行了实证研究。柏晓峰(2008)研究发现:融资约束理论可以用来解释我国上市公司现金持有现象,但受经理人和控股股东自利动机的影响,融资约束较弱的企业现金持有比例特别的高。李建明(2011)以沪深两市2007~2009年披露了研发费用的高新技术上市公司为研究样本,检验了上市公司R&D投资与现金持有量的关系,得出结论R&D投资强度与现金持有量显著正相关;充足的现金对R&D融资约束有一定的缓解效应。杨阳(2012)研究结果显示:第一,融资约束公司相对于非融资约束公司,其现金持有水平较高;第二,对于融资约束公司,现金流量波动性越高,其相应的现金持有量越多,而非融资约束公司,其现金持有量和现金流量波动性不存在显著的相关关系。无论通过何种方式定义划分融资约束指标，我国上市公司现金持有的动机都和其面临的融资约束程度有着直接的关系。王栋捷（2013）研究表明：我国制造业上市公司普遍具有较强的投资—现金流敏感性，且融资约束程度越高，敏感性越强；公司持有现金可以在一定程度上缓解融资约束，降低投资—现金流敏感性。王佳星和刘旻晗（2014）以2007~2011年披露了R&D支出的1078家上市公司为样本，构建了面板数据多元回归模型，研究了上市公司的现金持有与R&D支出的关系。研究结果表明：R&D支出同现金持有改变量呈显著的负相关关系，说明上市公司会运用现金持有平滑其R&D投资，缓冲现金流的不稳定给R&D支出造成的冲击，满足R&D持续、稳定的投资需求。

国内外学者的研究表明，现金持有行为是一种有效的平滑企业R&D投资的方法，市场对于企业现金持有行为持正向的态度。而一部分学者的研究指出，企业现金持有行为对R&D投资的平滑作用与企业面临的融资约束程度有直接的关系。

（二）营运资本对R&D投资的平滑作用

研发企业倾向于持有现金的主要原因是，通过营运资本管理，能够较好地平滑企业的研发资金投入。

Levitas和Mcfadyen（2009）通过对美国108家生物技术公司的研究发现，企业存在营运资本管理行为。此外，他们还发现产生的专利技术和特定的联盟活动提供了重要的信号传递机制，能够降低企业和资本市场的信息不对称，从而降低企业需要持有的流动性资产。Hatakeda（2012）研究和公司多样性和R&D平滑的关系，通过日本制造业企业的研究发现，多样性程度低的企业比多样性高的企业具有更多的趋势平滑R&D投资。在财务流动性方面，财务流动性高的企业更趋向于平滑R&D投资。Baum等（2013）检验了企业为应对未来一期额外投资支出的营运资本管理行为，通过对美国、英国和德国的企业研究发现，企业的流动性资产增加了。此外，他们还发现，额外的未来R&D支出比未来的固定资产投资引起企业更多的营运资本管理。Brown和Petersen（2014）研究了当企业面临负面的金融冲击时，如何安排竞争性的真实投资的优先顺序。他们发现在近几年的金融危机中，相比于固定投资，企业倾向于通过内部的营运资本管理更大程度上保护R&D投资。

国内外学者的研究表明，营运资本管理是企业平滑 R&D 投资的一种有效手段，并指出营运资本的作用可能与企业面临的融资约束程度有关。

鞠晓生等（2013）在研究中国非上市公司工业企业的融资约束、营运资本管理与企业创新活动之间的关系时发现，高的调整成本和不稳定的融资来源制约着企业的创新活动，运营资本对缓冲企业创新投资波动有重要作用，而且这种作用与企业的融资约束程度密切相关。其原因主要在于，中国资本市场不发达，企业在获得直接融资方面较为困难，内部资金积累和营运资本管理是持续开展创新活动的重要资金保障。①

以营运资本为代表的流动性约束，实际上反映了企业释放流动性以满足投资需求的能力。通过有效的营运资本管理，企业可以减少他们对外部资金的依赖，利用变现的流动资产补充研发资金，从而提高企业的财务灵活性。此外，通过利用营运资本替换所需的外部资金，企业可以降低由外部融资产生的融资成本。这表明企业可以通过营运资本管理平滑 R&D 投资，在一定程度上利用企业内部资金解决 R&D 融资问题。

三、调研新发现

一是研发投入难以保证。中小企业难以获得直接融资，同时也缺乏足够的营运资本，因此其研发活动难以得到平滑，更多地表现为随意性和间断性。这在创业企业中尤为突出，2015 年面向国家自主创新示范区的中小企业的调研显示，812 家被调查企业中有 130 家企业明确表示企业处于亏损或微利阶段，这些企业的营运资本非常稀缺，在研发投入方面难以保障。有近百家企业反应研发投入较少或无精力开展研发。

二是中小企业税负依然较重。虽然中小企业享受了较多的税收优惠，部分优惠政策向中小企业倾斜，但是企业普遍反映负担较重。这也是造成中小企业营运资金少，研发投入难以保证的重要因素。有企业反应，在企业初创期，能够存活下来是首要任务，一旦营运资金出现匮乏的情况，研发活动往往最先被放弃。

三是中小企业希望得到政府的研发支持。调研中发现，中小企业的研发投入

---

① 鞠晓生，卢荻，虞义华. 融资约束、营运资本管理与企业创新可持续性［J］. 经济研究，2013（1）.

对企业而言具有重要意义，但是由于企业的营运资金相对紧张，且融资难度较大，政府支持就显得格外重要。国家在支持中小企业创新方面采取的措施得到较大的认可，如中小企业技术创新基金、研发费用加计扣除、创新券等政策，得到中小企业较多认可。问卷显示，34.10%有研发投入的中小企业享受了研发费用加计扣除政策。

四是融资成本过高。金融机构为中小企业提供融资存在较大的歧视，商业银行需要担保机构分散风险，但是贷款成本大幅度提高，通常中小企业日常的周转资金信贷成本要高于大企业1倍以上。初创企业风险较高，企业固定资产较少，知识产权质押融资具有较大意义，但商业银行通常会要求固定资产与知识产权共同质押，当企业成长到一定阶段，市场扩大会面临资金回笼困难的问题，应收账款融资同样面临成本高的问题。

四、政策建议

一是降低中小企业各项负担。中小企业各项负担虽然总量不高，但是相对于企业规模，仍然制约了企业发展。政府应进一步降低企业的各项负担，在促进中小企业发展与财政收入之间重新确定平衡点，取消数量不大的各项税负，特别是取消各项收费，增加政府直接服务和购买服务，在提高中小企业研发服务的同时，不增加其营运资金负担。

二是调整优惠政策方向。目前中央和地方政府在营造创新创业环境方面采取了较多积极措施，但是由于环境营造的政策时滞较长，很多中小企业无法直接获得收益，因此政府应在营造环境的同时，继续加大对中小企业的直接资助，特别是直接资助其开展研发活动，如研发项目资助、政府购买研发服务、研发人员引进补贴等。部分政策从理论上能够较好的促进中小企业创新，但是在实践中效果并不好，缺乏对中小企业特征的考虑。如各项税收政策，特别是所得税政策均建立在企业盈利的基础上，但是目前我国中小企业整体上利润率较低，所得税优惠政策的效果并不明显。

三是发挥政府对金融市场的引导作用。加大投贷联动的推广，允许商业银行采用更多创新的模式，如"贷款+可转债"模式；政府设立风险补偿基金，加大对知识产权质押、应收账款质押等中小企业急需的融资渠道风险补偿，激励商业银行加大对中小企业的融资服务供给；加大资本市场改革，拓宽中小企业上市融资渠道、降低中小企业上市融资成本。

专题2：以人工智能为代表的新技术融资

人工智能（AI）是人类在利用和改造"机器"的过程中所掌握的物质手段、方法和知识等各种活动方式的总和。AI 始于 1956 年的达特茅斯会议，经历了几次繁荣与低谷，近年来，在移动互联网、大数据、超级计算、传感网、脑科学等新理论新技术以及经济社会强烈需求的共同驱动下，人工智能加速发展，呈现出深度学习、跨界融合、人机协同、群智开放、自主操控的新特征。

一、AI 对经济发展的作用

新一代人工智能作为新一轮科技革命和产业变革的核心力量，将重构生产、分配、交换、消费等经济活动各环节，形成从宏观到微观各领域的智能化新需求，催生新技术、新产品、新产业，引发经济结构重大变革，推动产业转型升级、实现生产力的新跃升。同时，新一代人工智能也将带来社会建设的新机遇，人工智能在教育、医疗、养老、环境保护、城市运行、司法服务等领域的广泛应用，将极大提高公共服务精准化水平，全面提升人民生活品质。2016 年，埃森哲发布了两份研究报告，通过对全球主要国家的调查显示，预计到 2035 年人工智能将推动美国、芬兰、德国等国的国内生产总值分别增长 0.8~2 个百分点，推动中国国内生产总值增长 1.6 个百分点，如图专 2-1 所示。

此外，研究发现①，作为全新的生产要素，人工智能将有潜力推动各国劳动生产率大幅增长。得益于人工智能帮助员工更有效地利用时间，到 2035 年，人工智能有望推动中国劳动生产率提高 27%，经济总增加值提升 7.11 万亿美元。研究显示，制造业、农林渔业、批发和零售业将成为从人工智能应用中获益最多的行业，年增长率分别提升 2%、1.8% 和 1.7%，如表专 2-1 所示。

---

① 研究将 2035 年的经济规模作为基准情境（即按当前条件发展下的预期经济增长量），与人工智能效应情境（即人工智能获充分应用下的预期经济增长量）加以对比。

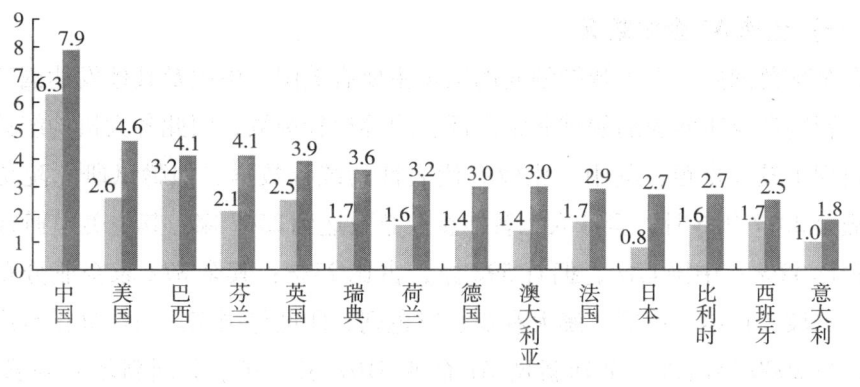

图专 2-1　人工智能对各国 GDP 的影响（%）

资料来源：作者根据埃森哲报告《Why Artificial Intelligence is the Future of Growth, 2016》《人工智能：助力中国经济增长》整理。

表专 2-1　人工智能对各国劳动生产率的影响　　　　　　　　单位：%

国家	瑞典	芬兰	美国	日本	澳大利亚	德国	中国	新西兰	英国	法国	比利时	意大利	西班牙
劳动生产率增加	37	36	35	34	30	29	27	27	25	20	17	12	11

资料来源：作者根据埃森哲报告《Why Artificial Intelligence is the Future of Growth, 2016》《人工智能：助力中国经济增长》整理。

二、全球 AI 产业发展及其融资需求预测

当前，人工智能产业从基础支撑、核心技术到应用的产业链条正逐步形成，新一代人工智能相关学科发展、理论建模、技术创新、软硬件升级等整体推进，正在引发链式突破，推动经济社会各领域从数字化、网络化向智能化加速跃升。Venture Scanner 将人工智能企业划分为包括机器学习、自然语言处理、计算机视觉、手势控制、虚拟个人助理在内的 13 个类别。腾讯研究院则认为，目前出现了九大发展热点领域，分别是芯片、自然语言处理、语音识别、机器学习应用、计算机视觉与图像、技术平台、智能无人机、智能机器人、自动驾驶。

(一) 全球 AI 企业概况

在全球范围内，人工智能领先的国家主要有美国、中国及其他发达国家。由于人工智能产业所涵盖的领域非常广泛，边界比较模糊，因此各大机构统计情况也就出现了较大差距，其中，比较有代表性的统计数据，如腾讯研究院统计显示，截至 2017 年 6 月，全球人工智能企业总数达到 2542 家，其中美国拥有 1078 家，占比 42%；中国其次，拥有 592 家，占比 23%；其余 872 家企业分布在瑞典、新加坡、日本、英国、澳大利亚、以色列、印度等国家。另据乌镇智库统计显示，自 2000 年以来，全球新增 AI 企业 8107 家，其中美国新增企业数 3033 家，占比 37.4%；中国新增企业数 1477 家，占比 18.2%；欧洲新增企业 1531 家，占比 18.88%。尽管两类统计数据相差较大，但从统计的结构分布可以大体看出，美国是全球 AI 技术的领先者，中国 AI 企业规模大约占全球总量的 20%，约为美国的 50%。此外，数据均显示，AI 企业数量呈现爆发式增长，尤其在近 5 年的时间里，企业增长数量占到了 60% 以上，如图专 2-2 所示。

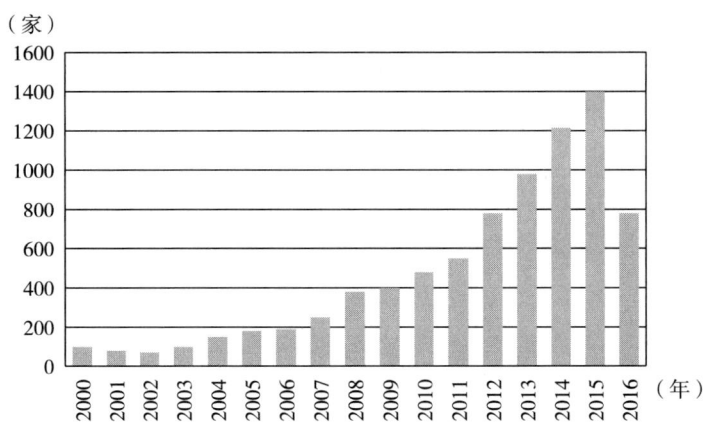

图专 2-2　全球人工智能新增企业数 (2000~2016 年)

资料来源：作者根据乌镇智库报告进行整理。

(二) 全球 AI 产业布局

在产业布局上，美国属于全产业布局，而中国主要在局部有所突破。美国 AI 产业布局全面领先，在基础层、技术层和应用层，尤其是在算法、芯片和数据等产业核心领域，积累了强大的技术创新优势，各层级企业数量全面领先。据腾讯研究院统计显示，中国基础层（主要为处理器/芯片）企业数量仅为美国的42%；技术层（自然语言处理/计算机视觉与图像/技术平台）的企业数量为美国的46%；在应用层（机器学习应用/智能无人机/智能机器人/自动驾驶辅助驾驶/语音识别）的企业数量则是美国62.3%。另据乌镇智库统计显示，计算机视觉领域企业约占总量的10%，近年来中国企业新增数量已日趋接近美国，2016年新增企业数约占美国的80%；自然语言处理领域内的企业数量约占总量的6.7%，中国新增企业数量约占美国的40%；智能驾驶领域内的企业数约占总量的2.8%，中国新增企业数量占美国的28.4%。目前，谷歌、Facebook、百度等科技企业巨头纷纷布局，旨在建立从技术、整体解决方案、开源平台到硬件和产业应用的完整人工智能生态体系，如表专2-2所示。

表专2-2　全球科技巨头的人工智能产业布局

企业名称	AI技术	基础层	技术层	应用层		代表产品
		芯片/处理器	技术平台/框架	消费级产品	行动解决方案	
Google	计算机视觉、语音识别、自然语言理解、深度学习等	定制化TPUs、量子计算机	TensorFolw系统、Cloud Machine Learning Engine	无人驾驶、移动应用、智能家居、VR生态等	Voice Intelligence API、Google Cloud	AlphaGo
Facebook	计算机视觉、语音识别、自然语言理解、深度学习等	人工智能硬件平台Big Sur	深度学习框架、Torchnet、FBLearning Flow	私人助手、智能照片管理应用等	人脸识别技术、DeepFace、DeepaMask等	BOTSOn-Messenger
IBM	语音识别、自然语言理解、深度学习等	类脑芯片、TrueNorth	SystemML	智能机器人、物联网、医疗服务、VR等	Waston、Bluemix、ROSS	Waston
Microsoft	计算机视觉、语音识别、自然语言理解、深度学习等	FPGA芯片	DMTK、Bot Framework	小冰聊天机器人、私人助理、Skype即时翻译	微软认知服务	小冰、小娜
Amazon	语音识别、自然语言理解等	Anapurna ASIC	AWS分布式及其学习平台DSSTNE	智能音箱Echo、语音助手、智能超市等	Amazon Lex、Amazon Polly等	Echo

续表

企业名称	AI技术	基础层	技术层	应用层		代表产品
		芯片/处理器	技术平台/框架	消费级产品	行动解决方案	
Apple	计算机视觉、语音识别、自然语言理解等	Apple Neural Engine	—	无人驾驶、移动应用、Siri、IOS照片管理等	—	Siri
百度	计算机视觉、语音识别、自然语言理解、深度学习、自动驾驶等	DuerOS芯片	Paddle-Paddle	百度识图、无人驾驶、度秘（Duer）	Apollo、DuerOS	度秘（Duer）
腾讯	计算机视觉、语音识别等	—	腾讯云平台、Angel、NCNN	机器人、WechatAI、移动应用等	智能搜索引擎、中文语义平台"文智"、优图	微宝智能球形机器人
阿里巴巴	计算机视觉、语音识别等	—	PAI 2.0	智能家居、物联网、VR等	城市大脑	—
科大讯飞	计算机视觉、语音识别、自然语言理解、深度学习等	—	—	移动应用等	—	讯飞超脑、灵犀

资料来源：根据《人工智能发展报告（2016~2017）》《中美两国人工智能产业发展全面解读》整理。

在专利方面，《2016全球人工智能发展报告》显示，全球人工智能专利的申请数量中，美国（26891）、中国（15745）和日本（14604）位列前三，占全球总申请量的73.85%。从细分领域看，机器人、神经网络、语音识别和图像识别成为热点领域；从专利申请人看，前瞻技术方面提交专利申请较多的是IBM、谷歌、微软等国际巨头，我国主要是百度、腾讯、阿里巴巴等互联网企业。以AlphaGo为代表的深度学习相关专利公开的有1809项，主要集中在特定功能的数据处理（信息检索及其数据库结构）、采用神经网络模型的学习方法、图形识别分析等领域。

（三）全球AI市场R&D融资需求预测

为预测全球AI融资需求，我们需要先预测整体的市场规模。预测市场规模通常可以根据行业增长率进行统计外推，也可以通过调研潜在需求测算等。根据市场研究报告综合显示，预计到 2020 年，全球 AI 市场规模在 4000 亿元左右，到 2025 年达到 8000 亿元；按照中国 AI 市场目前在全球中的占比预计，到 2025 年，中国 AI 市场规模将在 2000 亿元左右。近期，国务院印发的《新一代人工智能发展规划》对 AI 提出了战略部署要求，要求到 2020 年，中国人工智能核心产业规模超过 1500 亿元，带动相关产业规模超过 1 万亿元；2025 年，人工智能核心产业规模超过 4000 亿元，带动相关产业规模超过 5 万亿元；2030 年，人工智能核心产业规模超过 1 万亿元，带动相关产业规模超过 10 万亿元。按照规划要求，中国 AI 市场将要保持年均 50% 左右的增速，到 2025 年占据全球半壁江山，规模超过 4000 亿元，如表专 2-3 所示。

表专 2-3　全球 AI 市场规模预测（2020~2025 年）　　单位：亿元、%

机构	地区	2015	2016	2017	2018	2019	2020	2025	复合增长率
赛迪研究院	全球	1683.9	1907.9	2205.5	2697.3	—	~3700	~8000	17
	中国	203.9	237.1	288.8	361.0	—	~500	~1300	20
麦肯锡	全球							~8000	
高盛	全球							~7000	
瑞银	全球						7500~11000		
艾瑞咨询	中国	100.6	152.1	—	—	344.3	~500	~4000	50

注：~表示大约估计值。赛迪、艾瑞报告仅预测到 2018 年、2019 年，表中 2020 年、2025 年数据为作者根据报告复合增长率外推预计。麦肯锡、高盛、瑞银报告均为美元单位，按照 1:6.5 换算人民币计算。

通常，根据行业市场规模，可采取销售收入百分比法、线性回归法等方法预测企业融资需求。企业资金分为内部自有资金和外部融资，这里我们暂不区分融资渠道，整体预测全球 AI 市场所需 R&D 资金。借鉴我国《高新技术企业认定办法》标准，企业研发费用占同期销售收入占比不低于 4%（销售收入小于 2 亿元的企业）；2012 年，我国年销售收入在 5000 万元以下的高新技术企业平均研发投入强度为 16.8%。对于 AI 行业，无疑属于高科技领域投资，企业成长速度快，我们粗略按照研发投资占销售收入的 10%~20% 计算，考虑到 R&D 投入的时间滞后性，按照 5 年滞后时间预计，因此，按照 2015 年的市场规模推算，2020 年时全球 AI 市场 R&D 投入将在 800 亿~1600 亿元，中国 AI 核心产业 R&D 投入在

400亿~800亿元，带动相关产业的R&D投入超过5000亿元，如表专2-4所示。

表专2-4　全球AI市场R&D融资需求预测（2020~2025年）　单位：亿元

时间	R&D投入强度假设	10%	15%	20%
2020年	全球	800	1200	1600
	中国	400	600	800
2025年	全球	—	—	—
	中国	1000	1500	2000

资料来源：作者推算。

三、AI投资的全球布局

人工智能的迅速发展不仅将深刻影响人类社会的生产生活方式，也将带来巨大的产业投资机会。为此，各国政府争相做出战略部署，产业巨头纷纷投入重金，创投圈也对人工智能热情高涨。

（一）全球主要国家政府AI部署及投资情况

各国政府积极布局，通过政策和资金等方式支持行业和企业发展，抢占产业发展制高点。美国政府高度重视人工智能研发。早在2011年美国政府便推出"国家机器人计划"；2013年，美国政府启动创新神经技术脑研究计划。同时，美国政府积极推动人工智能的顶层设计，加强整体布局，2016年美国白宫发布《国家人工智能研究与发展战略规划》，成立了专门机构负责人工智能研发的跨部门协调，提出要通过长期持续投资推动关键技术研发。此外，美国民间机构对BRAIN计划的投入几乎与公共机构的投入相当。如艾伦（Allen）脑科学研究所每年将有超过6000万美元的经费用于支持BRAIN计划，Kavli基金会预计在未来十年内，每年约投入400万美元，致力于研究脑部疾病发生的机制，并寻找治疗方法。欧盟自2002年开始对150多个脑科学研究项目进行资助，并于2013年正式提出"人脑计划（HBP）"；此外，欧盟也积极在机器人领域布局，推进"机器人研发计划"。日本政府投巨资扶持人工智能研究，2015年，日本文部科学省提出，将在未来10年内投入1000亿日元用于人工智能的研究和开发。2015

年 1 月，日本政府公布《机器人新战略》，提出要率先迈向世界领先的机器人时代等三大战略目标；2015 年 5 月，日本政府成立国家级"人工智能研究中心"，集中开发研究人工智能相关技术。2016 年 5 月，确立了"人工智能/大数据/物联网/网络安全综合项目（AIP）"；同时，扶持理化学研究所、丰台汽车、NEC 等 20 多家研究机构及企业联手开发人工智能计划。韩国政府高度重视人工智能发展，推出了一系列举措。2016 年 3 月，韩国科技界精英和政府会谈，并宣布在人工智能领域投资 30 亿美元的五年计划。2016 年 8 月，韩国政府确定了九大领域的国家战略项目，计划在未来十年内投入 2.2152 万亿韩元推进人工智能等领域发展。

表专 2-5　全球主要国家政府 AI 投资情况

国家	主要计划	时间	资金投入	年度预算
美国	国家机器人计划	2011 年启动，分三个阶段	2014 年投入资金 3700 万美元，此前不详	2015 年，预算约 11 亿美元
	创新神经技术脑研究计划（BRAIN）	2013～2023 年	计划 10 年投入 45 亿美元	2016 年，预算约 12 亿美元（折合 78.2 亿元）
	国家机器人计划 2.0	2016 年启动	每年投入 3000 万～4500 万美元	产业界主要研究机构投资与政府相当
欧洲	脑科学研究项目	2002	不详	预计政府年均投入在 2 亿～3 亿欧元（折合 23.5 亿元），带动投资在 5 亿～6 亿元（折合 47 亿元）；
	人脑计划（HBP）	2013～2023 年	计划 10 年投入 12 亿欧元	
	欧盟机器人研发计划	2014～2020 年携手	采用 PPP 形式，资金总额 28 亿欧元（欧盟委员会 7 亿欧元，产业界 21 亿欧元）	
日本	机器人新战略	2015 年 1 月	到 2020 年，5 年内与民间企业共同投入 1000 亿日元资金	2016 年，预算约 100 亿日元
	成立人工智能研究中心	2015 年 5 月	投入 10 亿日元	2017 年，预算 924 亿日元（折合 55.4 亿元）
	实施人工智能/大数据/物联网/网络安全综合项目（AIP）	2016 年 5 月	不详	

续表

国家	主要计划	时间	资金投入	年度预算
韩国	人工智能"BRAIN"计划	2016年3月	5年计划总投资30亿美金（政府投资8.5亿美元；三星、LG、SKT等企业投资21.5亿美元）	2016年，预算1.0047万亿韩元；2017年，预算1.2492万亿韩元（折合72.0亿元）
	国家战略规划	2016年8月	10年投资2.2152万亿韩元在九大领域	

资料来源：作者根据各国相关研究计划报告进行整理。

（二）全球 AI 巨头并购情况

自从 2012 年度以来，大数据和人工智能领域的并购交易一直都呈现上升趋势，尤其是 2016 年以来，交易数剧增，三星收购 AI 助手系统 Viv 公司，微软收购 AI 初创公司 Maluuba，福特在人工智能领域的投资高达 10 亿美元等，将人工智能推向了一个新的高度。据 CB Insights、Venture Scanner 等多家机构统计，自 2012 年以来披露的人工智能公司并购达到 200 多家，仅 2017 年第一季度就有三十余家企业被收购，其中约有 47% 的被收购企业曾获得风险投资支持。

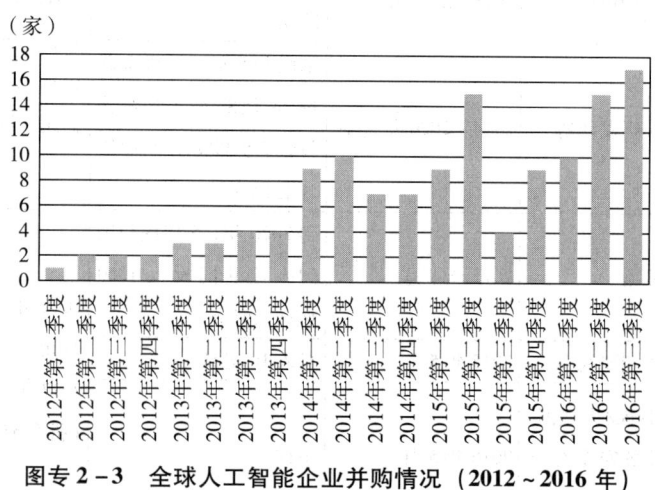

图专 2-3 全球人工智能企业并购情况（2012~2016 年）

资料来源：CB Insights 报告。

在并购企业中,Google 是最活跃的收购方,2012 年以来共收购了 15 家公司,仅 2014 年收购英国创业公司 DeepMind Technologies 就花了 6.25 亿美元;苹果紧跟其后;此外,Intel、Facebook、微软、IBM、百度、亚马逊等国际巨头也竞相收购 AI 企业。如表专 2-6 所示。

表专 2-6　全球人工智能巨头主要并购一览(2012 年至今)

公司名称	收购时间	收购公司名称	所属领域	所属国家	并购金额(万美元)
Google	2012-10	Viewdle	人脸识别	荷兰	4500
	2013-02	DNNresearch	深度学习	加拿大	—
	2013-04	Wavii	语言和图像理解	美国	3000
	2013-10	Flutter	生物特征识别	美国	4000
	2014-01	DeepMind	深度学习	英国	62500
	2014-08	Emu	即时通信	美国	—
	2014-08	Jetpac	语言和图像理解	美国	—
	2014-10	DarkBlueLabs	计算机深度学习	英国	几千
	2014-10	VisionFactory	计算机深度学习	英国	—
	2015-01	Granata Decision	数据分析平台	加拿大	—
	2015-04	Timeful	个人助理软件	美国	—
	2016-07	Moodstocks	手机图像识别	法国	—
	2016-09	api.ai	语言识别	美国	—
	2017-03	Kaggle	数据科学平台	美国	—
	2017-07	Halli Labs	AI 工具开发	印度	—
苹果	2013-03	WiFi Slam	机器学习与模式识别	美国	2000
	2013-10	Cue	云数据的搜索引擎	美国	4000
	2013-12	Topsy	社交数据挖掘	美国	20000
	2014-04	Novauris	语音识别	英国	—
	2015-01	Semetric	音乐数据挖掘	英国	5000
	2015-05	Metaio	计算机视觉	德国	—
	2015-10	Perceptio	图像识别	美国	—
	2015-10	VocalIQ	人机对话	英国	—
	2016-01	Emollient	人脸识别	美国	—
	2016-08	Turi	机器学习	美国	20000
	2016-09	Tuplejump	机器学习	印度	—

续表

公司名称	收购时间	收购公司名称	所属领域	所属国家	并购金额（万美元）
Intel	2013–09	Indisys	自然语言处理	西班牙	>2600
	2015–06	Altera	芯片	美国	1675000
	2015–10	Saffron	识别计算平台	美国	—
	2016–05	Itseez	计算机视觉	俄罗斯	
	2016–08	Nervana Systems	深度学习	美国	40000
	2016–09	Movidius	芯片	美国	
	2017–03	Mobileye	无人驾驶	以色列	1530000
Facebook	2012–05	Face.com	人脸识别	美国	10000
	2013–08	Mobile Technologies	语音识别和机器翻译	美国	—
	2015–01	Wit.ai	语音交互解决方案	美国	
	2016–09	Masquerade Technologies	换脸应用商	白俄罗斯	
微软	2013–03	Netbreeze	社交平台监控分析	瑞士	
	2015–01	Equivio	机器学习	以色列	
	2016–02	SwiftKey	人工智能输入法	英国	25000
	2016–08	Genee	人工智能会议安排	美国	—

资料来源：根据 CB Insight、36 氪等相关研究报告收集整理。"—"代表金额未公开披露。

（三）全球 AI 领域投资情况

根据美国 CB Insights 数据显示，从 2012 年起至今，披露的人工智能领域的投资共计 2250 笔（包括风险投资、公司投资，以及私募股权投资），总投资金额近 149 亿美元。2016 年的投资数量 698 笔，投资金额 48.7 亿美元，约为 2012 年的 5 倍。其中，2016 年投资最高的是以色列约车应用 Gett，获得 3 亿美元少数股权投资；自动驾驶公司 Zoox 获得 2 亿美元 A 轮投资；网络安全初创企业 StackPath 获得 1.8 亿美元私募股权融资。另据中国乌镇智库报告显示，从 2012 年起至今，披露的人工智能领域的投资共计 5661 笔，总投资金额达到 224 亿美元。如图专 2–4 所示。

多项研究报告均指出，美国无疑是人工智能领域内投资绝对领先的国家。据 CB Insights 数据显示，2016 年人工智能领域投资交易中，62%是美国初创企业贡献的，比 2012 年（79%）下降 17 个百分点。其次是英国（6.5%）、以色列（4.3%）和印度（3.5%）。另据乌镇智库报告显示，近五年内美国投资金额占

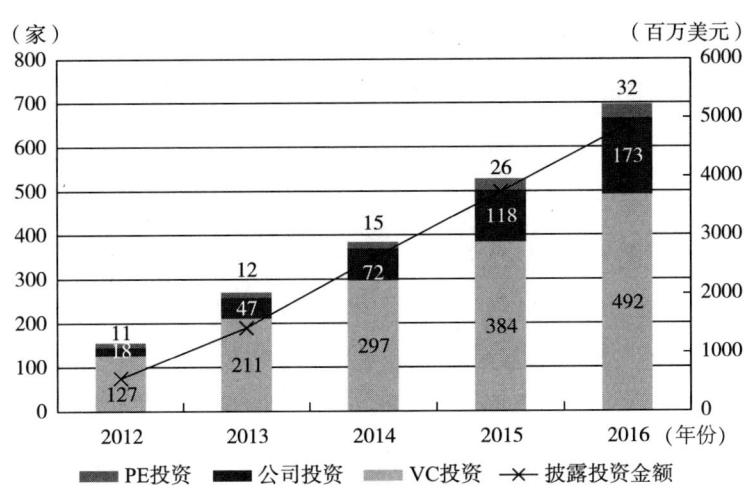

图专2-4　全球人工智能企业投资情况（2012~2016年）

资料来源：根据CB Insights报告进行整理。

70%以上，中国（9.6%）、英国（4.7%）、以色列（3.6%）；且2014~2016年是中国AI企业投资快速发展的三年，融资总额占自2000年以来融资总额（27.6亿美元）的93.6%，总投资频次（720次）的87.22%。如图专2-5、图专2-6所示。

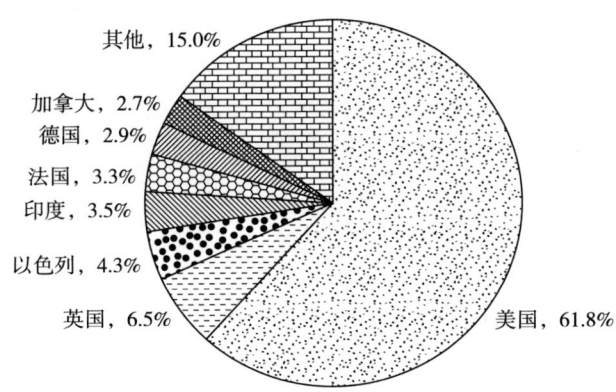

图专2-5　各国人工智能企业投资金额比例（2016年）

资料来源：根据CB Insights报告进行整理。

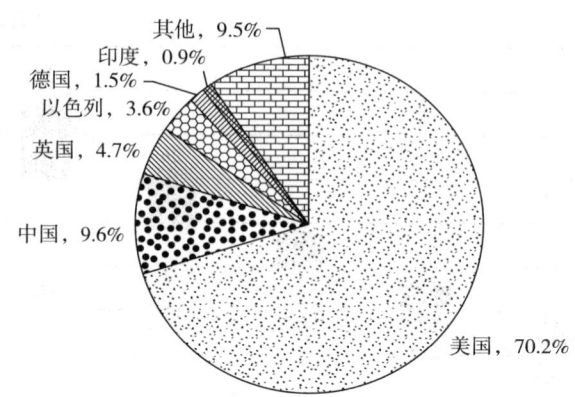

图专 2-6 各国人工智能企业投资金额比例（2012~2016 年）

资料来源：根据乌镇智库报告进行整理。

按投资阶段划分，2011~2015 年，超过 65% 的交易次数发生在人工智能公司的早期阶段，包括种子轮，天使轮，以及 A 轮。超过 30% 的交易金额发生在人工智能公司的早期阶段，且大部分早期注入的资本发生在 2011 年和 2012 年。如图专 2-7、图专 2-8 所示。

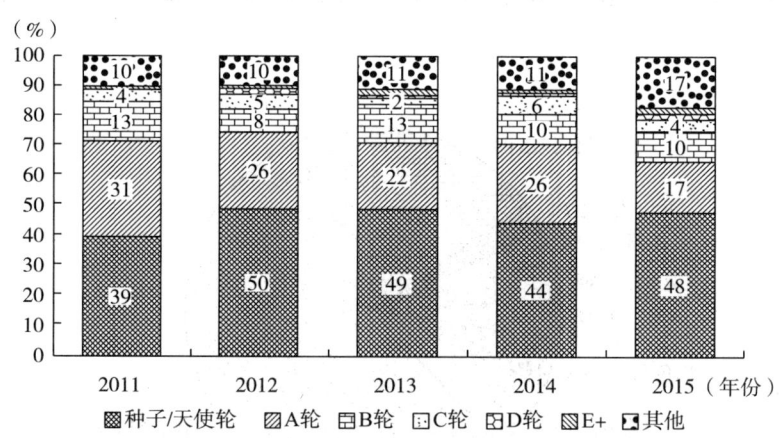

图专 2-7 人工智能企业投资阶段（按项目划分）（2011~2015 年）

Venture Scanner 将人工智能行业细分为 13 类，并对全球范围 1756 家人工智能公司进行了追踪分析。据统计，截至 2016 年底，企业融资金额高达 104 亿美元。其中，深度学习/机器学习领域内的企业融资最多，共有 616 家企业获得 46

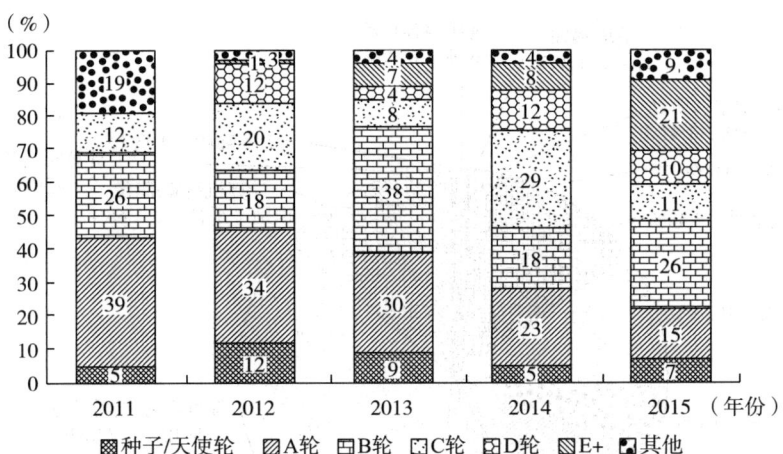

图专 2-8　人工智能企业投资阶段（按金额划分）（2011~2015 年）

资料来源：根据 CB Insights 报告进行整理。

亿美元资金，分别占比 35.1%、44.2%；其次是计算机视觉/图像识别领域，共有 342 家企业获得 14.4 亿美元资金，分别占比 19.5%、13.9%。如图专 2-9、图专 2-10 所示。

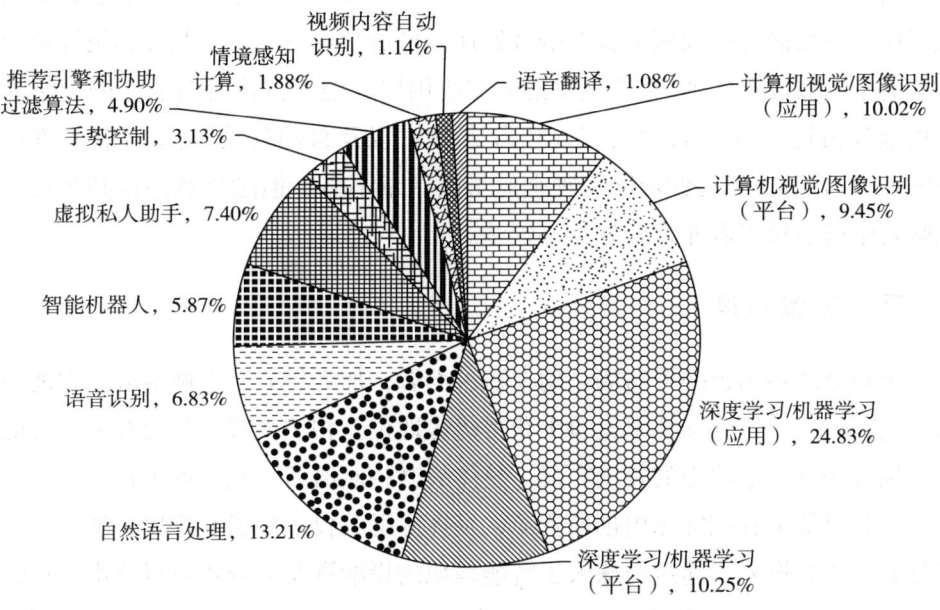

图专 2-9　全球人工智能领域企业投资（按金额占比）（截至 2016 年）

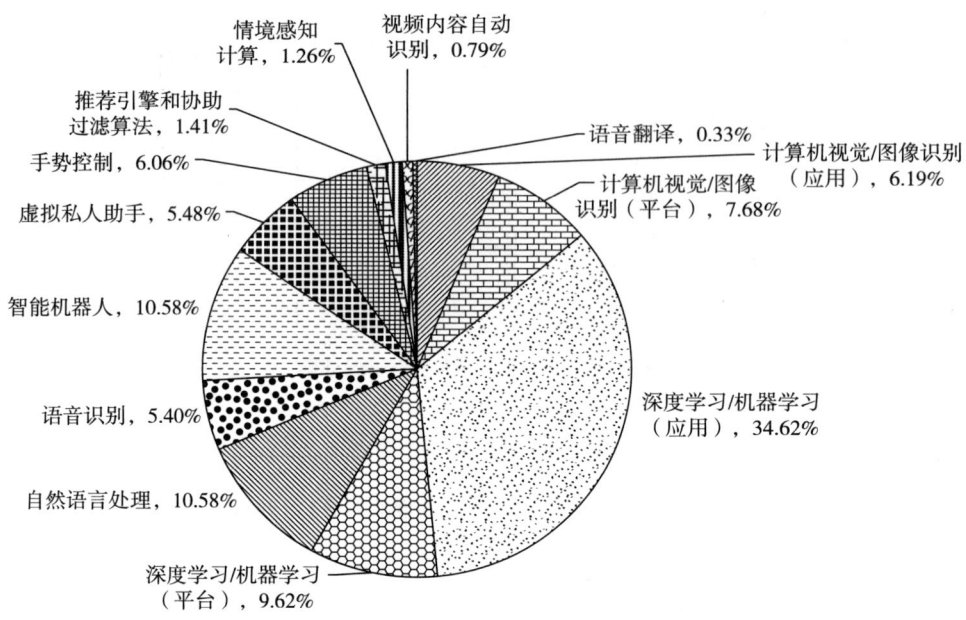

图专 2-10　全球人工智能领域企业投资（按项目数占比）（截至 2016 年）

据腾讯研究院统计，美国面向全产业投资，投资领域遍及基础层、技术层和应用层，排名前三的领域为自然语言处理、机器学习应用，以及计算机视觉与图像；而中国被投资的 AI 企业主要集中在应用层，融资占比排名前三的领域为计算机视觉占比 23%，自然语音处理占比 19% 以及自动驾驶/辅助驾驶融资占比 18%。中国的自动驾驶/辅助驾驶企业虽然数量不多，但融资额却排到第三，这意味着中国的投资者非常看好这一领域。

四、政策建议

纵观全球各国投融资布局，均在积极部署，加大投入，以迎接人工智能新未来，确保在新一轮全球技术竞争中获得优势地位。相比而言，我国在人工智能这一领域还缺乏国家层面的资金布局，整体战略相对滞后。建议如下：

一是统筹配置国际国内创新资源，发挥好财政投入的引导作用，加大人工智能领域的资金投入。通过全球人工智能领域的投融资布局分析可以看出，尽管中国人工智能企业约占美国的 40%，全球的 20%，但投资总量在全球的占比不到 10%，尽管近些年奋起直追，但与美国雄厚的资本相比差距甚远。特别是在国家战略层面，全球主要国家均进行了部署，并投入了大量的资金用于抢占人工智能领域的研究高地。建议我国在《新一代人工智能发展规划》统筹基础下，充分发挥财政投入的引导作用，通过政府引导基金、PPP 等形式，加大人工智能领域的资金投入。

二是重点人工智能领域的基础研究投入，提升核心技术竞争力。从我国人工智能领域的产业布局可以看出，中国主要在局部有所突破，大量的人工智能产业仍处于应用层面，缺少基础层面的积累；与整体规划要求还有较大差距。建议重点加强人工智能基础领域的研发投入，建设重大基础设施和国家公共平台，推动我国一批人工智能原始创新成果落地，力争在关键核心技术上实现突破，使我国在人工智技术竞争中占据主动。

三是多渠道多元化增加资金投入，形成财政资金、金融资本、社会资本等多方支持的新格局。全面打造多种融资渠道投入的新格局，促进天使投资、风险投资、私募股权基金、企业并购等多种形式的资本投入，通过财政引导手段，带动金融资本、社会资本等资金进入人工智能领域。

专题 3：金融科技

近年来，以互联网、大数据、云计算等为代表的新兴技术与金融加速融合，不断为金融服务提供创新型解决方案。

一、金融科技（Fintech）是技术创新的演化结果

金融业作为信息密集型行业，技术的每一次革新和大规模应用都深刻改变金融业的面貌。纵观金融科技的发展史，不难发现它也是一部金融圈的科技变革史。

（一）金融科技是技术革命的产物

牛津词典将金融科技定义为用于支持或促进银行和金融服务业发展的计算机程序和其他技术。金融稳定理事会（FSB）指出，金融科技是指技术带来的金融创新，它能创造新的业务模式、应用、流程或产品，从而对金融市场、金融机构

或金融服务的提供方式产生重大影响。金融业长期以来已经历过多次技术创新，从电子化办公，将银行、证券交易的手工操作变成电子操作，优化业务流程，提高效率；互联网技术，使得金融交易跨越区域和时空，将供给方与需求方有效对接（如图专 3 - 1 所示）。

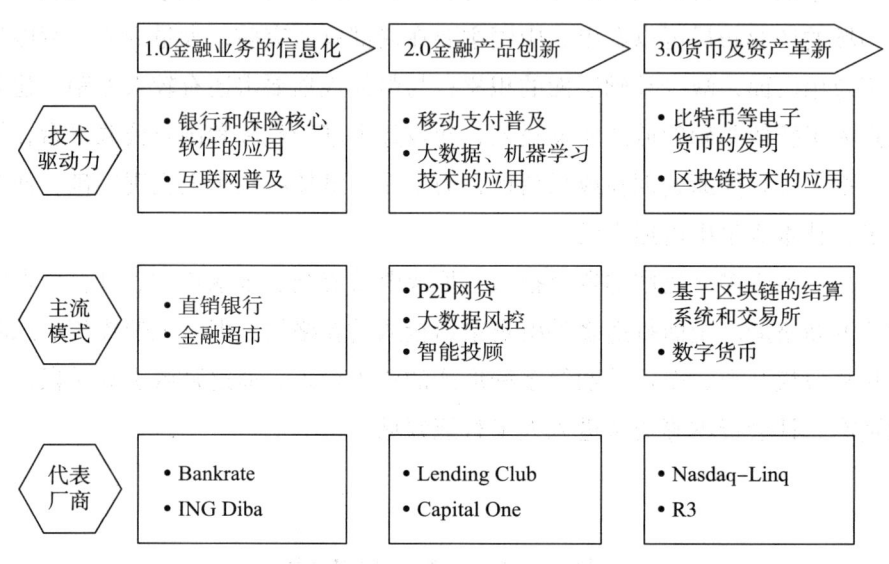

图专 3 - 1　金融科技发展的几个阶段

（二）金融科技的本质是技术创新驱使金融业变革

运用大数据、云计算、人工智能、区块链等新兴技术，对传统金融服务与产品进行革新与拓展，并广泛应用于支付清算、借贷融资、财富管理、资本市场等领域。金融科技的目标仍为客户提供方便、高效、简洁且经济的金融服务，其本质凸显技术创新带动金融业变革和发展。金融科技改变了金融活动流程，将技术端从过去的支持、辅助性工具推向前台，传统要素在不断扩大，发展模式和产业组织在优化升级，对金融体系进行了重构。如图专 3 - 2 所示。

（三）金融科技的发展彰显新发展理念

金融科技的蓬勃发展，深刻改变着经济与社会组织结构，并且影响信息采集、处理、交换时，建立新的资源配置模式，彰显新发展理念。金融科技的发展，带来全新的消费与就业场景，推动普惠金融快速发展，极大降低社会生活的

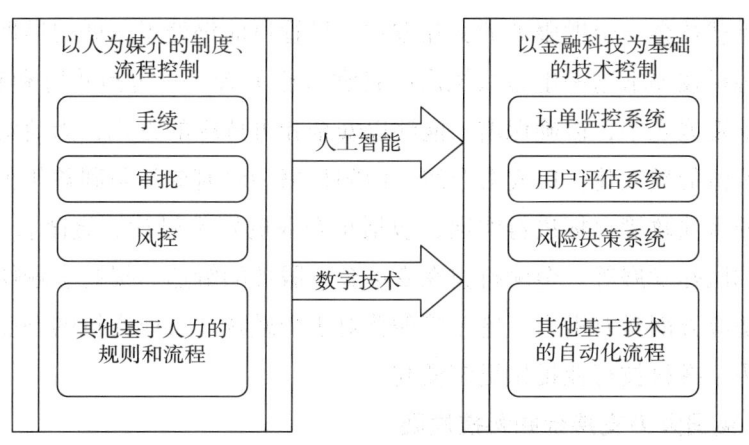

图专 3-2 金融科技重构金融体系

交易成本。通过促进组织创新、专业化和生产创新等，全面提升全要素生产率，增进国民福利，凸显共享理念。

二、世界各国纷纷布局金融科技

金融科技在全球范围内的迅速兴起，引起了国际组织和各国的广泛关注。

（一）国际组织高度重视金融科技发展

2016 年 3 月，金融稳定理事会（FSB）首次正式讨论金融科技的系统性风险及监管问题，并发布了《金融科技的全景描述与分析框架报告》。此外，在 FSB 之下，巴塞尔银行监管委员会（BCBS）成立了金融科技特别工作组，研究金融技术对商业银行的影响以及未来的监管应对。国际证监会组织（IOSCO）自 2014 年和 2016 年两次发布众筹业发展报告后，更加全面地评估包括区块链、云技术、机器人投顾等金融科技在证券和资本市场中的运用及其影响。国际保险监督官协会（IAIS）于 2015 年 11 月发布了《普惠保险业务准则》，消费者保护、数据保护和反欺诈是金融科技的三大核心关注点。

（二）美国积极保持前瞻性态度

2016 年底，美国发布金融科技白皮书（A framework for Fintech），传递出美国政府对创新、创业，尤其是金融科技领域的前瞻性态度。白皮书写到，金融科技能够促进普惠金融、为个体和小企业拓宽融资渠道。同时，从更广阔的角度看，能够重塑社会与金融服务的交互方式。尽管目前仍处于发展的早期，但不断演化的金融科技要求这一生态系统内的各利益相关者——包括政府和私营部门，积极参与到发展之中，以确保增长能够以安全和可持续的方式，为消费者和整个系统提供价值的最大化。白皮书介绍，内阁秘书和政府要员与利益相关者就有关金融科技的多项政策目标进行沟通，包括小企业的资本触达、金融普惠和稳健、经济增长和国际发展等。金融科技在变革金融服务的触达、提高金融体系的功能和提振经济等方面具有潜力。鉴于特朗普对于金融科技行业支持的态度，新的政策也可能为金融科技行业提供更多便利。

（三）英国大力支持金融科技发展

英国一直是金融科技重地，据不完全统计，2015年英国金融科技从业人员共 6.1 万名，市场规模 66 亿英镑①。英国政府大力支持金融科技企业的发展，前首相卡梅伦曾公开表示"本届政府希望英国成为世界上领先的金融科技中心"。英国金融行为监管局（FCA）开展一系列探索致力于为金融科技企业的各类创新活动提供以下服务和支持：一是提供直接的帮助，即通过与金融科技企业进行对话，帮助企业理解监管框架，更好地适应监管体系；二是为企业打开国际市场或国外企业进入英国市场提供帮助；三是为金融科技企业提供咨询服务，协助企业达到合规门槛；四是实施"监管沙箱"（Regulatory Sandbox），为金融科技创新提供空间，并不断调整既有监管框架，探索新的监管边界。

三、促进金融科技健康发展的几点考虑

积极应对金融科技带来的挑战，促进金融科技健康和可持续发展，建议将其纳入到科技工作中统筹布局。

（一）超前布局金融科技领域研发

迎接金融科技浪潮，应重点着眼未来，聚焦技术创新链条的前端，本着开放的心态，积极跟踪金融科技的最新动态，加强对新技术前沿重大突破和可能产生颠覆性技术的前瞻性研究，抢占新技术制高点。建议超前部署金融领域的基础及国际前沿技术研究，加强金融技术研发与国家科技计划（专项、基金等）衔接；围绕互联网金融、云计算、大数据、人工智能、区块链、生物识别、物联网等技

---

① 数据来源：EY（安永），UK Fintech: on the cutting edge, 2016。

术建立创新实验室，或者将金融科技纳入国家实验室建设，对前沿技术进行研究，强化技术研究和管控能力。

（二）在促进科技和金融结合试点区域开展监管试点

金融科技带来新的风险，成为金融监管部门关注的焦点。有的采取限制性的监管方式，将其纳入现有的监管体系进行监管；有的采取适度监管，通过建立科技创新的检验机制来平衡创新和风险。建议借鉴英国金融行为监管局"监管沙箱"经验，在促进科技和金融结合试点区域开展监管试点，允许企业对创新的产品、服务模式进行大胆的尝试，及时地发现并且规避产品的缺陷和风险的隐患。金融监管部门通过测试来掌握创新的本质，有效地评估风险，决策开放的范围，并判断对现有监管规则的影响，从而在风险可控的前提下促进金融科技发展。

（三）建设支撑金融科技发展的新基础设施

大力发展新一代信息基础设施，加大金融科技基础设施建设力度，支撑金融科技等新兴业态发展。既包括客户身份认证、多维数据归集处理等可以跨行业通用的基础技术支持，也包括分布式账户、大数据、云计算等技术基础设施。

（四）营造金融科技发展的良好生态

金融科技旨在创新金融产品和服务模式、改善客户体验、降低交易成本、提高服务效率，更好地满足人们的需求。其参与者包括金融科技企业、传统金融机构、相关投资公司、监管机构、其他等共同组成的生态体系。建议营造金融科技发展的良好生态，在竞争与合作中共同推动者金融业的创新、变革与发展。加快云计算、大数据和区块链等在支付清算、数字货币、财富管理等领域的创新发展与应用。鼓励金融机构借助大数据、人工智能、人脸识别、反欺诈等技术手段提高服务效率。

第四章
财政科技投入

第一节 新需求

一、战略性和产业共性技术研发要求创新财政投入方式

随着世界各国在战略性领域的科技竞争不断加剧,以及社会需求的快速发展,公众对有关经济发展关键和战略领域的创新与技术开发需求(如信息技术、航空技术),以及有关社会发展重大公共利益的创新与技术开发需求(如环保、健康),变得越来越迫切。这两方面创新与技术开发在竞争前研发阶段的外溢性较大(主要是产业共性技术),具有典型的准公共科技产品特性。但研发活动的复杂性不断增加,如技术开发中不断增加的科学内容、持续创新中对外部知识的不断依赖,以及大量跨学科知识与技术的应用、开放式创新趋势等,都使得满足这两方面竞争前研发需求的难度和相应风险大大增加,对相关研发活动的组织、投入、参加方等方面提出了更高的要求。

在组织上,需要更加有效的组织机制,来保证国家与产业的共同需求能够及时和准确反映,相关长期研发战略与研发计划能够有效设计,并能够在更大范围有效动员与组织研发资源,保证研发项目在执行与协调上能够高效运作;

在投入上，需要引进更多的公共与私人资源，并将大量关键研发资源能够在一定时期内向特定研发领域聚集；在参加方上，需要产业中大量的各种规模企业的共同参加，同时需要产业部门与公共研究机构能够形成长期稳定的合作与信任。

因此，在现有科技政策工具无法满足或者效率较低的情况下，研发领域中的PPP模式应运而生。2005年，OECD将这种研发领域中的PPP定义为：在一段固定（不确定）的时期内，公共与私人部门的参加者共同组建的任何一种正式的关系或安排，双方共同参与决策制定，共同投资诸如现金、人员、设施以及信息等稀缺资源，以在科学、技术和创新的某些领域中实现特定目标。

二、创新发展新趋势要求国家对企业技术创新的投入方式转变为以"普惠性"财税政策为主

第五次技术革命以来，创新发展出现了许多新趋势：企业成为技术创新主体，创新呈现系统化、全球化和大众化，技术应用周期缩短，创新的风险性和不确定性增强。社会所需科技投入缺口已经超出了政府财力负担能力，"特惠性"财政资金直接资助已不能够满足政府弥补有关市场失灵的需要，以税收政策为代表的"普惠性"政策兴起并成为政府财政科技投入的重要方式。

税收政策的市场性、普适性和确定性符合创新发展新趋势。①税收政策的市场性是指税收政策通过影响市场价格对创新要素配置进行引导，对市场干预程度较小，仍然发挥市场在配置创新资源上的主要作用和高效率。这符合企业是技术创新主体、创新系统化、开放式创新以及技术应用周期缩短等趋势，因为这些创新趋势都决定了市场必须在创新资源配置中发挥基础性作用，而财政资金对企业的直接投入一般是由政府来决定资源配置方向。②税收政策的普适性是指税收政策的激励范围可以更广，只要纳税人行为符合条件就可以享受，这符合创新成为时代潮流和越发大众化的趋势。相比较下，财政资金对企业的直接投入通常在规模上受预算限制，一般采用竞争机制决定支持对象，不易实现对所有创新活动的持续性激励。③税收政策的确定性是指税收政策通常以法律形式固定下来，纳税人在投资决策时就可以将税收政策为其分担的风险成本计算在内，这符合创新风险性、不确定性增强和创新全球化趋势。因为，在进行创新投资决策时，预期风险越低，投资的可能性越强；在世界创新资源流动性增强的趋势下，如果创新人

才等变量相同,可预期的较低创新成本成为创新要素聚集的重要考虑。比较而言,财政资金对企业的直接投入一般需经过竞争机制才能进行分配,较难实现确定性。

三、财政收支压力加大要求科技金融成为广义科技投入的重要支撑

面对经济下行,我国"减税降负"已成必然,在我国税收制度和管理未实现根本变革的情况下,财政收入不可能大幅增加;在民生、城市化等方面的财政支出仍然面临巨大缺口。在此形势下,可以预见,财政科技支出要保持2007~2013年20%左右的年增长率基本不可能。因此,经济新常态下,财政科技投入难以保持高速增长,将社会资本转变为创新资本必须成为我国科技投入的重要支撑,科技金融的重要性将更加凸显。

第二节 发展现状

一、财政科技支出总量大幅增长,但增速和支出强度略有下降

2007~2016年,全国财政科技支出一直保持增长态势,并呈现如下特点:①在总量上,2016年达到7760.7.5亿元,是2007年2135.7亿元的3.63倍。②在增长速度上,平均每年的增速达15.67%,但增速自2013年大幅下降。2014年增速最低,仅4.36%;2016年回升到10.78%。③在支出强度上,全国财政科技支出占全国财政支出的比重一直稳定在4%~4.7%,2010年后逐年略有下降,2016年为4.13%。④在结构上,2007年开始,地方财政科技支出超过中央财政科技支出,且增速在2012年后基本都远高于中央财政科技支出的增速。地方财政科技支出强度一直稳定在2.6%~2.9%,未有明显变化;中央财政科技支出强度则较高,在9%~14.2%,但2012年开始逐年略有下降,2016年为11.93%,如图4-1所示。

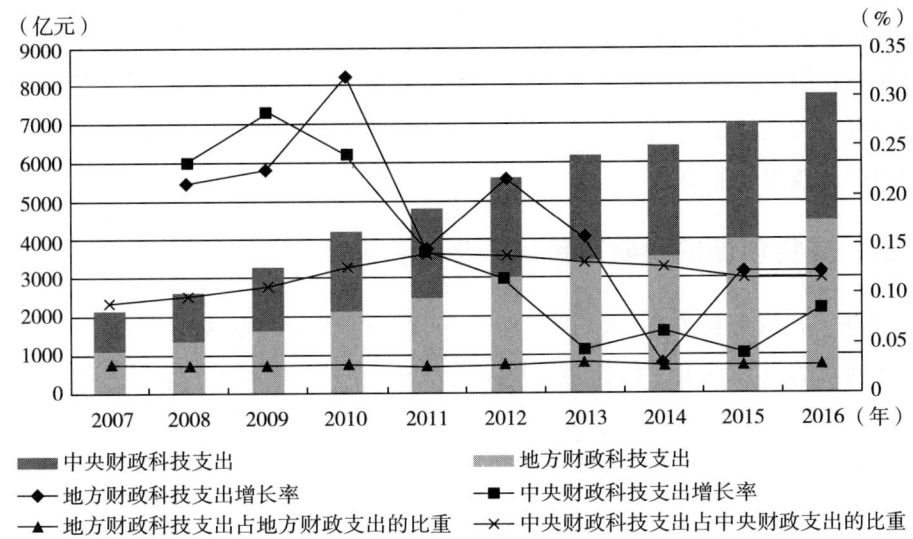

图 4-1　2007~2016 年我国财政科技支出总量、增长率与强度概况

二、财政科技投入方式创新——科技领域开始探索 PPP 模式

有关科技创新，PPP 有两个应用领域：一是科技创新基础设施和公共服务，二是科学技术研发（以下简称"研发 PPP"）。前者属于传统应用领域，供给的是"有形"的（准）公共产品，但后者属于新兴领域，供给的是"无形"的研发成果，主要包括战略性技术、产业共性技术等竞争前技术。

（一）科技创新基础设施和公共服务领域鼓励应用 PPP 模式

2015 年 5 月，国务院办公厅下发《关于在公共服务领域推广政府和社会资本合作模式指导意见的通知》（国办发〔2015〕42 号）。党中央、国务院已经将 PPP 提升到国家决策高度。42 号文提出广泛应用 PPP 的领域中包括"科技"。据财政部 PPP 政府和社会资本合作中心披露的最新数据，截至 2017 年 10 月末，全国入库项目 6806 中，"一级行业"标有"科技"标签的项目 113 个，占 1.66%。

（二）我国研发领域已形成 PPP 模式雏形

单就政府对私人部门的资助而言，我国政府科技计划中已经存在政府与私人企业为生产准公共科技产品的合作关系，主要表现在：第一，我国国家科技计划已经对企业全面放开，主要以项目拨款的方式与企业对相关研发项目共同投入、共担风险；第二，国家科技计划鼓励企业、科研院所、高等院校联合申请项目，形成政府、公共科研院所与企业对（准）公共科技产品的共同投入；第三，国家资助产业技术创新联盟。

三、支持创新的税收政策进一步完善和丰富

2006 年，国务院发布中长期科技发展规划纲要配套政策，提出了一系列促进科技创新的税收政策，科技创新税收体系初步形成。党的十八大以来，根据实施创新驱动发展战略的要求，有关部门对科技创新税收政策作了进一步修订，基本覆盖了主要创新主体和创新链的主要环节，科技创新税收政策体系进一步完善和丰富。主要包括以下几个方面：

（1）鼓励科技型企业发展。对经过认定的高新技术企业、双软企业、动漫企业、技术先进型服务企业和集成电路企业等享受 15% 或者更低的所得税率优惠，软件企业实行增值税即征即退优惠。2016 年，科技部、财政部和税务总局修订了高新技术企业认定管理办法与工作指引，先后发布了《高新技术企业认定管理办法》（国科发火〔2016〕32 号）、《高新技术企业认定管理工作指引》（国科发火〔2016〕195 号），细化了认定条件和指标，更新了技术领域，进一步向中小企业倾斜。

（2）激励企业加大研发投入。实行研发费用加计扣除，对企业一个纳税年度发生的研发费用在据实扣除的基础上，可按照规定税前再加计扣除 50%。2015 年底，《关于完善研究开发费用税前加计扣除政策的通知》（财税〔2015〕119 号）对研发费用加计扣除政策作了进一步完善，以行业"负面清单"取代了领域限制，扩大了可加计扣除研发费用范围，简化了对研发费用的归集和核算管理，提高了普惠性和便利性。2017 年，科技型中小企业研发费用加计扣除比例提高至 75%。此外，为引导企业加大科研设备更新和技术改造，对于企业专门用于研发的仪器设备以及小型微利企业购进的研发和生产经营共用仪器设备，可以加速折旧。

（3）鼓励技术交易和成果转移转化。对单位和个人从事技术转让、技术开发业务和与之相关的咨询、技术服务业务取得的收入免征增值税；对企业符合条件的技术转让所得 500 万元以下免征所得税，超过 500 万元部分减半征收；

企业或个人以符合条件的技术成果投资入股，可选择5年分期纳税或延期至股权转让时纳税。近期发布实施的《关于明确金融房地产开发教育辅助服务等增值税政策的通知》（财税〔2016〕140号）第十二条进一步允许科研院所"四技"业务增值税实行简易征收，部分解决了"营改增"后科研院所税负增加问题。

（4）引导社会资本支持科技创新。符合条件的创业风险投资公司以及有限合伙制创业风险投资法人合伙人投资未上市中小高新技术企业满2年，允许其投资额的70%在税前扣除；当年不足抵扣的，可以在以后纳税年度结转抵扣。2017年4月《关于创业投资企业和天使投资个人有关税收试点政策的通知》（财税〔2017〕38号）发布，符合条件的创业风险投资公司、有限合伙制创业风险投资合伙人（法人和个人）以及天使投资个人投资未上市初创科技型企业满2年，也可以享受相同的70%投资额税前扣除优惠。

（5）鼓励企业培养、吸引创新人才。高新技术企业职工教育经费不超过工资薪金总额8%以内部分允许税前扣除；非上市公司对研发和高级管理人员授予股票（权）期权、限制性股票或股权奖励，允许激励对象延期到股权转让获得现金收益时按照20%税率纳税，彻底解决了长期困扰激励对象和技术投资人在未获得现金收益情况下先行纳税的问题。

（6）支持公共科技服务平台建设。对符合条件的科技孵化器和大学科技园自用以及无偿或通过出租等方式提供给孵化企业使用的房产、土地，免征房产税和城镇土地使用税；有关出租和提供孵化服务收入，免征增值税。对大学、科研机构、转制科研院所及经认定的工程技术（研究）中心、企业中心、科技类民非企业进口科研仪器设备免进口关税和进口环节增值税、消费税。

各项科技创新税收政策的实施，对激励企业加大研发投入、发展壮大科技服务业、促进技术转移和成果转化等发挥了重要作用。2015年，全国享受企业研发费用加计扣除政策的企业达5.36万户，优惠金额3035.46亿元，减免税额约759亿元；备案高新技术企业累计达10.4万家，2015年减免税收1151亿元；全国技术合同成交额达到10600亿元；众创空间数量超过3000家，科技企业孵化器近2800家。

第三节 主要问题

一、科技领域 PPP 应用中存在的主要问题

（1）我国现有研发 PPP 非现代意义，战略和产业共性技术供给效率和科技成果转化效率较低。在我国国家科技计划中，政府、公共科研机构、私人企业在某一项目中的合作关系是非常松散的、非正式的、短期的。在这种合作关系中，缺少基于长期研发战略的共同目标；缺少既允许灵活但运行规则又较为严格的组织机制，不能根据研发活动的不同特点，对不同研发资源进行有效动员和协调；承担单位缺少对研发活动组织的自主决策权；参加者相对封闭，研发资源的聚集有限；公共研究机构与私人企业间不能形成长期信任等。同时，政府部门难以精准把握市场的研发方向，造成科技成果转化率较低，科技与经济"两张皮"问题难以根本解决。因此，对于风险高、难度大、时间长、资源需求大的关键领域的竞争前研发，这种传统的科技计划项目方式较难满足。因此，我国国家研究领域已有的 PPP 形式仅是初级的而非现代意义研发领域 PPP，供给战略性和产业共性技术效率不高。

（2）科技基础设施与公共服务 PPP 应用面尚窄。根据财政部公布的第三批 PPP 示范项目信息，属于"科技"领域的 16 个项目实际上仅有"浙江大学台州研究院"等少数项目属于真正的科技基础设施，其他项目都属于"新技术应用"。对比我国科研基础条件、创新生态建设的现实需求，现有 PPP 所应用的科技基础设施与公共服务领域显然还太窄，难以发挥支持科技创新的作用。

二、科技创新税收政策落实中存在的问题

（1）中小企业难从研发费用加计扣除政策中受益。一是很多中小企业长期亏损，5 年的亏损结转期限太短；二是中小企业财务和研发管理水平相对不高，对政策熟悉和理解不足，而政府相关部门有关宣传和政策服务缺失或不足。

（2）高新技术企业税收优惠政策在实施中存在"双重审核"问题。按照

《企业所得税法实施条例》和《高新技术企业认定管理办法》的规定，高新技术企业税率优惠属于"门槛法"下的"事后奖励"，即企业申请认定前3年的行为满足认定条件即可获得高新技术企业资格，并在后3年享受优惠税率。但《国家税务总局关于实施高新技术企业所得税优惠有关问题的通知》（国税函〔2009〕203号）规定，高新技术企业在实际实施有关税收优惠的当年，减免税条件发生变化的，要进入"复核"程序暂停享受优惠，即高新技术企业认定属于"预审"，当年是否可享受税率优惠还需经过"年审"。实践中，有很多高新技术企业因此未享受到优惠税率。

（3）创业投资企业和天使投资个人70%投资额税收试点政策对非试点地区产生不公平。

（4）股权激励延期纳税优惠不适用于"持股平台"，导致部分科技人员无法享受优惠。很多企业、特别是拟上市企业，出于股权管理、融资、工商变更便利等需要，都更倾向成立了间接持股平台，代替被激励的科技人员和管理人员持股，通过企业、激励对象和持股平台签署"三方"协议明确相关权益。但现行股权激励延期纳税优惠政策不适用于持股平台。

（5）技术秘密转让无法享受技术转让所得税优惠。技术秘密是企业技术转让的主要方式，技术秘密转让合同和成交金额分别占全国技术转让合同和金额的58.22%和75.05%。在创新全球化和创新竞争加剧的大趋势下，更多企业选择不申请知识产权，以免知识产权保护期过期后核心技术曝光。

（6）以流转税为主的税制结构加重企业负担。科技企业人力成本高，但有关支出不能进项税额抵扣，增值税负担相对更重。

三、财政科技投入增幅无法落实

《科技进步法》第五十九条规定，"国家逐步提高科学技术经费投入的总体水平；国家财政用于科学技术经费的增长幅度，应当高于国家财政经常性收入的增长幅度"。但按照《预算法》精神，虽然没有明确取消"挂钩"，但作为贯彻落实新《预算法》的重要文件，《国务院关于深化预算管理制度改革的决定》（国发〔2014〕45号）却明确规定：清理规范重点支出同财政收支增幅或生产总值挂钩事宜，一般不采取"挂钩"方式。在地方调研中，科、财两部门对此争议较大。

第四节 国际经验借鉴

一、发达国家研发 PPP 合作实现 3.0 版

(一) 主要模式包括：公私合作基金和机构

1. 公私合作基金（计划）

政府针对某一战略性技术领域，出资设立独立的研发基金，并向私人部门募集资金和接受捐赠。

典型代表是美国农业部发起组建的"食品与农业研究基金会"（FFAR）。FFAR 是独立运行的非营利组织，美国联邦政府拨款 2 亿美元作为初始资金，来自私人部门的捐赠和募集资金作为匹配资金。FFAR 由理事会管理，由当然成员、任命成员和列席成员构成；其中任务成员仅包括科学家和产业界代表，对基金会研发计划等拥有投票表决权。[1]

2. 公私合作机构（平台/网络）

基于产业界提议，政府选择关系国计民生和产业命脉的战略性技术领域，出资新建或依托已有研发机构设立公私合作研究机构（平台/网络），私人部门以现金或研发设备、人才等非现金投资加入。

第一，新建合作机构。作为创新平台或网络长期存在。典型代表包括英国"弹射中心"（Catapuls）、美国"制造业创新研究院"（MII）等。英国的弹射中心聚焦风险大但社会效益高的领域，且定位在技术成熟度 4~6 的特定阶段；各中心根据领域特点，选择灵活的组织形式；政府投资 3 年后逐步减少至中心资金来源的三分之一。[2] 美国的 MII 聚焦制造业前沿领域，一般为非营利机构；联邦

---

[1] FFAR 资助的研发活动是对农业部基础和应用研究活动的补充，以解决新的农业研究需求，但不抢占美国农业部的任何权利和责任。详见：万劲波，赵兰香. 政府和社会资本合作推进科技创新的机制研究 [J]. 政策与管理研究，2016（4）.

[2] 2011~2015 年，英国已经建成了首批 7 家弹射中心，涉及细胞疗法、数字化、未来城市、高价值制造、海上可再生能源、卫星应用和运输系统。中心要逐步通过商业化运行获得政府外资金。详见：李子萤，张华，康争光，王利军. 英国技术及创新中心建设研究 [J]. 中国科技信息 [J]. 2016（24）.

政府平均投资 0.7 亿~1.2 亿美元，研究机构和企业按 1∶1 配比投资，但政府投资也将逐步减少直至 MII 实现"自治"。①

第二，依托已有研发机构设立合作机构。存续期一般不到 10 年，主要任务是实现共同研发目标。典型代表包括欧盟的"联合技术计划"（JTI）、澳大利亚的"合作研究中心"（CRC）等。欧盟的 JTI 用于支持对欧洲竞争力和社会目标有重大影响的关键领域研发，欧盟成员国和产业界共同组成了"联合执行体"②的法人实体，分别出资 50%。③澳大利亚的 CRC 是产业需求导向的中长期合作研究计划，为涉及经济、环境和社会重要公共利益方面的重大挑战提供解决路径；政府提供研发补贴，产业界和高等教育机构组成合伙企业或有限公司，并出资配套资金。④

（二）设计核心：制度"自动"保障公共性

3.0 版研发 PPP 与其他 PPP 相比，供给产品的公共性更难把握，且风险和监督难度都更大。总结 3.0 版研发 PPP 实践，几种共性的基础性制度共同发挥作用，公共性"自动"得以保障。

第一，通过严格的 PPP 遴选程序与标准，公私两部门就共同研发目标达成共识。政府组建或委托专门机构负责统筹管理，通过招投标方式选择 PPP 项目。选择标准一般包括：战略性、可操作性、经济社会价值、研发计划（议程）、分工协作方案等。产业界根据政府确定的重大战略领域提出子领域的立项申请（如 MII），或者直接提出立项申请（如 JTI、CRC）。

第二，实行现代治理结构，实现"科研自治"，各成员对具体研发路径、规划、计划、项目等的确定和管理形成共识，从而保证共同研发目标的实现。现代治理结构采用管理委员会（董事会/理事会）、执行委员会（执行董事/执行理事会）和咨询（科学）委员会等多方制衡的权责治理体系。政府一般会进入管理

---

① 2012~2015 年，美国在增材制造、数字化制造与设计创新、轻质金属制造、复合材料、下一代电子电力制造等重点领域建成了多个研究院。联邦政府投资减少后，研究院通过收取会费、收费服务、知识产权许可等实现自负盈亏。详见：冷单，王影. 美国国家制造业创新网络运行机制与经验启示 [N]. 中国经济时报，2016-1-12.

② 组织形式类似于非营利性行业协会。

③ 2008~2012 年，欧盟共支持了 5 个 JIT，涉及新型医药、航空技术、植入计算系统、微电子、燃料电池与氢等领域；2013 年，欧盟实施"地平线 2020"计划，预计再设立 5 个 JTI，涉及创新药物、燃料电池与氢、绿色航空、生物基产业、微纳电子等战略性领域，其中前三个领域为以往 JTI 的延续。

④ 截至 2016 年底，澳大利亚存在 80 多个 CRC，分布在制造技术、医学科学与技术、信息与通信技术、采矿与能源、农业与农村制造业、环境六大领域。

委员会，但仅作为平等合作方，不干涉具体运营；产业界和科技界成员或代表构成各委员会主体，发挥领导性作用，精准定位符合市场需求的技术。

第三，保持开放性和非营利性，增强研发成果的外溢性，从而保证其研发的公共性。通常而言，政府要求研发 PPP 基金或机构在存续期间对外开放，特别鼓励中小企业参加；既有助于增加资金来源、降低风险，也有助于实现 PPP 的其他职能，即建立广泛的合作网络，成为服务中小企业技术创新平台，同时促进技术转移、产学研合作和人才培养等。此外，研发 PPP 基金或机构一般都具有非营利性，即使有收入，也不用于分配，而是继续投资相应的研发活动。

第四，实施有效的监督和评估机制。根据合作协议，研发 PPP 基金或机构要提交年度甚至季度工作报告，财务报告和重要事项等需定期、及时和完整公开。政府部门组织监督和评估，保证合作协议有效执行和绩效提高，有利于整体布局的动态调整。

二、发达国家加大对科技创新的税收支持

以 OECD 成员国家为例，其对企业研发支出的税收优惠在不断加强。主要体现在：

（1）2013 年与 2006 年相比较，16 个国家财政研发资助中税收补贴所占比例有所增加，如图 4-2 所示。

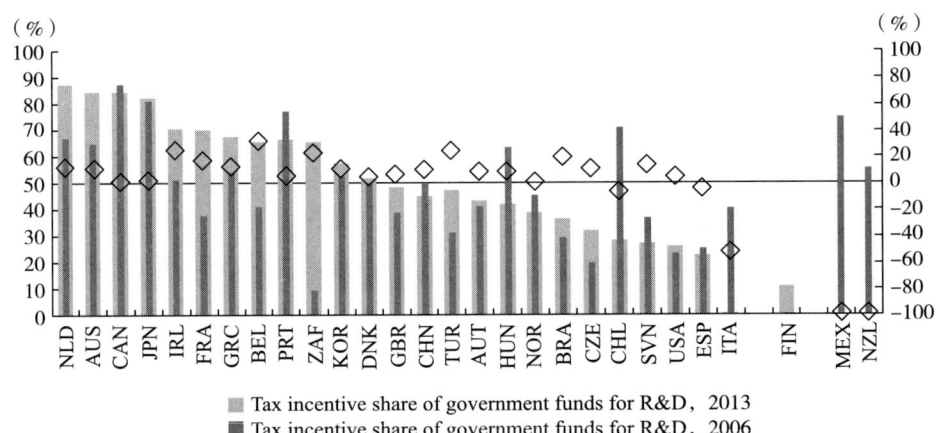

图 4-2　财政研发资助中税收补贴占比

资料来源：OECD Science, Technology and Industry Scoreboard.

(2) 2015 年，OECD 成员国中 28 个国家实施了研发税收优惠，相比 1995 年增加了 16 个国家。其中，韩国、日本、法国等 12 个国家在 2013 年的研发税收优惠总额就已经超过其财政直接资助总额，如图 4-3 所示。

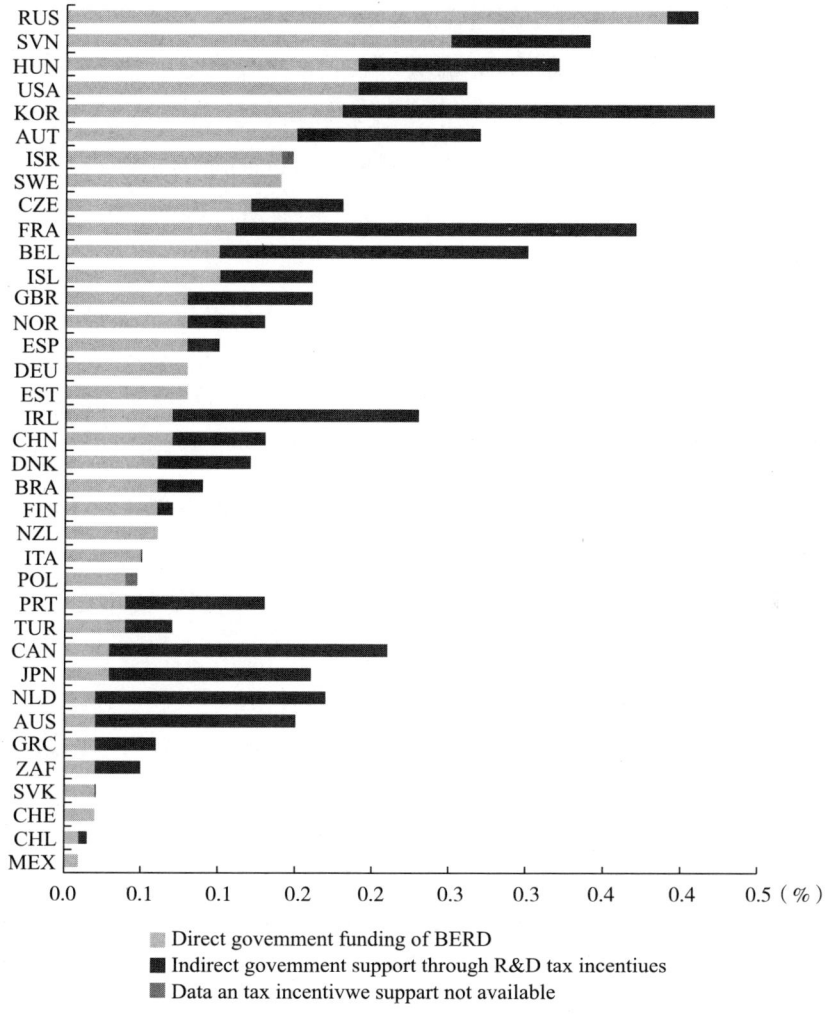

图 4-3　财政研发的直接资助和间接资助

资料来源：OECD Science, Technology and Industry Scoreboard.

三、发达国家中小企业是创新税收政策的支持重点

中小企业是推动一国国民经济健康发展的中坚力量,但经营风险较高,再加上信息不对称等问题,世界多数国家都对中小企业制定了税收支持政策。

(一) 中小企业税收优惠政策主要涉及所得税

按照政策目标与优惠方式不同,有关税收政策主要包括以下三大类。

第一,从整体上鼓励中小企业发展的税收政策,优惠方式主要包括"较低的企业所得税率""较长的亏损结转期""可选择的企业纳税方式"等。其中,"可选择的企业纳税方式"主要是指中小企业在企业所得税纳税人和个人所得税纳税人间的选择。

第二,鼓励中小企业投资的税收政策,优惠方式主要包括"研发税收优惠""固定(无形)资产加速折旧""固定(无形)资产加计折旧""投资税收抵免"等。其中,加速折旧允许企业对资产的预计使用年限在更短的时间内计提折旧,从而增加了税收优惠现值;加计折旧则允许企业在按照购置成本正常计提折旧成本的基础上加计计提,从而使得税前扣除总额超过购置成本现值;税收抵免是以投资额为基础计算抵免额直接冲抵应纳税额。

第三,鼓励投资者对中小企业投资的税收政策,优惠方式主要包括"对投资成本税前扣除或税收抵免""对投资收益税收减免或延期纳税""对投资损失放宽抵扣基础与结转期限"等。

(二) 科技型中小企业投资者可获得更大税收激励,优惠力度和条件有增强和放宽的趋势

第一,股权投资人可以获得更大税收激励。在企业创业初期,"死亡谷"的存在使企业急需"天使资金"弥补资金缺口,英国、日本、以色列、美国、加拿大、法国、韩国、意大利、西班牙、葡萄牙等许多国家设立"天使税制",分担投资风险,补贴投资收益,以鼓励更多天使投资。具体优惠方式包括:一是在投资环节对投资额给予税收抵免或抵扣,属于前端优惠,不论投资成功与否;二是对股权转让环节产生的资本利得给予税收减免,属于后端优惠,仅对投资成功者提供优惠;三是对股权转让环节产生的资本损失允许抵扣资本利得或普通利得,不足抵扣部分还可以向前或后结转。

多数国家的"天使税制"通过不断修订、完善,逐步增强优惠力度、放宽

享受门槛，以发挥更大激励作用。比如，日本"天使税制"开始仅对投资损失给予允许跨年度结转优惠，实施效果不理想；2000~2003年每年都有所修订，但仅针对股权转让环节的收益和损失，实施效果仍不理想。主要原因在于天使投资的回收期很长，对股权转让环节的这种后端优惠对投资者的吸引力有限。直到2008年，日本对"天使税制"进行了彻底改革，增加投资额可在税前扣除的优惠内容，实施效果明显改善。

英国的企业投资计划（EIS）自1994年实施至今共进行了11次修改，主要是增加优惠内容或力度和放宽享受门槛。比如，2011年投资抵免比率由20%上升至30%；2012年，合格企业和个人投资者的门槛大幅放宽，包括企业股权融资前的总资产由不超过700万英镑提高到1500万英镑，融资后由不超过800万英镑提高到1600万英镑，全职员工由不超过50人提高到250人；个人投资者对一个公司的投资额由最多为50万英镑提高到100万英镑。此外，2012年，英国政府开始实施"种子企业投资计划"（Seeds EIS），对投资于种子期企业的投资人给予投资额50%的税收抵免等更大的税收激励。

第二，以知识产权入股的投资人可获延期纳税优惠。创新型初创企业在设立时经常发生主要创始人以专利等知识产权入股的情况（即技术入股），许多国家对技术入股个人取得的股权所得给予直到股权转让时才需纳税的延期纳税优惠。如在美国，一人或多人以其符合条件的财产入股某一公司，并在入股后成为公司控制人，财产转让的收益（损失）视为零，即入股时不用缴纳个人所得税，直到下一个收益确认的事件发生时才需缴纳；其中财产不包括服务、债权、现金、股票、其他有价证券和外汇等，但包括"知识产权"（IP）。

（三）中小企业享受"加强"研发税收优惠，优惠力度呈增加趋势

法国、英国、日本、韩国、澳大利亚、加拿大、荷兰等许多国家都对符合标准的中小企业给予了"加强优惠"，主要表现在两方面。

第一，适用更高加计扣除比率或抵免比率。比如，澳大利亚对于年营业额小于2000万澳元符合条件的内外资企业发生的合格研发费用给予45%的税收抵免，大于2000万澳元的抵免比率为40%；法国对于第一次申请研发税收抵免的企业，申请第一年抵免比率为50%，第二年为40%，第三年开始恢复到普遍的30%。

第二，应税收入不足抵扣或应缴所得税额不足抵免时，差额部分可以在当年

(或近几年内)获得现金形式的税收返还(可返还税收)。比如,澳大利亚、英国、加拿大等国家都只对(中)小规模企业给予可返还税收。

国际金融危机以来,许多国家进一步加大了对中小企业的研发税收优惠力度。除了前文所述诸如英国提高加计扣除比例的方式外,降低享受优惠的门槛条件也是重要方式。如澳大利亚在 2009 年将小企业营业额小于 500 万澳元放宽到 2000 万澳元,以使更多小企业享受更加优惠的研发税收优惠。

(四)符合条件的中小企业可选择企业所得税纳税方式

以最为典型的美国为例。中小企业除了可以选择普通合伙、有限合伙和有限责任合伙等合伙型企业外,也可以通过成为"S 型公司"和"有限责任公司"(LLC),不用缴纳公司所得税,仅按"流经原则"由股东缴纳个人所得税。这种非公司纳税人规定有利于中小企业避免公司和个人股东的双重征税。

其中,"S 型公司"是一种特殊的股份公司,此种划分仅是税收概念。根据美国《国内税收法典》(Internal Revenue Code),只要股份公司符合一定条件并做出选择,便可以取得 S 公司的地位;有关限制条件较为严格,包括成员不得超过 35 人、成员中不得有法人、股份种类必须单一等。基于这些限制条件,通常只有小企业才可能满足。

美国的"有限责任公司"(LLC)则属于非公司型企业,这与我国的有限责任公司①是完全不同的概念。该种形式保证其成员享受有限责任,同时在税收上作为非公司所得税纳税人没有重复征税,收入和费用直接分配到成员。由于该种形式比较全面地综合了封闭公司与合伙企业的优点,且适合不同种类的行业,特别是中小企业,因此近些年在美国迅速普及。

(五)中小企业亏损结转期有特别待遇

从国际来看,为支持中小企业发展,对于企业在开始经营阶段发生的经营性亏损,有些国家给予了更长的结转期限或不限定结转期限。比如,意大利、匈牙利都允许企业经营前 3 年内的亏损可以无限期地结转到以后年度;日本则规定企业营业前 5 年的亏损可以结转到以后的 10 年(基本结转年限是 5 年)。此外,法国、澳大利亚、英国、德国、新西兰等国家对所有企业都给予了无限期的经营亏损结转;美国、加拿大、墨西哥、西班牙等国家允许的经营亏损结转年限则都至

---

① 我国的有限责任公司和股份有限公司一样,都属于公司,但美国的则是非公司型企业。

少 10 年。如表 4–1 所示。

表 4–1 部分 OECD 国家公司所得税亏损结转弥补情况

国别	美国	加拿大	法国	希腊	爱尔兰	日本	韩国	卢森堡	墨西哥	荷兰
向后结转年限	20	10	无限	5	无限	5	5	无限	10	无限
向前结转年限	2	3	3	0	0	0	1	0	0	3
国别	葡萄牙	西班牙	英国	比利时	澳大利亚	奥地利	捷克	丹麦	芬兰	德国
向后结转年限	6	15	无限	无限	无限	无限	5	无限	10	无限
向前结转年限	0	0	1	0	0	0	0	0	0	0
国别	匈牙利	意大利	新西兰	挪威	波兰	瑞典	瑞士	土耳其		
向后结转年限	无限	5	无限	10	5	无限	7	5		
向前结转年限	0	0	0	0	0	0	0	0		

资料来源：刘成龙. 完善税收政策，支持中小企业发展 [J]. 税务研究，2011（6）.

第五节 政策建议

一、建议科技部尽快研究出台科技领域应用 PPP 的指导意见

（一）有关重点实施领域

一是战略科学技术研发。鼓励社会资本参与关系国计民生和产业命脉的战略领域科学技术研发。政府和社会资本通过共同组建法人组织并实行现代治理结构，形成长期、正式、平等的新型合作关系，共同研发风险高、难度大、时间长但具有战略价值的竞争前共性技术。围绕达成共识的共同研发目标，政府和社会

资本共同投资、共担风险、共享收益,将政府和市场配置科技创新资源的优势形成合力,打通科技与经济通道。

二是科技创新基础设施建设。鼓励社会资本参与科技创新基础设施(含科技公共服务)建设,重点支持:大型科研设施、大数据移动互联网等科研基础设施;实验室、研究院、技术中心等科研机构建设;创新资源共享平台、科技型中小企业服务平台、产业共性技术研发平台、技术转移机构、专业人才培养基地等科技创新公共服务设施;以及高新区基础设施、科技企业孵化器等科技企业创业基地。鼓励探索特许经营、政府购买服务等不同的社会资本参与模式,提高科技创新基础设施的建设质量、管理水平、运行效率和服务能力。

三是科技创新示范工程建设。紧紧围绕《国家创新驱动发展战略纲要》提出的战略任务以及国家和地区的战略需求,鼓励社会资本参与节能环保、绿色建筑、智慧城市等科技创新示范工程的建设、运营和管理,增强示范效应,促进科技成果转化。

(二)有关研发 PPP 合作模式选择

以技术成熟度和技术应用前景等为选择基础。对于技术成熟度较低的技术领域,采用合作基金模式;技术成熟度较高且技术应用前景较清晰的,采用依托已有研发机构的合作机构模式;处于中间阶段的研发,可新建合作机构。比如,在人工智能方面,脑科学研究可设合作基金;绿色智能、机器人等具体应用领域研究可选择合作机构模式。

(三)有关研发 PPP 招投标方式

可采用项目库的方式公开招投标。若政府已确定技术领域,由产业界和学术界共同提出有关子领域的合作基金或机构的意向;若政府未确定技术领域,合作领域则由产业界和学术界共同发起意向。合作意向通过政府 PPP 遴选程序后,进入项目库。

(四)有关研发 PPP 知识产权使用

合作机构拥有其研发成果所有权,但合作方在一定时间内可免费使用,非合作方可通过付费方式取得使用权。一定时间后,研发成果可向社会公开,也可大幅降低许可费用标准。

(五)有关配套政策

政府应制定有效的支持和配套政策,吸引社会资本参加,特别应研究解决现有政策障碍。比如，非营利组织研发活动相关收入不能享受免税优惠，企业和私人直接对合作基金或机构的捐赠不能享受公益性捐赠所得税优惠等。

（六）有关研发 PPP 的监督机制

研发 PPP 要提交年度甚至季度工作报告。其中，财务报告和重要事项等需定期、及时和完整公开。

（七）有关研发 PPP 的服务职能

研发 PPP 在存续期间要对中小企业开放，建立广泛的合作网络，成为服务中小企业技术创新平台，同时促进技术转移、产学研合作和人才培养等。

二、进一步完善创新税收优惠政策，增强普惠性

（1）总结创业投资企业和天使投资个人有关税收试点政策，尽快推广至全国，并结合个人所得税制改革进一步完善。

（2）对于科技型中小企业，允许其研发费用加计扣除不足抵扣部分给予税收返还，或者允许在以后纳税年度无限期结转，以解决中小企业无法真正受益和获得激励的问题。

（3）发布补充通知，明确高新技术企业在资格有效期内都可以享受税率优惠。

（4）研究制定间接持股的激励对象享受延期纳税优惠的办法。有关条件的初步考虑：持股平台属于境内居民企业，且为有限合伙制；普通合伙人必须是实施激励的企业或法人代表，有限合伙人必须是企业内部员工；证明持股平台代激励对象间接持股的"三方协议"等证明材料。

（5）研究完善技术交易所得税优惠政策。一是允许企业技术秘密转让也享受该优惠，继续探索技术秘密鉴定方法，可借鉴荷兰经济事务部对企业"研发证明"的鉴定，最大限度内消除企业顾虑；二是对个人技术转让制定减免税优惠。

三、多种手段保障和激励地方政府增加财政科技支出

建议按照《科技进步法》精神明确地方财政科技支出增长目标；继续创新财政科技投入方式，引导带动社会资本投入创新；按照《国家创新驱动发展战略纲要》对中央和地方科技事权划分的基本原则——中央政府职能侧重全局性、

基础性、长远性工作，地方政府职能侧重推动技术开发和转化应用，进一步细化地方政府的科技职责。

四、继续加强科技与金融结合，引导银行等社会资本投资创新

面对经济下行，在我国税收制度和管理未实现根本变革的情况下，我国财政收入不可能大幅增加；但在民生、城市化等方面的财政支出仍然面临巨大缺口。可以预见，财政科技支出要保持2007~2013年20%左右的年增长率基本不可能。因此，由社会资本转而来的创新资本必须成为我国科技投入的重要支撑，科技金融的重要性将更加突出，其中重点是解决长期资本需求与短期资金供给之间的矛盾。为此，建议进一步创新银行科技贷款产品，继续推动我部与银监会、人民银行开展的投贷联动试点；继续鼓励地方政府建立线上的科技金融服务一站式平台，在创新企业和社会资本之间搭建信息平台，缓解信息不对称，减少交易成本；进一步鼓励创业风险投资和天使投资，完善多层次资本市场。

专题4：创新券的发展与应用

创新券作为一种新型政府购买服务方式，从需求方着手，保证科技企业根据自身的研发计划和产品开发流程灵活选择自己所需要的服务类型；从供给方说，有利于引导科研院所和科研人员面向市场需求提供服务。因此，自2012年在江苏宿迁开始实施创新券政策以来，截至目前已经超过20个省份出台了省级创新券管理办法，既拓宽了对科技型中小微企业的支持方式，同时也显著提高了财政科技资金的使用效率。

一、创新券的"新阶段"

自2012年在江苏宿迁开始实施创新券政策以来，据不完全统计截至2017年5月，我国共有27个省份出台了创新券的管理办法。其中，浙江、河北、贵州、福建、山东、辽宁、山西、广东、陕西、海南、甘肃、黑龙江省共12个省份发布了省级创新券管理办法；北京、上海、天津、重庆共4个直辖市；湖北的武

汉、孝感,吉林的长春,河南的郑州、洛阳、焦作,湖南的长沙、株洲,安徽的铜陵、马鞍山、阜阳分别针对各自市或区出台了创新券管理办法,既拓宽了对科技型中小微企业的支持方式,同时也显著提高了财政科技资金的使用效率。

2016年,全国创新券申领金额共计10196.5万元(包括北京、河北),发放金额11.017亿元(包括上海、浙江、湖北、贵州、甘肃、深圳),服务企业(团队)家数4568家(包括北京、上海、天津、黑龙江、湖北、贵州、福建、甘肃、深圳),购买服务11.66万(项/次)(包括北京、上海、浙江、黑龙江、甘肃)。

2015~2016年经上海市科委审定,共有828家中小企业使用创新券购买了9524次创新服务,撬动研发支出9042万元,较2015年3月以前服务企业数量增加了96家,发放创新券总额度增长了近4倍。浙江使用创新券较2015年8月发放创新券金额接近4倍,提供服务次数由1039次增长至32568次。如表专4-1所示。

表专4-1　2015~2016年省级创新券统计数据情况

地区	启动时间(年)	申领金额(万元)	提供服务机构数量(家)	发放金额(万元)	服务企业(团队)家数	购买服务(项/次)	研发总支出(万元)	兑现补贴(亿元)
北京	2014	9536.5	—	—	1578	1694	—	—
上海	2015	—	—	9535	828	9245	9042	1949
浙江	2015	—	—	72000	—	32568	—	2.44
天津	2016	—	—	—	173	—	—	—
河北	2016	660	125	—	225	—	—	—
湖北	2015	—	—	3003.4	413	—	—	—
贵州①	2014	—	—	8086.5	489	—	30752	—
山东	2015	—	—	—	—	—	—	—
福建	2016	—	—	—	550	—	—	—
黑龙江	2016	—	828	—	—	64700	—	—
甘肃	2016	—	14	1548	312	8463	—	—
深圳	2016	—	305	16000	—	—	—	—

① 贵州数据为两年累计数据。在发放的企业中,中小微企业484家,占比超过99%。在发放企业产业属性上,高效农业、大数据、特色食品排名前三,分别占比36%、19%、18%。

二、创新券的"新特征"

(一) 探索开展创新券跨区域使用

长兴县率先在全国开启创新券跨区域流通、使用和对付;在 2013 年 9 月与上海公共服务平台合作范围进一步扩大;与江苏大型科学仪器设备共享服务平台,充分挖掘长三角地区的科技服务资源与本县的科技型企业对接,通过"内引外联"的方式帮助本县企业更好地从事技术研发活动。虽然长兴县在创新券异地使用方面做出了尝试,但其他地方仍然受财政预算属性、兑付认证等因素无法跨区域流通。

长三角地区创新券跨省、市流通意愿强,服务效果好。2017 年初,浙江嘉兴为更好发挥创新券为创新创业服务功效,与上海两家平台签约,标志嘉兴创新券可以在上海的 50 家科研机构购买检测服务,并享受 50% 的补贴;同时,上海的服务机构可凭借科技创新券到嘉兴市科技部门领取额外 30% 的奖励。同时,上海和苏州达成合作协议,借助苏州科技创新券推动企业共享上海的大型仪器设备。浙江出台的《关于进一步推广应用创新券推动"大众创业、万众创新"若干意见》(浙科发条〔2017〕70 号)提出鼓励全省市各县创新券"实行通用通兑",鼓励全省各市县创新券实行通用通兑,还鼓励各级各类载体接受外省市创新券,支持省内企业使用创新券支付外省各类技术服务费。

京津冀正在着手研究推动区域创新券流通的相关办法。随着京津冀协同创新的深入开展,河北省科技型中小企业和创新创业团队对京津的优质创新资源的需求也愈发明显。河北省也正在着手推进创新券跨省购买科技创新服务,初步设想是由科技型中小企业和创新创业团队先行垫付创新券使用金额,再向工作平台申请兑付。目前,京津冀三地的科技部门正在积极研究相关办法。

(二) 创新券设计更加精细化

在我国创新券实施初期,创新券支持范围多数可分为两大类。第一类是针对技术服务,政府明确规定使用创新券可以购买的科技创新服务活动,主要是与科技创新活动有关的测试检验、技术开发、技术咨询、检索查新等。第二类是非技术服务,如科技政策咨询、会计服务、专利申请等费用。支持对象包括中小微企业、创业团队和创新载体。近年来,随着科技型企业的需求逐渐多元化,各地科技和财政主管部门积极转变政府职能,不断优化和细化科技型中小微企业在创新创业中可能需要的创新创业服务，坚持发挥市场在资源配置中的决定性作用，真正提高财政科技投入使用效率。

在创新券发展过程中，地方不断尝试和探索，逐步将更多科技型中小企业需要的技术支持和服务纳入创新券可以使用的范围。比如，重庆将创新券分为三类，除了常规的科技资源共享服务创新券外，还包括了高新技术企业培育创新券和科技型企业挂牌成长券。长春按照补贴额度对创新券使用范围进行划分，分别是全额补贴券，包括高企认定服务券、知识产权服务券；非全额补贴券，包括研发服务券、上市融资服务券、投融资咨询服务券；定额补贴券，包括创业服务券。

同时，针对创新券支持对象进行细化。江苏泰州将创新券共分为三大类，分别是企业类、平台类和奖补类。其中，按照企业类型，将企业类分为支持广大中小企业，适用于低门槛、普惠性的 A 券，以及支持已经具备一定创新能力的科技型企业 B 券。济南市将创新券划分为普惠券和重点券两类。除了用于支持企业购买专业化服务、管理咨询服务以及创新创业活动三类常规服务外，还针对不同创新对象提出了相应的创新券，包括金融资企业培育创新券，支持销售收入低于 5000 万元的科技型小微企业；人才引进跟踪支持创新券，支持引进人才在济南创办企业；科技创业企业创新券，支持高校、科研院所的科技人员或全日制在校学生创办科技型企业。三种类别都属于重点券，申领最高额度都为 30 万元。

（三）创新券的服务方式已经扩展至其他领域

国内外已有经验均表明，创新券主要用于盘活优势科技资源，主要用于支持科技型企业购买科技服务，降低科技型中小企业投入成本。伴随创新券作为一种新型政府购买方式，江西进行灵活运用，提出了《江西省工业设计创新券管理暂行办法》，支持在工业行业领域以政府购买服务方式向"工业云平台"购买基础软件服务，免费向线上企业提供一年期的研发设计、数据管理等信息化集成服务。这说明创新券作为政府购买新方式已经被许多非科技创新部门接受，影响范围逐渐扩大。

（四）省级创新券按照实施差异化的经费配套

创新券特点在于普惠性、低门槛等特性，一般省级出台的创新券政策都会要求地方进行相应的财政经费配套，但应考虑地区间经济发展差异给予区分。广东省根据地区经济发展程度不同，对珠三角地区各地市，按照省级专项经费与当地实际发放补助经费比例不超过1∶3的额度给予地市财政配套支持；对粤东西北地区各地市，按照省级专项经费与当地实际发放补助经费比例不超过1∶1的额度给予地市财政配套支持。山东省创新券管理办法明确，对于小微企业使用共享科学仪器设备发生的费用，省级创新券按照不同地区基于差异化补助，按照地区分布，给予不同的补助类别，分别是对"西部经济隆起带"地区给予60%补助和其他地区40%的补助。此外，山东还针对提供服务量大、用户评价高、综合效益突出的供给会员，省级创新券给予其服务总额10%～30%的后补助。

（五）创新券的专项资金使用方式逐渐灵活

财政资金的拨付使用问题一直在各个地方都是制约创新券健康发展的问题之一。原因在于创新券的申请和发放都是年度进行，而财政资金需要上一年提出财政预算，第二年拨付资金使用。受到服务供给和需求限制，企业申请的创新券未必能够足额在当年使用完毕，造成财政资金预算出现结余和上交问题。随着中央财政科技计划管理改革的深入，各省份也不断优化和创新经费使用和管理方式。如广东出台《关于开展2017年科技创新券后补助申报工作的通知》中明确，"对省财政已预拨下达的科技创新券专项资金，各地市可先行统筹使用（可跨年使用、不得挪为他用）"；天津明确，"在规定期限内，使用未完成绑定的创新券可在本年度申请兑现。在期间内未使用或未完成绑定的创新券可顺延至下一年度申请兑现"。由此看出，一些省份已经着手解决因财政资金预算和拨付情况造成的创新券进展缓慢的问题。

三、创新券的"新障碍"

创新券经过在我国五年来的"本土化改造"，已经充分发挥了优化科技资源配置、发挥市场机制的重要作用。发行全国统一或统一全国的创新券基本具备了良好的基础。但各个地方在实施创新券的过程中，仍然存在共性或个性的问题亟待解决。

（一）个别地方对创新券支持范围过于苛刻

创新券作为一种普惠性的支持科技创新政策，应该具备低门槛、易获得的特点，是一种帮助中小微企业解决研发资金短缺的普惠性政策。然而，仍然有地方对创新对象的支持对象提出了具体的"准入"条件。如，有地方认为创新券应该优先对高新技术企业、实施改造升级的传统企业、孵化器和加速器内的企业基于支持。还有些地方通过对授权。个别地方对创新券支持的对象进行了进一步强调，如山西，明确除了符合企业划型标准外，且需同时具备，"具有自主知识产权核心技术或独特的核心竞争力；其产品或服务在行业或细分市场占一定规模，或有明显创新特点，或处于产业链关键环节或有特定品牌价值；拥有与企业主营业务相适应的创新团队和经营管理团队；初步建立了与企业发展阶段向适应的创新机制，具备持续创新能力"。

（二）创新券兑付问题仍然存在

通过搜集对各省份创新券的实施情况发现，对创新券的统计标准仍然存在较大差异，缺乏统一的统计口径。根据收集数据看，一些地方公布创新券申领金额，一些地方公布创新券发放金额。这反映了创新券使用，但同时也反应出地区间兑付金额的差异，很多地方采用的创新券申领金额等于发放金额，有些地方则采用按申领金额的一定比例兑付，如武汉东湖规定"企业使用创新券时，每次使用的创新券金额不得超过应付资金的50%"；而有些地区则没有明确提出究竟是按照申领金额全额兑付还是根据提供服务金额按照一定比例兑付。

（三）创新券的服务机构认定仍然缺乏统一标准

目前的创新券只能在由各个地方政府授牌的科技服务机构使用，由科技部门发布符合条件的科研机构和技术服务平台目录，企业和创业团队持申请到的创新券到科研服务机构购买服务。然而，随着创新券的不断推广和实行，且一旦尝试创新券在全国通用，则面对大量科研服务的供给方，如何进行大范围服务机构的标准化资质评定，各省市关于科研机构的评定标准是否能够互相认可和通用，都可能成为现阶段创新券在全国统一的障碍。

（四）服务机构与企业之间的关系难以长期维系

与创新券起源地区欧洲实施创新券的目的不同，以捷克、南摩拉维亚等地区实施的创新券政策为例，创新券的首要目的在于搭建中小企业和大学之间的桥梁。

四、下一步政策建议

通过各省市县已经退出的创新券实施效果看，很大程度上激发了中小微企业创新积极性，加速科技成果转化，促进产学研更加紧密合作，引导企业增加科技投入，成功撬动企业研发投入，还有效促进科技资源共享。为进一步提升创新券的更广泛使用，提出以下相关建议。

一是制定出台创新券全国管理办法。抓紧由科技部牵头制定出国家统一的创新券使用办法，从顶层设计、体制机制层、统计口径、服务机构认定资质等方面解决创新券申请、兑付、报销等地方难以突破和解决的障碍。

二是搭建全国统一的创新券管理平台。当前个地方创新券的管理都由各地方科技部门委托给事业单位或有资质的孵化器或平台进行管理，难免造成创新券在使用和兑付过程中出现问题。搭建全国统一的创新券在线申领管理平台作用在于推动国家大型仪器、国家重点实验室等宝贵科技资源的利用和共享，支持全国科技型中小微发展且能有效避免创新创业的集聚效应。

三是形成以创新券为代表的公共财政科技投入与金融资本与民间投资有效互动机制。一方面，发挥银行和银行资本功效，与有意愿的银行签订战略合作协议，支持政府与银行间合作，允许企业到银行随时兑换创新券，以此解决拨付和兑换时间缺口问题；另一方面，允许将创新券作为企业银行贷款抵质押物，通过政府背书功能，进一步解决中小企业融资问题。

第五章

创业风险投资

伴随着中国供给侧结构性改革深入推进、"新三板"分层制度完善,"深港通"开闸,创新创业活动高涨,中国创业风险投资(以下简称"创投")行业又迎来了丰硕的一年,整个行业在募资、投资、退出方面出现了不同程度的增长,孕育着新的发展机会,新高能资本供给动能正在形成。

第一节 我国创投行业发展的新特征

结合统计数据分析,2017 年我国风险投资行业发展呈现出以下新态势:

一、总量持续增长,增速略有下滑

2017 年,中国风险投资总量持续增长,活跃的创投机构数达到 2296 家,较上年增长 12.3%。其中,风险投资基金 1589 家,增幅 11.8%;风险投资管理机构 707 家,增幅 13.3%,如图 5-1 所示。

从资金规模来看,2017 年,全国风险投资管理资本总量达到 8872.5 亿元,较 2016 年增加 595.4 亿元,增幅为 7.2%,较前两年明显放缓(见图 5-2)。此外,基金两极分化的现象较为严重,管理资本规模超过 5 亿元的机构虽然仅占 10.2%,但掌握了 72.1% 的管理资本总量。

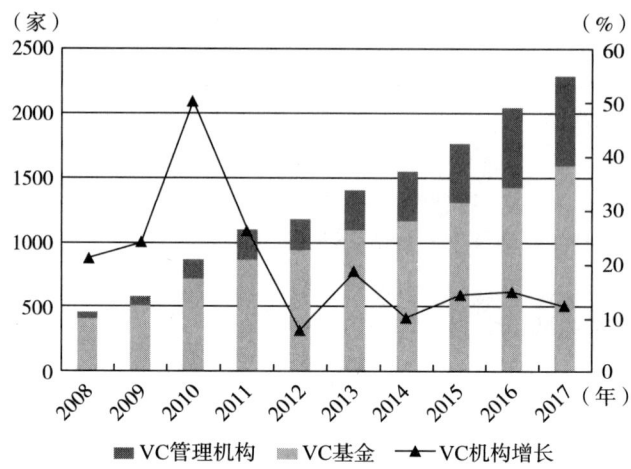

图 5-1 中国风险投资机构总量、增量（2008~2017年）

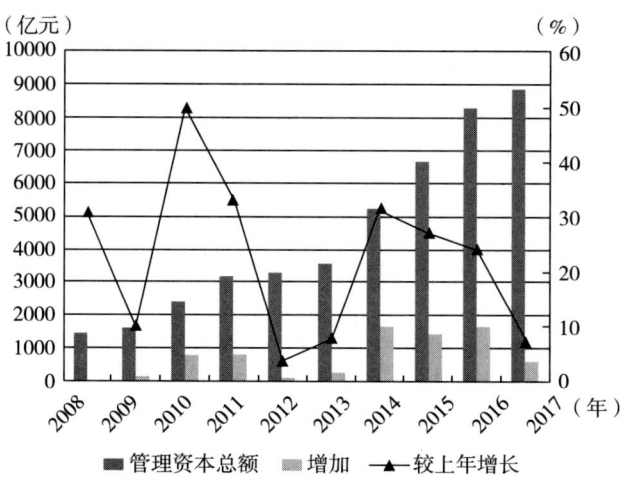

图 5-2 中国风险投资管理资本总额（2008~2017年）

二、基金形态日益多元化，母基金成为重要的参与主体

近年来，创投机构对表现形式日益丰富，越来越多的创投基金通过委托创投管理机构进行管理，基金分层管理现象也日益增多。2017年统计显示，母基金已经成为重要的创投主体，共有79家创投机构以母基金的组织形式存在，占比

3.44%，包括 51 家创投基金，28 家创投管理机构；管理资本规模达到 503.7 亿元，占比 5.7%。其中，最大母基金管理资本总量达到 241 亿元，投资的子基金数量达到 58 家。此外，公司化的创投基金与个人天使投资基金等组织形式也快速增长。

三、资金募集渠道不断丰富，政府引导基金与高净值人群快速增长

按照资金来源的机构性质进行划分，2017 年中国风险投资资本构成中，政府引导基金出资占比 7.28%，其他政府财政资金出资占比 6.29%，国有独资投资机构出资占比 12.47%，三者合计占比 33.10%，较 2016 年上升了 9.08 个百分点；高净值个人投资占比 9.73%，上升了 2.65 个百分点；外资企业占比 3.38%，下降了 1.04 个百分点；此外，社保基金占比 0.03%，如图 5-3 所示。

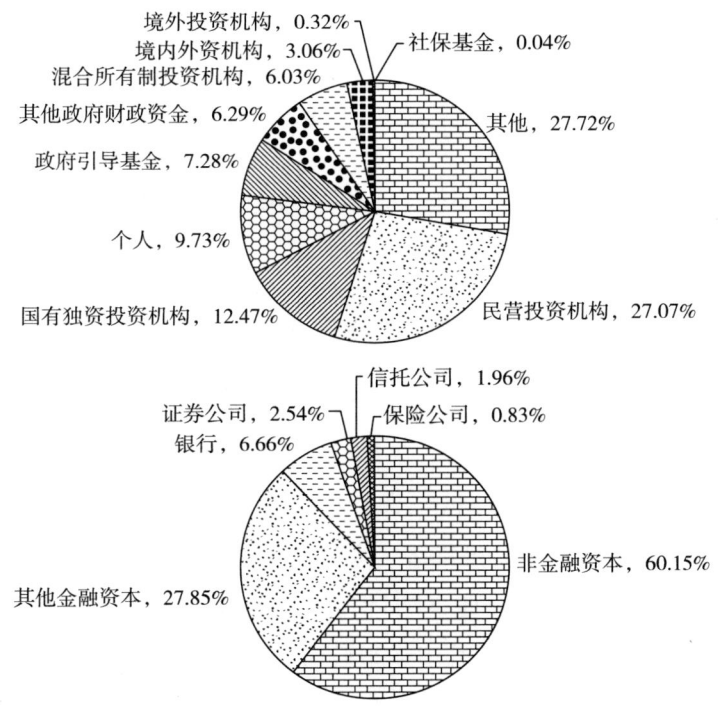

图 5-3 中国创业风险投资资本来源（2017 年）

按照资金来源的金融属性进行划分，银行、保险、证券等金融机构资本合计占比11.99%，较2016年大幅增长5.81个百分点。其中，银行资本较上年大幅上升；其他金融资本占比27.85%，较去年上升5.3个百分点；主要资金仍来源于非金融资本，占比60.15%，如图5-4所示。

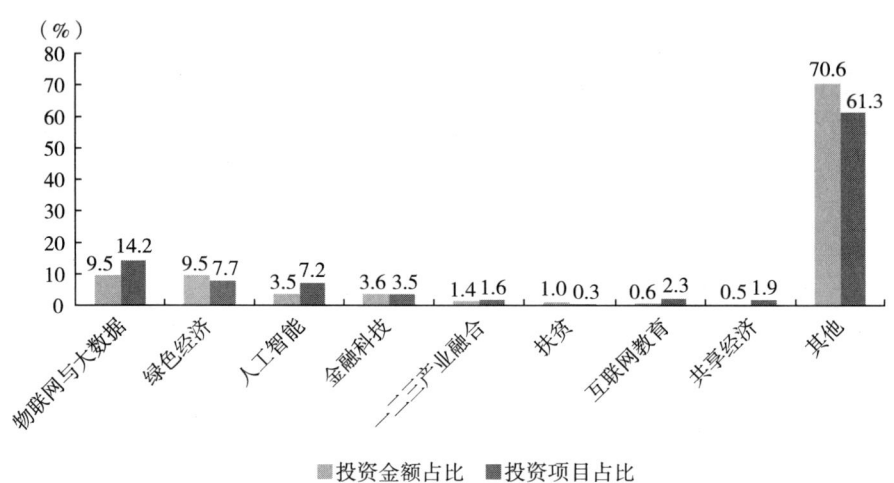

图5-4 中国风险投资业投资的行业板块分布（2017年）（%）

四、累计投资突破两万家，扶持了一大批独角兽企业快速成长

据统计，截至2017年底，全国风险投资机构累计投资项目数达到20674项，累计投资金额4110.2亿元。其中，2017年当年披露投资项目2687项，投资金额845.3亿元，平均投资额为3145万元/项，较2016年大幅增加。

创业风险投资的发展成功助推了一大批高新技术企业成长。统计显示，截至2017年底，投资的高新技术企业（项目）达到8851项，投资金额1627.3亿元，分别占比42.8.0%和39.6%。其中，2017年投资的高新技术企业（项目）825家，增幅30.1%；投资金额153.8亿元，增幅67.0%。投资于科技型中小企业（项目）858家，投资金额97.5亿元。据独角兽俱乐部盘点，2016年国内入围的71家独角兽公司背后共有235家投资机构，其中不乏红杉资本、IDG资本、启明创投、北极光等创投机构的身影。

五、为经济高质量发展赋能，引领物联网、绿色经济、人工智能等前沿领域

按传统行业划分，2017年中国风险投资行业的投资项目主要集中在软件和信息服务业（18.27%）、新能源和环保（11.61%）、生物医药（11.38%），以及其他行业（10.44%）等领域。其中，软件和信息服务领域内的投资大幅下降，投资金额占比由2016年的47.55%缩减到7.11%。

值得一提的是，由于近年来新技术的出现，传统的行业划分已变得模糊。比如，金融科技可能属于网络产业，也可能属于金融保险行业，而人工智能则可能分布于多个行业内。因此，2017年增加了对热门行业板块的统计。从统计结果看，除其他板块以外，2017年中国风险投资的热点主要分布在物联网与大数据、绿色经济、人工智能、金融科技等领域，引领科技发展的前沿领域，如图5-4所示。

六、区域发展不平衡加速，北上广杭等科技资源聚集地创投资源相对丰富

区域发展不平衡一直是各国创投发展的共同特征。由于创投主要以高新技术企业为投资目标，在科技资源发达的地区，大多也具备丰富的创投资源。统计显示，2017年，全国创业风险投资仍然主要集中在北京、江苏、广东、浙江等地，四个地区集中了全国62.5%的资金。此外，安徽、山东、天津、湖南、湖北等地的创业风险投资也发展迅速，规模增长较快，如图5-5所示。

相比而言，内地欠发达地区的资金来源主要以国有资本、政府财政资金为主，获得政府的直接资助较多，而沿海经济发达地区的民间投资更为活跃，大多为间接资助方式。

七、资本市场运行平稳，行业退出总体表现良好

2016年以来，为防范金融风险，证监会发审呈现从严监管的态势。市场数据显示，2017年当年IPO项目436家，总融资额为2301.53亿元；其中，120个项目受到风险投资企业投资，占比27.5%。相对而言，并购与回购仍然是风险投资企业实现退出的主要渠道，实现退出项目分别为286项、306项，合计占全

年退出项目的 65.5%;此外,近 10% 的项目通过新三板实现退出,增加了 5.17个百分点。

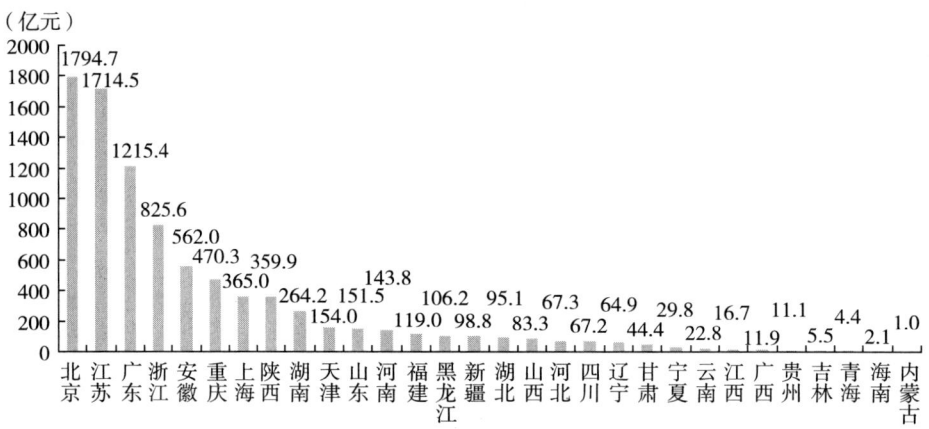

图 5-5 中国风险投资业投资的地区管理资本分布(2017 年)(亿元)

从行业退出收益表现看,总体退出收益率表现良好,全行业平均投资收益达到 243.4%。整个行业投资退出步伐略微放缓,长期投资与价值投资日渐成为行业主流理念,退出时间增加到 4.4 年,行业年均收益率达到 38.3%,如图 5-6 所示。

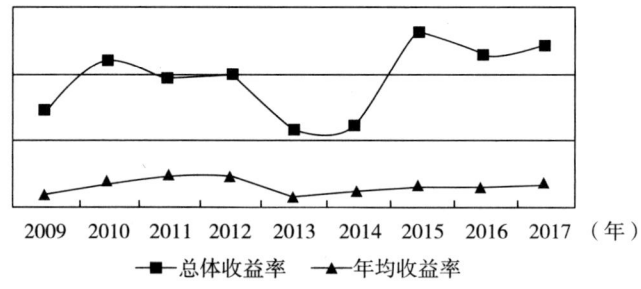

图 5-6 中国创业风险投资退出收益率(2009~2017 年)

八、起步阶段的项目研发投入最大，亟待创投资本进入

按投资项目的发展阶段进行划分，2017年中国风险投资的投资金额主要集中在成长（扩张）期和成熟（过渡）期，且占比相比往年有所增加。相应地，对起步期项目的投资下降较大，项目占比由2016年的30.30%下滑到2017年的20.76%，投资阶段整体后移，行业"急功近利"现象有所增加。

另外，数据显示，被投资项目平均研发投入资金为3906.6万元/项。其中，处于起步期的项目R&D资金投入最高，平均资金投入高达1.1亿元，投入强度达到7.1倍；种子期项目尽管平均投入资金体量较小，仅为446.4万元/项，但研发投入强度高达19.3倍（见表5-1）。可以看见，种子期和起步期的项目处于重要的研发投入阶段，且起步期的项目资金缺口最大，应当成为政府引导社会资本进入的主要阶段。

表5-1 风险投资项目的R&D平均投入资金（2017年）单位：万元/项

投资企业阶段	研发平均投入
种子期	446.4
起步期	10990.7
成长（扩张）期	2268.1
成熟（过渡）期	2257.2
重建期	983.0

九、科技金融服务平台作用日渐凸显，成为重要的项目来源渠道

近年来，创投投资的项目来源呈现出多元化的发展趋势，调查显示，2017年中国风险投资的项目来源仍然以"政府部门推荐"（21.9%）、"朋友介绍"（14.0%）和"项目中介机构"（16.0%）三个渠道为主。但三者占比之和从2013年的64.5%下滑到2017年的51.9%。

值得一提的是，随着"双创"的环境营造与科技金融服务业的发展，"科技金融服务平台"成为创业风险投资项目来源的重要渠道，2017年来源于该渠道

的项目占比达到11.0%（见表5-2）。可见，我国科技金融服务平台发展已粗具规模，且已经成为筛选优质科技成果转化项目的重要工具。

表5-2　风险投资机构获取项目信息来源渠道（2013～2017年）　　单位：%

信息渠道 年份	政府部门推荐	朋友介绍	项目中介机构	股东推荐	项目业主	银行介绍	媒体宣传	众创空间（孵化器）	科技金融服务平台	其他
2013	25.5	19.9	19.1	13.2	10.1	6.0	2.6	—	—	3.6
2014	24.9	17.7	17.1	14.3	11	7.4	3.9	—	—	3.6
2015	21.3	14.6	15.2	13.9	11.3	7.1	3.5	10.4	—	2.7
2016	20.2	15.4	15.1	14.1	11.5	6.1	3.5	11.3	—	2.7
2017	21.9	14.0	16.0	11.4	9.5	2.5	1.4	9.1	11.0	3.2

第二节　行业景气指数分析

一、2018年行业发展总体呈乐观态势

对于2018年投资前景，中国风险投资界整体上给出了相对乐观的预测。认为2018年投资前景"非常好"和"好"的机构分别占比7.4%和53.7%，合计较上年提高2.5个百分点，持乐观预期的机构比重连续两年提高。另外，对2018年投资前景持"不确定"态度的机构比重有所增加，达到4.8%。对于复杂的国际经济局势，特别是中美贸易摩擦的影响，80.2%的机构认为宏观经济对行业影响较大，如图5-7所示。

二、行业环境向好，市场竞争进一步加剧

2017年调查显示，认为中国风险投资机构投资效果不理想的主要原因集中在"退出渠道不畅"（18.5%）、"政策环境变化"（17.3%）、"市场竞争"（18.3%）、"内部管理水平有限"（17.1%）等方面。与前几年相比，"退出渠

道不畅"与"政策环境变化"影响占比明显下滑,而"市场竞争"与"内部管理水平有限"占比呈现出较大幅度上升。此外,"影响机构进行决策的因素"调查显示,"市场前景""管理团队"和"技术因素"仍然是三个最主要因素,但"市场前景"影响因素大幅上升了12.2个百分点,达到30.5%。这在一定程度反映出我国创投行业整体环境日益改善,随着机构数目的增加,行业市场竞争态势不断加剧。

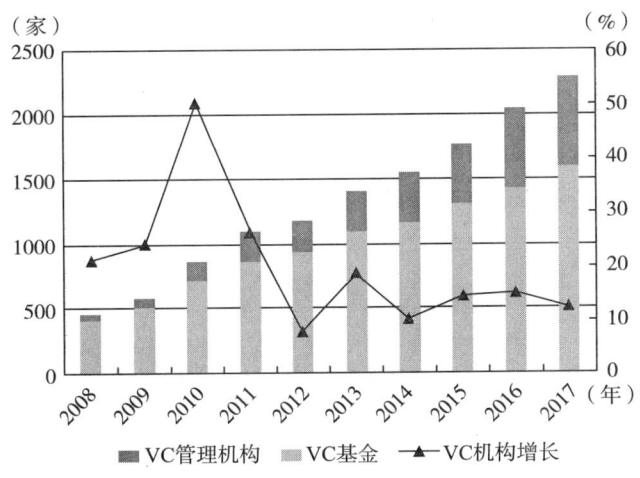

图5-7 风险投资机构对投资前景预测(2008~2017年)

三、人工智能等高科技领域成为未来投资新热点

2017年调查显示,"人工智能""新能源、高效节能技术""生物科技"将成为2018年创投机构最看好的领域,占比分别为23.4%、21.9%、19.8%,占比较往年大幅上升。此外,"金融科技"和"科技服务(教育)"占比也略有上升,分别5.5%、5.4%。从投资趋势可以看到,网络产业、共享经济等领域的投资热度大幅下降,而高科技前沿领域的投资将成为投资的主战场。

第三节 与美国对比分析

一、总量比较①

据国家科技统计数据显示，截至 2016 年底，中国风险投资机构数②已达到 2045 家，较 2015 年增加 270 家，增长 15.2%；其中，风险投资基金 1421 家，风险投资管理机构 624 家（占比 30.5%）；相比而言，同期美国共有 898 家风险投资管理公司（占比 36.5%），管理着 1562 家活跃的风险投资基金，机构总数 2460 家，增幅 21.7%，如图 5-8 所示。

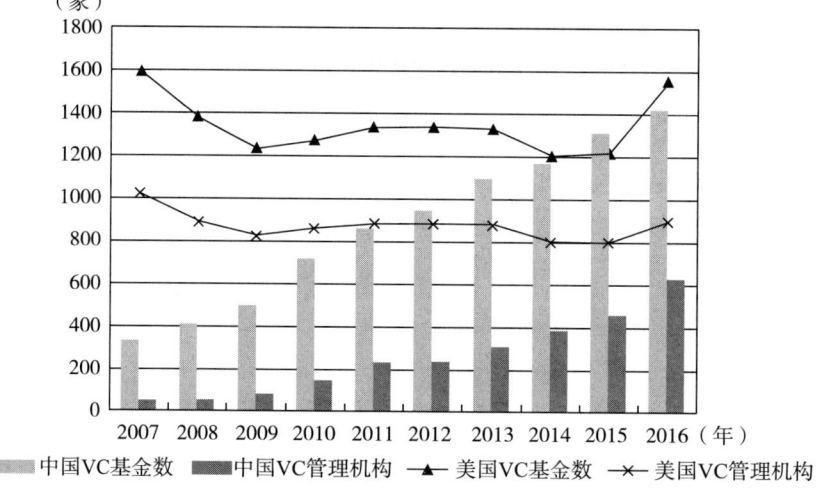

图 5-8 中美创业风险投资机构数对比（2007~2016 年）

从风险投资管理资本而言，截至 2016 年底，中国风险投资管理资本总量达

---

① 下文数据来源：《中国创业风险投资发展报告 2017》、NVCA yearbook 2017。特别感谢全国创业风险调查组的全体成员：郭戎、张明喜、张俊芳、李希义、魏世杰、朱欣乐、李日强、薛薇等。
② 国际上，风险投资机构通常主要包括风险投资基金（合伙制或公司制）及风险投资管理机构。

到 8277.1 亿元，增幅为 24.4%；管理资本占 GDP 比重增加到 1.11%，较上年增加 0.15 个百分点。相比而言，同期美国创业风险投资管理资本总额为 3330 亿美元（相当于 22644 亿元），占 GDP 总量的 1.93%，如图 5-9 所示。

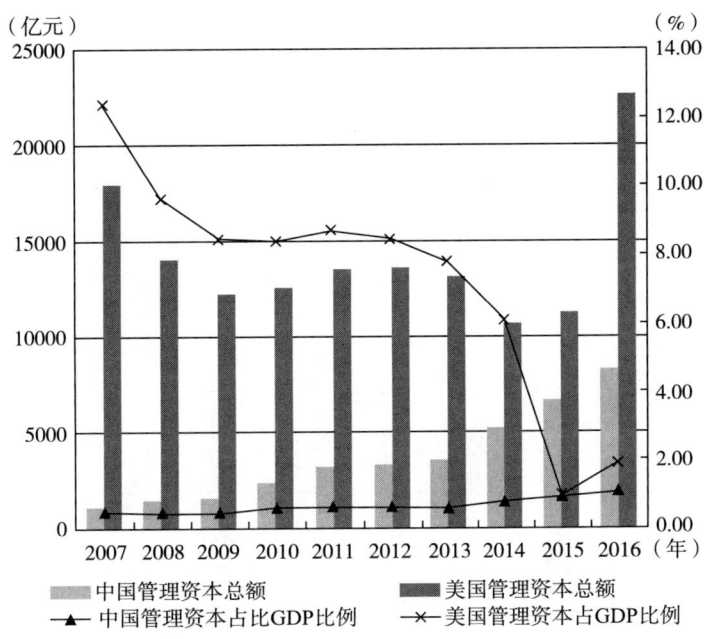

图 5-9 中美创业风险投资管理资本对比（2007~2016 年）①

比较发现，经过十余年发展，中国创业风险投资的机构数与美国已经较为接近，且管理型公司日益增多，其结构占比也与美国企业较为相似；管理资本总量在 GDP 中的占比日益接近，中国已经成为名副其实的创业风险投资大国。

二、行业结构与内生能力比较

比较行业发展的结构特征，可以看到中美创业风险投资之间的差异主要表现在以下几个方面：

（一）中国创投的投资效率有待提高

国际上通常采用投资强度（投资金额占 GDP 的比重）来比较风险投资行业

---

① 美国管理资本以外汇牌价 6.8 进行换算。

的投资能力与效率。从我国发展的实际来看，尽管创业投资行业募集储备了大量的创投管理资本，但每年的投资额度并没有显著提升，不到资本总量的十分之一，投资强度与国外相比还有较大差距。数据显示，2016年中国创业投资机构披露项目投资企业2744家，投资金额505.5亿元，占全国GDP总量的0.068%，单笔项目投资额为1842万元。相比而言，近年来美国创投机构当年投资企业数量持续增长，尽管2016年略有下滑到8136家，但投资金额仍达到691亿美元，占GDP总量的0.37%（见图5-10）。这说明我们还缺少足够多的适宜于转化的好项目，同时也表明中国创投的投资能力与效率还有待增强。

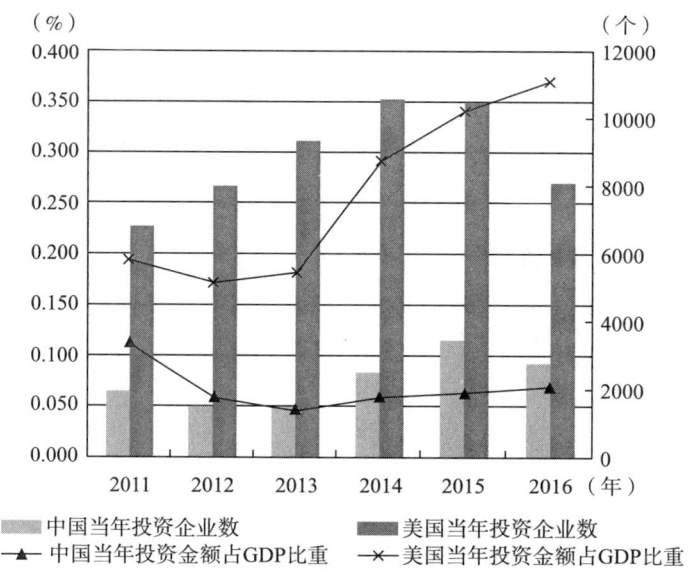

图5-10 中美创业风险投资强度对比（2011~2016年）

（二）中国创投对种子期与早期项目的投资能力有待加强

创业风险投资是一项长期投资，为创造一些最具创意和成功的公司提供资本和培育，通常以早期项目投资为主。我国风险投资经过十余年的发展，投资者日趋理性，早期投资逐年增长，2016年投资于种子期和起步期的项目占比58.5%，金额占比34.6%，平均投资时间4.1年。但与美国相比仍然显得偏后端，对早期项目的挖掘能力仍有待增强。美国的风险投资者一直坚持长期投资，项目平均投资年限5~8年，2016年退出项目平均投资时间达到8.3年；且投资于天使/

种子和早期项目进一步增长，投资项目数占比达到81%，投资金额占比44%，如图5-11所示。

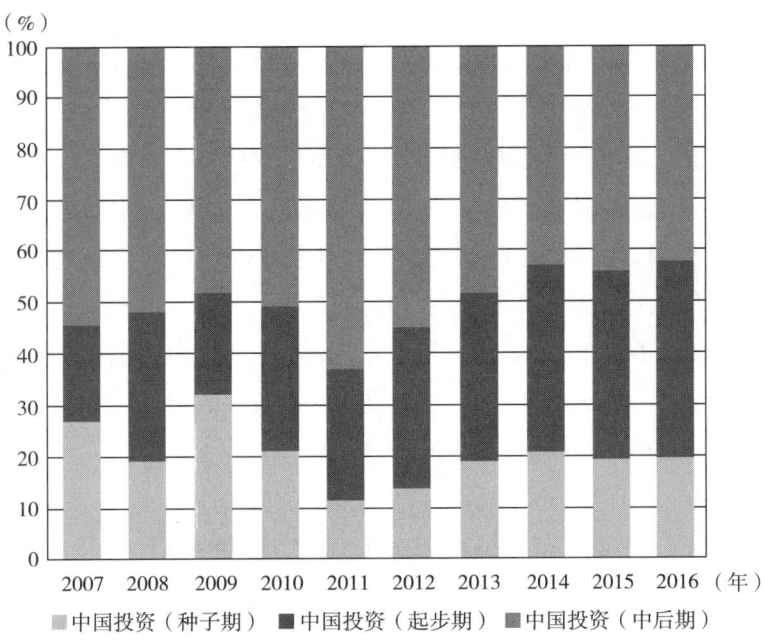

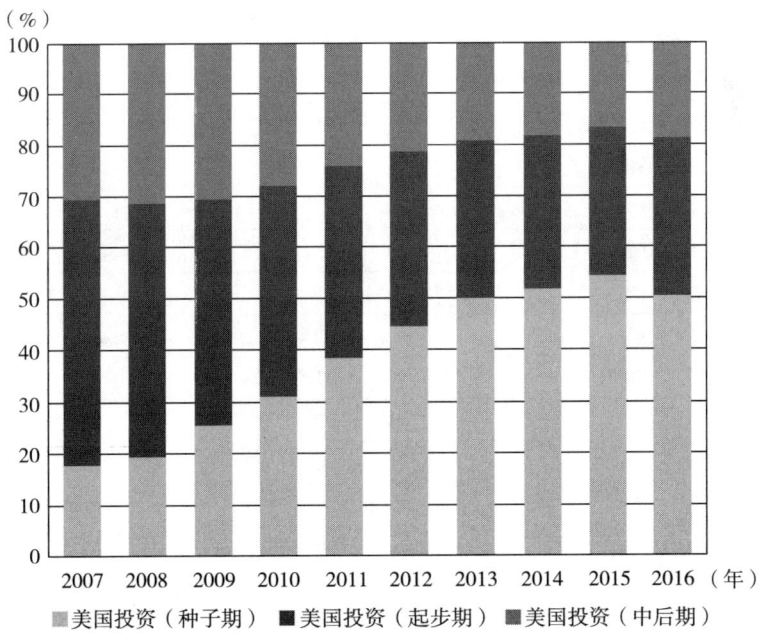

图5-11 中美创业风险投资阶段对比（2007~2016年）

(三) 中国创投对高科技领域的项目挖掘能力有待增强

近年来,中国创投业对高新技术企业的投资占比持续下滑,2016年投资于高新技术企业项目634家,占比23.1%,投资金额占比18.2%。按行业划分,2016年软件和信息服务业的投资占比大幅提升,投资金额占43.61%,投资项目占比18.93%;其他行业(共享经济等)、金融保险业也成为当年创业风险投资的热点;而对新能源和环保、生物医药等高新技术产业领域内的投资步伐有所放缓,投资金额分别占比6.84%、5.54%。相比而言,美国创投业一直坚持高科技领域的投资导向,主要投资于信息产业和生物科技等高科技领域。2016年,美国在软件和信息行业的投资达到了330亿美元,相当于总投资的47.73%,包括交通移动应用、照片信息移动应用、共享乘车平台、房屋租赁市场,以及商业智能云服务平台等;此外,对生物医药领域的投资尽管有所下滑,也达到了117亿美元,占比16.86%,如图5-3所示。

表5-3 中美创投投资行业对比(2016年)

投资行业	投资金额比重(%)	
	中国	美国
软件、网络产业	43.61	47.73
生物科技	1.89	11.27
医药保健	3.65	5.59
医疗服务系统	—	4.80
商业服务	—	5.00
消费产品和服务	1.43	3.08
计算机硬件产业	1.27	3.65
传播与文化娱乐	3.02	2.05
新能源、高效节能技术	1.97	1.95
金融保险业	6.97	14.86
新材料工业	3.36	
IT服务业	3.3	
传统制造业	1.99	
其他行业	25.58	

注:中美两国的行业划分存在差异,相比而言,美国风险投资的行业更为集中,行业划分更少;为便于比较,本表主要按照美国的行业划分进行比较,将没有出现在美国行业划分中的行业类型归并为"其他行业"。

（四）中国创投的退出环境有待进一步优化

退出是创投实现收益的主要方式，在中美两国同样面临挑战。2016年，中国创投业实现IPO退出101项（占全年IPO的41%），占全部退出项目的17.3%；完成并购退出交易173项，占比29.7%；回购和清算的项目281项，占比48.2%。总体而言，中国创投界一直以追求IPO高回报项目为目标，项目投资较为靠后，并购退出渠道有限，且整体投资成功率较低，回购和清算项目占了近半数。相比而言，美国创投界一直以并购退出为主，通过大企业对初创企业的兼并收购获得收益，实现企业的滚动式发展。大企业为初创公司提供人才和技术的持续发展机会；作为回报，从创业公司的技术创新和运营调整中受益。2016年，美国创投通过并购退出的交易完成687起，占退出项目的82%；IPO仅39起（占全年IPO的28%），占比4.6%；回购与清算项目占比13.3%。如表5-4所示。

表5-4　中美创投退出方式及项目数情况对比（2016年）

	中国		美国	
	项目数	占比（%）	项目数	占比（%）
上市（IPO）	101	17.3	39	4.6
并购	173	29.7	687	82.1
回购	234	40.1	111	13.3
清算	47	8.1		
其他（含新三板）	28	4.8		
合计	583	100	837	100

资料来源：作者整理。

三、创投金融生态圈比较

创投业的发展离不开良好的创投金融生态圈，从供给方而言，既需要丰富具有潜力的项目源，也需要多种资金募集渠道；从实现价值而言，既需要与上下游的金融链条进行良好的衔接，也需要完善的多层次资本市场与宽松良好的政策环境。此外，即使像美国这样高度市场化的国家，创投的发展也离不开政府引导基金的作用，通过制度设计，鼓励和引导风险投资机构向高风险的科技企业投资

(如图 5-12 所示)。

创投的发展具有较强的区域集聚特征与效应,目前我国创投主要集聚在北京、江苏、浙江、上海和广东,资金总量超过 80%。美国的创投主要集中在加利福尼亚、马萨诸塞和纽约,这三个州占据了美国风投投资总量的 75%。下面采用了两个国家中最具代表性的创投金融生态圈进行了比较,以中关村①与硅谷②为例。

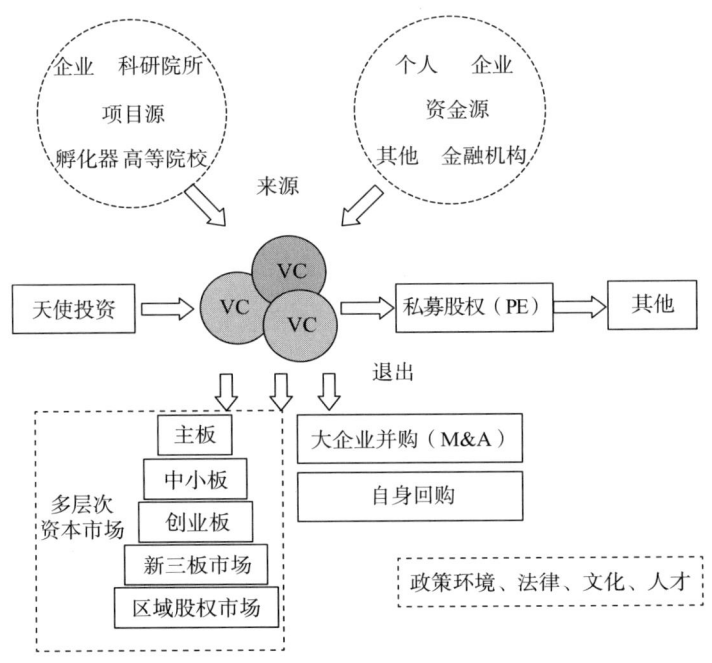

图 5-12 创投金融生态圈示意图

从项目源来看,中关村不仅聚集了大量的高校与科研院所,而且拥有众多的科技型中小企业,2016 年中关村新创办科技型企业 2.46 万家,特别值得关注的是,截至 2016 年,中关村拥有 65 余家"独角兽"企业,约占全国总量的 50%;在全球范围内,仅次于硅谷,排名第二。2016 年,中关村发明专利授权量 1.4

---

① 资料来源:《中关村指数 2016》。
② 资料来源:《硅谷指数 2017》。

万件,占全国总量的 3.5%。相比而言,硅谷地区共注册了 1.9 万件专利,占全美的 13.4%;此外,人才优势是硅谷发展的重要驱动力,2016 年该地区的外国出生居民占比高达 38%,尤其是在 25~44 岁的科技工作者中,外国出生人数占到 67%。从风险投资强度来看,2016 年中关村地区当年投资总额 132.8 亿元,占全国总量的 25%;硅谷地区当年投资 231 亿美元,占全国总量的 33%。从风险投资退出收益来看,中关村地区当年实现 IPO 退出 50 家企业,占全国总量的 49%;硅谷地区实现 IPO 退出 9 项,占全国总量的 23%,各类并购交易 593 项。大体判断,我国中关村与硅谷的风险投资体量在全国的地位大致相当,并且已经具备了良好的创业生态系统;相比而言,中关村地区优秀的成果项目源与人才资源在全国的地位要弱于硅谷地区;此外,缺少大企业的承接力,以并购退出的项目远远小于硅谷地区,也是其发展的短板(如表 5-5 所示)。

表 5-5 中关村与硅谷创投生态圈对比 (2016 年)

指标	中关村		硅谷	
	数量	全国占比(%)	数量	全国占比(%)
独角兽企业	40	50	—	—
发明专利授权量(万件)	1.4	3.5	1.9	13.4
风险投资额(亿元、亿美元)	132.8	25	231	33
风险投资退出(IPO)	50	49	9	23

资料来源:作者整理。

四、政府监管比较

与中国相似,美国实行的也是分业监管体制。与私募基金(包括风险投资基金、私募股权基金)相关的法律主要包括:美国的《1933 年证券法》、美国的《1934 年证券交易法》、美国的《1940 年投资公司法》和美国的《1940 年投资顾问法》;私募基金受证券交易委员会(SEC)监管,同时还受各州《蓝天法》(Blue Sky Law)监督;但其中的风险投资一直处于豁免之列,主要由行业协会进行自律。

2010 年以前,私募基金基本不在监管之列,《1940 年投资公司法》中第 3

条（C）条款指出，私募基金因"已发行证券的受益人不超过 100 人，没有进行且目前没有打算进行证券公开发行"或"所有已发行证券全部由购买该证券时为合格投资者人持有"而不纳入投资公司进行监管。《1940 年投资顾问法》第 203 条关于"投资顾问的注册"中提出"风险投资基金顾问的豁免——仅担任一家或多家风险投资基金的投资顾问（即风险投资基金管理公司），不应因其有关风险投资基金的投资建议而适用本法的注册要求"。美国的监管当局认为，风险投资基金是市场自发的金融创新，可以显著地提高市场配置资源的效率，应该得到政府的支持，不要随意对这个市场新兴的领域加强监管，从而防止创新的活力被政府金融监管法规所遏制的局面出现；主张由市场机制自发地加以调节，对于是否登记于证券交易委员会（SEC）纯属自愿，不是强制性要求。

2008 年金融危机后，美国国会及政府部门意识到长期处于无监管状态使得私募基金行业隐藏了系统性风险，遂在 2010 年通过的《多德－弗兰克华尔街改革和消费者保护法》中加强了对私募基金行业的监管，其变化主要表现为对大型私募股权基金（PE）加强了监管：①法案第 402 条将私募基金纳入投资公司进行监管，但对于风险投资基金，仍然因其"已发行证券的受益人不超过 100 人，没有进行且目前没有打算进行证券公开发行"或"所有已发行证券全部由购买该证券时为合格投资者人持有"而不纳入投资公司进行监管。②法案第 404 条指出，证券交易委员会可以要求任何私募基金依据本章进行注册，包括提供报告、记录或相关信息。但对于风险投资基金及管理公司仍然可以豁免注册（第 407 条），对于私募股权基金管理公司，如果管理的在美国资产少于 1.5 亿元，也可以豁免注册（第 408 条）。

在我国，基金业发展制度模式基本是沿袭了政府为主导型的发展模式，直到 2003 年《证券投资基金法》的颁布才使得我国基金方面的监管有了具体的法律。对于风险投资行业的监管主要由证监会、发改委等多部门参与。1999 年，科技部等七个部门联合印发《关于建立风险投资机制的若干意见》，明确发展创业风险投资重要意义，并提出指导、规范我国创业风险投资发展的基本原则。2005 年，发改委、科技部等十部委联合印发了《创业投资企业管理暂行办法》，对创业风险投资企业实行备案管理，并对其经营范围、投资行为等做了相关规定。2016 年，国务院印发《关于促进创业投资持续健康发展的若干意见》，进一步促进创业投资持续健康发展的指导性意见。此外，商务部、财政部等相关部门也出台了相应的管理办法规范行业发展。但总体而言，目前我国对风险投资行业仍然以监管为主，且存在政策冲突与多头监管现象；同时，由于尚未充分认识到行业发展的特殊属性，部分部门将风险投资行业视为一般证券业（公募基金）进行监管，一定程度上造成了业内发展的制度障碍。建议学习借鉴美国监管方面的经验，考虑到私募股权基金运作形式灵活、投资者具有一定的风险识别及风险承受能力，且不面向公众发行，外部风险相对较小等特点，对其进行分类监管。

第四节　思考与建议

为促进行业发展，调查组多次组织召开业内研讨会，及时了解反映业内呼声。我们通过数据分析、行业对标，以及实地调研，对行业未来发展提出以下思考与建议。

一是培养行业内生能力，不断提升行业内部管理水平。通过调查问卷反映与国际比较可以发现，缺乏优秀的创业投资团队，投资效率较低是中国风险投资行业存在的长期痛点。随着市场规模的扩张，内部管理水平和人才队伍建设还有待进一步加强。建议进一步规范基金运作管理，加快专业化人才队伍的建设，提高的专业化运作管理水平。

二是不断引导投资方向，回归创投初衷。从投资阶段与行业比较可以看出，中国风险投资阶段仍然较为靠后，大量的投资以追求"短平快"项目和热点项目为目标，缺少长期投资与高科技企业投资；且快速发展的引导基金也日益暴露出一些问题。建议继续引导投资方向，更多地关注早期投资与价值投资；同时，多渠道培育优秀的种子与项目源。

三是继续完善与拓宽退出渠道，提高政策的稳定性。资本市场的改革与发展直接关系着投资的退出收益与自身供血的再循环。然而，现阶段我们仍面临IPO审核制度障碍，"堰塞湖"现象依然严重；新三板市场建设过快，缺少价值发现与判断机制，出现了大量挂牌企业亏损；此外，大企业缺少对创业企业的并购能力，难以实现多渠道的退出。建议进一步加强资本市场建设，增强市场与政策的稳定性，使IPO常态化；同时，提升大企业的并购能力，加快推动科技领军企业、创新前沿企业上市等。

四是充分尊重行业属性，建立以自律为主的监管体系。近年来，为防范金融风险，有关方面没有充分认识到行业发展的属性，将风险投资业视同证券基金业纳入监管范围，引起业内强烈反响。近期，相关部委正在加紧研究，商讨建立全国自律性的行业组织，以解决行业发展问题。建议借鉴美国经验，充分尊重行业自身发展属性，按照"分类监管、适度监管"原则，把风险投资基金与证券投资基金区别对待，并从源头上建立信息共享机制，停止实质审批等不当做法，杜绝协会的行政化和官僚化等。

第六章

银 行

第一节 新需求

自 2012 年之后，中国经济告别了高速增长时期，进入了经济增长速度逐渐放慢的新常态。基于对中国宏观经济的把握以及国际经济政治形势的发展，中央政府提出了创新驱动发展经济的战略举措，强调科技创新在经济发展中的引领推动作用，重视科技成果的转化和产业化，并提出了"大众创业 万众创新"的战略，以期培育新的经济增长点，实现创新驱动发展经济的战略目标。科技成果转化和产业化需要资金支持，尤其是创业阶段和企业发展早期，缺乏固定资产抵押的科技型中小微企业，亟须资金支持，作为国内主要融资提供方的银行，如何支持科技创新企业，促进科技成果的商业化，实现中央政府制定的创新驱动发展的战略目标，需要进行深入研究。

同时，包括互联网、区块链等高科技的迅速发展，既为银行业支持科技创新提出了新的挑战，也给银行业提供了技术可能，使得银行机构可以采用新技术来获取贷款对象的信息，从而降低银行的风险。如何应对高科技的挑战，也是银行业需要面对的课题。

另外，中央政府采取了多项支持措施，推动银行业金融机构支持科技型中小微企业,包括设立银行贷款风险补偿专项资金、实施投贷联动试点、设立民营科技银行、继续推进科技与金融结合试点工作等,这些支持措施进展成效如何,是否需要优化,民营科技银行如何发展,这些也都需要深入研究。本部分的研究目标就是要解决上述问题,以期推动银行提供信贷支持科技创新和创业,支持中国的高科技成果转化和产业发展。

第二节 银行支持科技创新创业企业的现状

一、支持政策

基于科技创新创业活动的高风险性和高收益性的特点,科技部和银监会等联合出台多项政策,提供多种支持措施,鼓励推动银行业金融机构支持科技型中小微企业,缓解初创企业融资难的状况。

2016年,银监会出台《中国银监会办公厅关于2016年推进普惠金融发展工作的指导意见》(银监办发〔2016〕24号)和《中国银监会关于进一步加强商业银行小微企业授信尽职免责工作的通知》(银监发〔2016〕56号),要求银行单列信贷计划,确保对小微企业的信贷投放进度,对科技创新创业型小微企业,允许有条件的银行在依法合规、风险可控的前提下,试点探索投贷联动融资服务;厘清尽职认定标准,符合尽职免责的小企业授信业务的,免除授信部门及工作人员全部或部分责任。中国人民银行、财政部、国家发展和改革委员会、环境保护部、中国银行业监督管理委员会、中国证券监督管理委员会、中国保险监督管理委员会联合印发的《关于构建绿色金融体系的指导意见》(银发〔2016〕228号)提出了支持和鼓励绿色投融资的一系列激励措施,包括通过再贷款、专业化担保机制、绿色信贷支持项目财政贴息、设立国家绿色发展基金等措施支持绿色金融发展,为推动银行发放贷款支持科技型中小型企业、引导金融机构支持环保、新能源、节能等领域技术进步提供了制度保障和规范。

科技部联合银监会等部门建立银行科技贷款的风险损失补偿机制,降低银行贷款支持科技创新创业的风险,进而提高银行发放科技贷款的积极性;目前包括江苏、广东、北京、天津、山东、湖南、四川、辽宁、河南等，都利用财政资金设立银行贷款风险补偿资金，推动银行贷款支持当地的科技创新和创业。同时，为弥补银行贷款支持科技创新的风险损失，银监会还会同科技部、中国人民银行出台《关于支持银行业金融机构加大创新力度开展科创企业投贷联动试点的指导意见》（银监发〔2016〕14号），在北京中关村、武汉东湖、上海张江、天津滨海、西安5个国家自主创新示范区内选取10个银行内开展投贷联动试点。

另外，银监会和国家发改委联合出台办法，要求银行业金融机构切实发挥对国家重点领域重大工程项目建设的支持作用，促进经济金融健康可持续发展，实行差别化信贷政策，积极开展信贷创新，鼓励实施银团贷款，为重大工程项目建设提供一揽子综合性金融服务；国家税务总局和银监会合作，鼓励银行和税务部门"银税互动"，充分利用小微企业的纳税信息和信用评价结果，对于符合贷款条件的守信优质小微企业，要优化贷款审批程序，加大信贷支持力度。

在中央上述政策的推动下，国内银行通过和地方政府部门、金融机构和担保机构加强合作，提高金融创新能力，研发出多种适应科技型中小企业的信贷产品和服务，加大对科技创新创业的信贷支持力度。

二、银行开展多种形式的金融产品创新

（一）单一信贷产品

针对科技型创新企业的特点，商业银行持续进行金融产品创新，研发出适应科技型中小企业轻资产、高成长、风险大特征的信贷产品；知识产权质押贷款、股权质押、应收账款质押、订单质押贷款一直是国内银行重点力推的金融产品。

1. 知识产权质押贷款

知识产权质押贷款是借款人或者第三人依法以其知识产权的财产权利出质，将该财产权作为债权的担保，向银行申请的一种信贷业务，是目前国内银行开展非常普遍的信贷产品。据统计，2015年国内银行发放专利质押贷款合计560亿元，2016年则为436亿元，有效拓宽了企业融资渠道，促进了企业创新成果运用和产业化。国内开展这项业务较多的有建设银行、交通银行、北京银行等，如表6-1所示。

表 6-1　国内银行开展的知识产权质押贷款产品

银行	知识产权质押贷款产品
建设银行	科技智慧贷
杭州银行北京分行	知产贷
交通银行	智融通
北京银行	智权贷
汉口银行	投融通
工商银行	科技通

2. 股权质押贷款

股权质押贷款是借款人以该公司股东所持有的公司股权作为质押担保方式，可以为那些股份制改造后、股权相对清晰的企业缓解资金短缺难题。很多银行针对新三板、创业板中的中小企业推出了该业务，如中信银行、邮政储蓄银行和南京银行等。截至 2016 年 12 月末，南京银行北京分行的新三板股权质押贷款余额 1.16 亿元，企业数 15 户。

3. 应收账款质押贷款

应收账款质押贷款是指融资申请人（卖方）将符合要求的应收账款出质给银行，由银行在付款日之前按照一定的比例向卖方以融资方式预付应收账款，以应收账款债务人（买方）支付款作为还款来源。开展这项业务的银行有等国家开发银行、农业银行、中国银行、广发银行、平安银行、江苏银行、杭州银行等。

4. 订单质押贷款

订单质押贷款是指贷款申请人在与买方签订有效的订单后，银行依据其真实有效的订单，以订单项下的预期销货款作为主要还款来源，向贷款申请人提供短期资金融资，用于订单项下原材料或商品的采购、加工、生产及储运等流动资金用途，并以销售回笼资金归还本行融资款项的授信业务。开展这项业务的银行有招商银行、建设银行、北京银行、杭州银行等。

（二）复合信贷产品

针对企业不同发展阶段的融资需求，国内一些银行还创新开发科技金融产品系列，形成适应不同企业发展阶段融资需求的信贷产品组合。目前除已知的交通银行北京分行"视融通"系列、招商银行的"基础、行业和特色系列"、汉口银行的"投贷通"系列、上海浦发银行的全程化金融产品外,一些银行也设计研发了这种金融产品。

(三)银政联合信贷产品

针对科技型中小企业贷款风险大的特点,科技部门出资设立银行贷款风险补偿资金,并和担保机构合作,建立与银行共担风险的机制,从而鼓励银行发放科技支持科技成果转化和产业化。

1. 江苏的"苏科贷"

"苏科贷"全称为江苏省科技成果转化风险补偿专项资金贷款,是由江苏省、地方科技部门联合商业银行以低息贷款方式支持科技型中小微企业发展的一种政策性贷款,重点解决科技型小微企业首贷难题。截至2017年6月30日,一共发放"苏科贷"329亿元,发放贷款8655笔,支持科技企业4220家,参与银行有10家;全省用于银行贷款风险补偿的资金规模有20多个亿,其中省级财政资金2.8亿元,如表6-2所示。

表6-2 参与苏科贷的国内银行

工商银行	农业银行	中国银行	建设银行	交通银行
华夏银行	邮政储蓄银行	江苏银行	南京银行	苏州银行

2. 成都的"科创贷"

四川省成都的"科创贷"设立初衷是针对中小微企业和创业者在债权融资中因轻资产、风险高、信用不足等特点造成的融资难、融资贵问题,通过政府资金增信,联合银行、担保、保险等金融机构,形成"多方协同、风险共担"的新型信贷融资模式。自2014年开始受理以来,已累计为668家(笔)科技企业利用其股权、知识产权、信用等获得贷款15.29亿元,如表6-3所示。

表6-3 "科创贷"的参与银行

民生银行	光大银行	华夏银行	渤海银行	天津银行	浙江民泰银行
农业银行	中国银行	平安银行	浦发银行	成都银行	

3. 上海的"科技创投贷"

"科技创投贷"是上海市发改委、上海市科委委托上海市科技创业中心与相关金融机构合作开发,针对科技型中小微企业投贷联动的银行信贷产品,该产品贷款对象为被上海市创业投资引导基金和上海市天使投资引导基金投资的子基金参股投资的科技型中小微企业。单户贷款最高额度不超过1000万元;天使基金参股投资的企业,最高不超过300万元,期限最长不超过24个月。

4. 青岛的担保贷款

青岛市科技局、担保公司和青岛银行按4∶4∶2比例出资,共同组建1000万元的"青岛市科技信贷风险准备金池",专项用于为青岛市科技型中小企业在该行的授信融资业务提供风险补偿,最大可按照准备金池的10倍发放授信;截至2016年底,已经累计发放贷款1.1亿元。青岛市科技局还设立政策性科技担保公司——青岛高创科技融资担保有限公司,该公司为全市范围内的科技型中小微企业积极提供股权、知识产权质押贷款等信用担保服务。2016年,中国银行、建设银行、交通银行、青岛银行、青岛农商银行5家银行积极与该公司合作,累计为110家次企业提供3.55亿元信贷资金支持,其中,初创期企业17家,首贷企业26家,高新技术企业55家。

5. 银税贷

银行和税务部门合作,建立企业纳税信用信息查询平台,通过平台获取纳税企业基本情况、纳税信息、关键财务信息等,基本满足银行风险评估和风险分析的需求,推出多种适合科技型中小微企业的信贷产品。目前比较典型的包括建设银行的"税易贷"、江苏银行的"税e融"、南京银行的"鑫联税"、民生银行南京分行的"税添富"等。

截至2016年6月末,江苏全省有16家银行机构与省税务部门单独签订了合作协议,同时共有26家银行开发上线了近30种银税合作信贷产品。中国银行通过银税互动,累计向支行下发名单客户22489户,累计走访客户3143户,为217家企业报批授信金额合计20.26亿元,为其中的169家企业放款合计12.96亿元。

三、银行金融机构创新

我国的银行最早是由国有四大银行组成,随着改革开放的发展,原来国有银行占垄断地位的局面已经不能适应国内多种经济成分的资金需求，因此中央政府实行银行逐步放开战略，允许设立新的股份制商业银行，同时加大对外开放程度，允许外资银行进入，目前基本形成了国有商业银行、股份制商业银行、城市商业银行、外资银行并存的银行体系。同时，国内还有 3 家专门从事特定职能的政策性银行：国家开发银行、中国进出口银行、农业发展银行。不过由于科技创新活动的风险大、缺乏固定资产抵押，作为国内从事科技成果转化和产业化主体的科技型中小企业，很难获取银行贷款支持。因此，进行金融机构创新，则成为当前国内银行支持科技创新的有效举措。

（一）专营机构——科技支行

很多学者都提出了设立专门的科技银行来支持科技型中小企业的观点，如王焕瑛（1985）、王言实（1987）、房汉廷（2003）等。国内主管部门也意识到了设立专门银行对于科技型中小企业和科技创新的重要性。针对学者主张的科技银行，银监会和科技部合作推动现有银行设立分支机构，2008 年，银监会出台了《中国银监会关于银行建立小企业金融服务专营机构的指导意见》（银监发〔2008〕82 号）鼓励设立专门的经营机构来支持中小企业。之后银监会先后发布了《关于支持商业银行进一步改进小企业金融服务的通知》（银监发〔2011〕59 号）和《关于支持商业银行进一步改进小企业金融服务的补充通知》（银监发〔2011〕94 号），在有效控制风险的基础上，鼓励和支持商业银行通过制度、产品和服务创新，积极与地方科技部门（国家高新区）合作建设一批主要为科技型中小企业提供信贷等金融服务的、符合我国国情的科技支行。

在此背景下，国内一大批专门支持科技型中小企业的专营机构——科技支行陆续在全国设立。最早成立的科技支行是 2009 年 1 月 11 日在成都高新区设立的全国首批两家科技支行：成都银行科技支行和建设银行科技支行。截至 2016 年底，已经在北京、上海、天津、江苏、浙江、广东、湖北、湖南、云南等地成立近 500 家科技支行，其中江苏省和北京市的科技支行数量位居国内前列。

科技支行的创新性在于其专门的业务范围、专门的监管政策、专门的绩效评估和专门的扶持政策。

（二）银行内设部门

为了提高银行应对科技型中小企业信贷业务的能力，很多银行还在内部成立了专门开展科技金融的部门，专门负责科技型中小企业的产品研发、信贷业务审批和贷后监管工作。这种银行内部成立部门名称不同，有如下几种形式：

第一种机构名称为"科技金融部"，单独处理行内的科技金融业务。如，中国建设银行北京市分行设立科技金融部，内有 3 名专职员工。2010 年 12 月汉口银行在武汉光谷地区设立专注于科技型中小企业服务的汉口银行科技金融服务中心，2012 年 6 月成立总行一级部室—科技金融创新部，负责统筹和组织推动全行科技金融业务的发展。交通银行苏州分行设立了科技金融部，统筹管理全辖范围内的科技金融业务。

第二种机构名称为"小企业金融部"，这种机构把科技型中小企业纳入管理范畴。如，北京银行中关村海淀园支行设立中小企业事业部，有职工 24 人。广发银行北京分行设立小企业金融部，内有工作人员 9 人。招商银行设立北京分行小企业金融部，内有员工 18 人。

第三种形式的机构称为"小企业服务中心"。如，中国工商银行设立了北京中关村小企业中心，农业银行北京分行设立中小企业金融服务中心（海淀），处理全行包括科技型中心企业在内的信贷业务，内有员工 42 人。

（三）设立民营科技银行

设立专门服务于科技型中小企业的银行，一直是学术界和科技部门主张的事宜。2017 年 6 月，中关村银行获得北京银监会批复同意开业，专门以支持科技创新创业企业的银行设立。中关村银行的股东包括用友网络、碧水源、光线传媒、东方园林、东华软件、华胜天成、东方雨虹、梅泰诺、鼎汉技术、旋极信息、恒泰艾普等多家民营企业。中关村银行的根本宗旨是服务"三创"，即创客、创投、创新型企业，最大特色是科技金融，期望借鉴学习美国硅谷银行的经验模式，为中关村高新区内的科技型企业提供包括贷款在内的多种形式的资金支持，为中国的民营科技银行探索新的运作模式和道路。

四、运行机制创新

银行在开展科技金融过程中，积极贯彻执行银监会制定的"六项工作机制"，提高对科技型中小企业的服务水平，主要有：

（一）建立快速的审贷和发放机制

针对科技型中小企业的特点和业务需求，很多银行建立了快速的审贷和发放机制，简化审贷流程，缩短审贷日期，提高银行的服务效率。典型的案例有：

建设银行北京分行中关村分行设有风险管理部，配备了不同级别的审批人，对于中小企业的授信和单笔贷款可以自行审批，审贷期限是2个工作日，大大加快了信贷审批的速度。

交通银行北京中关村园区支行：针对科技中小企业贷款需求额度小、额度需求频繁且迫切的情况，为提高科技中小企业的业务审批效率，银行建立科技中小企业贷款审批的绿色通道，实行"分级授权个人签批制"，授权零贷部单户敞口授信额度1000万元以下小企业贷款的审批权限，对分行有权审批人在满足一定条件下授予2000万元的审批权限，免上分行贷款审查委员会，大大提高了中小企业的融资效率。同时，单独组建了中小企业贷款审查委员会，明确与大企业差异化的信贷审批标准，规定贷款审批周期是3个工作日。

中国工商银行股份有限公司北京市分行，针对科技型小企业在信贷流程方面设立绿色通道，实行"双人调查、一人审查、双人签批"的5人审批流程，大幅缩短业务环节；同时在审批机制方面实行"差别授权、垂直审批"模式，根据风险管理水平给予支行差别的信贷额度审批权限，提高业务处理效率，并在分行设立小企业信贷专职审批岗，向支行选派审批人，通过审批流程前移，在控制风险的前提下缩短审批时效。并规定贷款审批周期只有3个工作日。

（二）建立单独的贷款评审准则

针对科技型中小企业缺乏固定资产、财务报表不规范的特点，科技支行在评审贷款时，制定了有别于传统审贷的准则，将企业家的素质、拥有技术等非财务信息赋予一定权重。

如，汉口银行科技支行[①]在进行信用评估时实行财务信息与非财务信息、硬信息与软信息的两头兼顾，既考虑传统银行调查所考虑的因素（主要是财务信息和硬信息），也考虑企业技术、产品、营销模式和竞争对手等因素（主要是非财务信息和软信息），以便在评估其潜在风险的同时，发掘其潜在价值。另外还对重大项目实施联合评审。科技支行建立由技术专家、政策专家、信贷专家和投资专家等组成的联合信贷评审委员会，参与重大信贷项目和业务的评审，弥补科技支行在科技领域专业知识方面的局限性。成都银行科技支行组建时，成都科

---

① 付剑峰，朱鸿鸣，郭戎，沈文京．科技银行中国化的探索——以杭州银行科技支行为例［J］．中国科技投资，2011（11）．

厅建立科技专家系统，对科技贷款项目进行审贷前技术评估，科技支行则按照独立审贷原则，对省科技厅推荐的科技项目给予优先支持。

（三）提高科技贷款的风险容忍度

针对科技型中小企业以知识产权轻资产为主、经营波动较大的特点，银行都提高了贷款风险容忍度，不良贷款的容忍度在1%~3%，其中大部分银行设定为3%，以鼓励银行积极发放科技型中小企业贷款。如，汉口银行为科技型中小企业贷款设立单独的信贷风险容忍度，总行将科技金融信贷业务的风险容忍度设定为5%。

（四）建立单独的考核标准，建立尽职免责机制

针对科技型中小企业信贷资金量小、批次多、风险大的特点，很多银行，比如汉口银行光谷分行，制定单独的考核指标，弱化对科技金融团队在负债规模、短期利润上的考核要求，重点强化对信贷产品创新、发展和服务科技型中小企业客户数量等方面的指标考核。

同时，有些银行还对职工开展科技金融业务实习尽职免责考核，只要是贷款符合银行规定的程序流程，出现的不良贷款，都计入发放贷款的业务经理的考核指标。

（五）与科技部门建立贷款风险补偿机制

针对科技型中小企业贷款额度小、量大、风险高的特点，银行都和地方科技部门合作建立了贷款风险补偿机制，由政府出资设立贷款风险补偿金，对银行出现的贷款损失予以一定比例的补偿，从而降低了银行自身的风险。

江苏省财政厅和科技厅在2009年联合出台了《江苏省科技成果转化风险补偿专项资金暂行管理办法》（苏财教〔2009〕178号）[①]，设立5000万元的科技成果转化风险补偿资金，银行贷款风险由省、地科技部门、合作银行及企业共同承担，其中，江苏省对所放贷款承担45%左右的风险责任，各市、县（区）承担45%左右的风险责任，合作银行承担10%的风险责任和相应的利息损失风险。杭州市从科技经费中拿出2500万元，设立了专门的联合天使担保资金，当出现贷款风险时，银行承担20%，区、县承担40%，天使担保资金承担40%。超过风险池部分，银行和担保公司分别承担20%和80%。

---

① 2013年对本办法进行了修订。

第三节 银行支持科技创新创业存在的主要问题

一、银行支持科技创新的信贷存在诸多不足

银行支持科技创新上还存在诸多不足,不能适用创新创业的资金需求,尤其是不能满足初创阶段的科技型中小企业的资金需求。主要表现是:

(一)贷款期限短

目前银行发放的科技贷款,绝大部分的期限在1年之内。根据我们在北京市的调查统计[1],虽然有北京市科委提供的风险补偿资金支持,但北京市内银行发放的贷款中,1年期及以下的企业贷款占比是95.23%。这种短期贷款只能满足企业的流动资金需要,对软件行业的企业相对适合,但对于研发周期相对较长的生物医药、机械制造等行业来说,企业在科技成果转化和产业化过程中固定资产的投入很大,这种短期流动贷款,显然不能满足这类企业的资金需求。从北京市内银行贷款企业的行业分布来看,接近一半是电子信息行业的,生物医药行业的贷款只占5%,这也侧面验证了上述结论。

(二)企业成长阶段前移性较低

目前银行支持的重点是科技型企业都是经营发展多年的企业,经营风险相对较小,而初创期的科技型中小企业还是很难获取银行贷款支持。根据在北京市的调查统计,成立5年以上的企业占到了贷款企业的86.55%,而成立5年以内的企业仅占13.45%,其中1~3年的企业只有4%。另外,目前银行支持对象还是经营规模大的企业为主,根据统计,在银行发放贷款中,营业收入在500万元以下的企业数量仅占6.11%,资产规模500万元以下的企业数量占比仅是4.96%。

(三)融资成本高

科技型中小企业还面临贷款资金贵的问题。银行在发放支持科技型中小企业

---

[1] 李希义,缪海波. 银行贷款支持科技型中小企业的制约问题——基于北京市的调查分析[J]. 中国科技论坛,2015(8).

贷款时，一般都要上浮贷款利率10%～30%，加上担保评估等费用，目前国内科技型中小企业的贷款利率在10%左右。在当前国内经济下行的情况下，科技型中小企业的经营发展受到很大影响，收益率降低，较高的融资成本增加了本来就缺钱的科技型中小企业经营压力。

二、政府对银行的考核监管措施落实难度大

针对科技型中小企业，银监会、科技部等部门已经制定出台了多项支持政策和措施，鼓励银行提供信贷支持科技型中小企业，其中包括提高贷款风险容忍度、业务考核尽职免责。如，银监会发布的《关于进一步加大对科技型中小企业信贷支持的指导意见》（银监发〔2009〕37号）要求："建立适合科技型中小企业特点的风险评估、授信尽职和奖惩制度；适当提高对科技型中小企业不良贷款的风险容忍度"；《关于银行建立小企业金融服务专营机构的指导意见》（银监发〔2008〕82号）提出，"各银行对小企业金融服务的业绩考核要独立于其他银行业务，制定专门的业绩考核和奖惩机制，探索多种激励约束方式。建立授信尽职免责制度，在考核整体质量及综合回报的基础上，根据实际情况和有关规定追究或免除有关当事人的相应责任，做到尽职者免责，失职者问责"。2011年，银监会在《中国银监会关于支持商业银行进一步改进小企业金融服务的通知（银监发〔2011〕59号）》提出：要深化引导商业银行继续深化激励约束机制等六项机制。2016年，银监会制定《中国银监会关于进一步加强商业银行小微企业授信尽职免责工作的通知》（银监发〔2016〕56号），提高银行贷款支持科技型小微企业的积极性。

当前中央政府高度重视金融领域的潜在风险，要求金融经济支持实体经济，对于银行的监管力度在加大。在这种情况下，无论是银行管理层，还是从业人员，对于信贷风险绩效考核极为关注，各家银行都反映，银监会等制定出台的尽职免责政策在具体实施时很难操作。从个人发展角度出发，银行职员都不愿意负责的项目出现不良贷款，从而影响个人业绩和未来发展；而且银行主管机构在考核时，对银行的风险考核指标还是非常严格，对于银行出现的不良贷款率是整体考核的，因此银监会的尽职免责很难落实。

三、政府设立的贷款风险分担资金引导性不足

2015 年，科技部、财政部制定《国家科技成果转化引导基金贷款风险补偿管理暂行办法》（国科发资〔2015〕417 号），引导与地方政府设立贷款风险补偿资金，鼓励银行贷款支持科技创新。在此政策指引下，为了降低银行支持科技型中小企业的信贷风险，各地政府拿出财政资金，设立银行贷款风险补偿金。不过，现有的贷款风险主要是由政府资金来承担，银行承担的风险很少，距离构建贷款分担机制的目标还很远。以江苏省为例，江苏省科技厅和财政厅与江苏银行合作，设立 5000 万元的科技成果转化风险补偿资金，省政府和地方政府承担 90% 的银行贷款风险责任，江苏银行承担 10% 的风险责任和相应的利息损失风险。

这种财政资金兜底风险的方式一是不能持久，二是在匹配信贷风险上存在不足。以北京市为例，北京市科委设立的贷款风险补偿金的资金规模接近 5000 万元。但是，目前风险补偿金不能覆盖银行发放的贷款规模。根据北京市科委的统计，2012 年由银行发放的科技贷款规模是近 260 亿元。按照国际上常规的放大 10 倍规模计算，科技贷款风险补偿金年覆盖的银行贷款规模只有 5 亿元，即使按照放大 20 倍算，覆盖的银行贷款规模只有 10 亿元。显然这 5000 万元的风险补偿金规模不能完全覆盖 260 多亿元贷款的违约风险。另外，目前科技贷款风险补偿金是面向市内全部 23 家银行的，各家银行控制风险的能力不同，如果多家银行同时发生不良贷款，现有的补偿金规模能不能承担银行的风险，如何补偿多家银行的贷款损失，都是银行需要考虑的问题。这也是在风险补偿金支持下的银行贷款，95% 以上是 1 年期以下的短期流动资金贷款的原因之一。

第四节　国际经验借鉴

基于科技创新活动对提高国家竞争力的重要性及其本身蕴含的不确定性，国际上很多国家通过推动银行来支持本国的中小企业及其创新活动，很多做法和经验值得我国借鉴，尤其是专门支持科技型中小企业的科技银行、银行贷款风险分

担机制等方面的做法值得我们借鉴。

一、美国硅谷银行

美国作为市场经济发达的国家,股权资本市场发达,企业从资本市场获取权益融资相对方便,但是获取银行的信贷支持,仍然是美国企业的重要融资渠道,美国的银行在支持中小企业科技创新过程中发挥了重要作用,其中以美国硅谷银行尤为典型。

硅谷银行坐落在世界知名的高科技企业集聚区——美国的硅谷,2008年《财富》杂志评选的500强企业中,有30家的总部在硅谷,这其中包括很多我们耳熟能详的著名企业,如惠普、苹果、英特尔、思科、谷歌、甲骨文等,这些高科技企业的成长壮大,与金融市场的大力支持是密不可分的。在硅谷地区有一家以支持早期阶段高科技企业知名的科技银行—硅谷银行,硅谷银行也从所支持过的高科技企业的快速成长中获得了高额的收入,保持了快速的增长速度,并率先摆脱了2008年国际金融危机的影响。硅谷银行的做法已经吸引了国内众多学者的注意力,国内很多学者,如马良华和阮鑫光(2003)[1]、奚飞(2010)[2]、李希义和邓天佐(2011)、娄飞鹏(2012)[3]、李希义(2013)[4] 等研究了硅谷银行支持初创期科技型中小企业的做法,总结了其成功经验,提出了国内银行学习借鉴之处。本部分以李希义和邓天佐(2011)和李希义(2013)的研究为基础,分析其提供贷款支持早期阶段的高科技企业的做法,以供国内有关决策部门和金融机构学习借鉴[5]。

(一)硅谷银行简介

美国硅谷银行(Silicon Valley Bank,简记"SVB")成立于1983年,总部位于美国加州硅谷的Santa Clara。1987年在美国的NASDAQ资本市场发行股票(股票代码是SIVB),2005年,更名为硅谷银行金融集团(SVB Financial Group)。经过近30年的发展,截至2010年末,硅谷银行已经拥有1300多名员

---

[1] 马良华和阮鑫光.硅谷银行的成功对我国的启示[J].浙江金融,2003(1).
[2] 奚飞.美国硅谷银行模式对我国中小科技企业的融资启示[J].商业经济,2010(1).
[3] 娄飞鹏.硅谷银行支持科技型中小企业的做法及借鉴[J].华北金融,2012(6).
[4] 李希义.硅谷银行支持高科技且融资模式及对我国银行的启示[J].管理现代化,2013(5).
[5] 本部分内容来自李希义和邓天佐(2011)、李希义(2013)。

工,在美国国内拥有 26 个办公室,在英国、印度、以色列和中国共有 4 个国际办公室,为全球 12000 多个客户提供服务。

硅谷银行的资产规模在全美 8000 多家银行中不算很大,截至 2010 年末,硅谷银行总资产才不过达到 175 亿美元,与著名的美国银行、花旗银行、摩根大通相比,硅谷银行只能算是一家中小银行。但是,硅谷银行却凭借其优良的资产负债表及其对风险和资本的审慎管理,以及针对科技型企业的独特服务模式获得了业界的诸多荣誉。2010 年硅谷银行跻身福布斯美国银行前 5 位,2009 年清洁技术领域的金融公司排名第一(旧金山商务时报,2009),2008 年银行家杂志绩效银行 150 强排名第三。公司总裁兼 CEO 魏高思则分别获得 2008 年美国银行家报评出的"年度最佳银行家"和 2009 年安永公布的年度最佳企业家称号。

同时,硅谷银行还保持了高速增长势头,在应对 2008 年国际金融危机中表现得尤为突出。2008 年金融危机爆发之后,美国的金融机构受到严重打击,很多银行经营困难,但是硅谷银行仍旧在金融危机中保持了较高的增长速度,并率先走出了金融危机的困境。硅谷银行在每股收益、净利息、平均存款和不良贷款下降上都体现出了较高的增长速度。2010 年,硅谷银行净利息收入 4.18 亿美元,比 2009 年增长 9.4%;每股盈利达 2.24 美元,远远高于 2009 年的 0.66 美元;贷款增长 9 亿 7400 万美元,增速达 21.4%,不良贷款率也由 2008 年的 1.57% 下降到了 0.71%。

(二)硅谷银行支持企业创新的做法

硅谷银行在业内获得如此高的荣誉和成绩,与硅谷银行多年一直以来坚持的所提供的金融创新和经营模式有直接关系。在近 30 年的运营实践中,硅谷银行坚持服务于新兴、成长和成熟的高科技和生命科学领域的企业,以及为投资于这些企业的创业风险机构和私募资股权公司,为之提供多样化的金融产品和服务,从所支持企业的扩速成长中获得了丰厚收益。

硅谷银行支持高科技企业发展的模式特点是:

1. 坚持服务特定领域的高科技企业

为了在竞争激烈的美国金融市场站稳脚跟,硅谷银行在设立之初就采取了与传统银行不同的经营策略,制定了主要为硅谷地区数量日益增长的新创办高技术企业提供信贷和银行服务的发展模式。硅谷银行避开大银行服务的目标市场,选择那些新兴的、发展速度较快、被其他银行认为风险太大而不愿意服务的中小科技企业为目标市场。硅谷银行不是覆盖所有范围的科技型企业，而是有选择地支持技术和生命科学领域的科技型企业，这样提高了银行对于企业的认知水平和服务质量。通过长期服务于特定领域的企业，硅谷银行的专业化优势非常突出，确切掌握了解这些行业的行业特点和企业价值，科研有效降低银行与企业之间的信息不对称。

目前，硅谷银行支持的高科技企业主要有技术型企业（Technology Company）、生命科学型企业、清洁技术型企业。在硅谷银行的贷款业务中，支持高科技企业的业务占据了大部分。据统计，2010 年在 SVB 发放的贷款组合中，有 55% 是支持软件、硬件、生命科学领域的科技企业；其中，处于早期阶段的贷款占比达到了 14%。

自 1983 年成立以来，硅谷银行支持了大量的美国科技型中小企业。根据硅谷银行的统计，在全美的 10 万多家科技型公司中，大多数是小公司，其中只有 10% 的企业可把企业规模扩大。而在这 1 万家企业中，有 50% 是 SVB 的客户，其他银行所占比例不到 5%。而且，硅谷银行还在许多行业领头羊的科技型企业的早期发展阶段起到了重要作用，如著名的美国公司思科、美国艺电、Intuit、JDS Uniphase、KLA Tencor 和 Veritas 等，在企业的早期阶段都曾受到硅谷银行的融资支持。

2. 与创业风险投资公司合作，构建服务高技术企业发展的网络

创业风险投资（Venture Capital，VC）在美国的高科技企业发展过程中起到了重要作用。硅谷银行调查后发现：美国 21% 的 GDP 是由接受 VC 公司支持的公司创造出来的；同时调查还发现：美国 11% 的就业机会也是由这些 VC 支持的公司所产生的。因此，创业风险投资在美国是相当重要的，对于美国企业的发展起了一个非常重要的作用。美国很多非常成功的公司，都曾获得过创业风险投资的支持，不管是思科，还是雅虎、微软，甚至是 eBay，他们都获得过创业风险投资的支持。

基于对创业风险投资的上述认识，从 20 世纪 90 年代早期，硅谷银行又开始将触角从高技术企业延伸到风险资本公司，在全球范围内，特别是与欧洲和亚洲的风险资本建立业务联系。1989 年在加州的 Menlo Park Sand Hill Road 开设了第 6 个办公室，专门服务 VC 团体。目前，硅谷银行已与 500 多家美国 VC 机构建立了关系，提供存款、资金管理等服务。通过与 VC 投资机构保持密切合作，硅

谷银行可以及时掌握投资界的最新动态和 VC 所投资企业的最新状况，深入了解创新企业在动态变化的市场中所面临的风险和回报，这些特有的经验和视角使得硅谷银行得以向那些其他贷款机构认为资信不符的新兴企业提供贷款融资服务。

SVB 除了与 VC 公司合作之外，还与咨询公司等合作，构建服务于高技术企业创业和发展的网络，及时和准确地了解企业的技术水平、产品信息、资金需求以及企业创始人的个人信息，为科技创业者提供有关培训、攻关、评估、融资等方面的服务。针对企业的不同需求，SVB 利用多年服务科技型企业的经验和专家队伍，为企业提供个性化的服务，解决企业发展过程中出现的问题，从而建立了与科技型企业的合作关系和信息渠道。

3. 为不同成长阶段高科技企业提供多样化的融资服务

高科技企业从设立到发展壮大，要经过一个不断发展的生命周期过程；在各个发展阶段，企业所需要的服务不仅仅只是融资服务，还包括咨询、信息等多种服务。硅谷银行针对科技型企业的不同发展阶段及其特点，为企业量身定制了不同的服务。

硅谷银行根据企业的发展特点和规模变化，将所支持的企业划分为三类，分别是初创期、小有成绩的处于扩张期的企业、全球化的企业。硅谷银行制定了这三类企业的标准。如图 6-1 所示，初创期的企业标准是收入在 500 万美元以下，成长期的企业收入在 500 万~750 万美元，而达到全球化标准的企业的收入则设定为 7500 万美元以上。

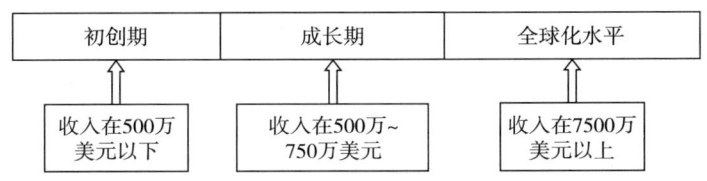

图 6-1 硅谷银行支持的高科技企业的阶段划分及其特征

针对三种不同成长阶段的企业，硅谷银行分别提供 SVB 加速器（SVB Accelerator）、SVB 增长（SVB Growth）、SVB 企业金融（SVB Corporate Finance）三种不同的金融服务。硅谷银行具备满足企业发展每一步的银行服务和运作需求的能力，从最早的启动、到进化为一个大型的全球化的公司，为每一个阶段的企业提供一套既深刻又广泛的专门化的方案集合。

(1) SVB 加速器。

初创期的高科技企业要想成功，除了技术之外，还需要资金支持，尤其还需要行业和技术领域的权威专家指导。针对初创期企业的需求特点，硅谷银行专门设计了 SVB 加速器服务，用以支持初创阶段的科技型企业的快速成长。

SVB 加速器队初创期高科技企业提供以下服务：派遣专门的服务代表与初创者在一起工作，理解并反馈企业独特的银行需求；构建一个在线的商业银行服务平台，满足具备不同权限的多个员工在线交流；为企业提供综合的、有竞争力价格的金融产品和服务。

硅谷银行提供 SVB 加速器服务来自于硅谷银行与 VC 投资者、咨询构建的合作网络和硅谷银行的专有团队。SVB 与投资者的深厚关系有助于银行清楚了解创业界正在发生的事情，帮助企业很好地掌握当前的融资环境、了解网络机会，协助创业者和其他创业者，或者通过定制的融资方案来加速创业企业的发展，SVB 的专用团队也可以介绍企业联系其他的有价值的资源，包括律师、会计公司，临时 CFO 等。

因此，不管是首次创业者还是后续的创业者，SVB 的加速器服务可以帮助企业家扩展专业网络，与其他创业者共享思想和成功案例，提高创业者找到潜在投资者的概率，不但避免了企业家四处寻找投资者和咨询师的成本，还提高了融资成功的概率，从而帮助创业者将他们的想法推向下一个阶段。

(2) SVB Growth（SVB 增长）。

对于处于成长期的高科技企业来说，企业已经具备了非常好的市场位置和前景，处于起飞阶段，如果进一步发展，则需要咨询师来帮助企业了解所处行业、企业模式以及企业发展所面临的挑战，而硅谷银行的 SVB 增长服务则可以满足创业者这方面的需求，硅谷银行会设计全部定制的、创造性的灵活的方案来帮助企业成功。SVB 增长包括以下金融产品和服务：

1) 贷款。硅谷银行根据对企业所处行业领域的市场动态、竞争性前景、授权模式、延迟收入和购买周期等的分析，提供更灵活的贷款方案，包括国内的、国际的和资产抵押的负债金融。

2) 国际业务服务。硅谷银行在英国、中国和以色列建有办公室，构建的全球资金管理平台能使企业管理其在 SVB 的账户。硅谷银行还提供离岸的账户，能在 37 个国家中简化交易过程，减少客户的时间。硅谷银行能提供定制的全方位的产品，用来协助企业扩展全球业务，降低企业的信用、外汇交换和支付风险。

3）投资。硅谷银行根据客户的投资需求，制定与客户目标一致的投资方案，保护客户的资本金安全，保持资金流动性并提供一个具有竞争性的回报。客户也可以直接雇佣硅谷银行的专业资产管理团队。除此之外，硅谷银行还为这一阶段的企业提供 SVB 资产管理和 SVB 证券服务。

（3） SVB 企业金融（Corporate Finance）。

对于收入超过 7500 万美元、致力于国际化经营的高科技企业来说，硅谷银行提供促进企业发展的综合的金融产品和服务。SVB 企业金融服务包括：资产管理和证券，金融咨询服务，全球现金管理、外汇交换/多种货币，个性化负债和集团服务。

4. 设立公司专门的专家服务团队

为了提高为科技型企业服务的质量，硅谷银行建立了专门的专家团队为企业提供价值评估和咨询服务。专家通过给企业提供经常性的服务，可以深入了解各个发展阶段高科技企业的发展现状、经营风险以及技术、产品前景，为硅谷银行是否给企业提供贷款提供决策支撑。

硅谷银行为清洁技术和生命科学行业的企业建立了专门的专家服务团队。硅谷银行的生命科学团队在业内非常有名，具有深入的知识和特定的技术，可以满足业内企业所需的第一手行业知识要求，为全美所有早期阶段生命科学公司中的超过 50% 的企业提供过银行服务。硅谷银行还建有一个专门的团队，是与在最早期阶段的生命科学公司一起工作，这个团队利用自身掌握的创业生命周期中的专长知识，对这些早期阶段的客户提供非常有价值的建议。

（三）控制风险的做法

硅谷银行之所以敢贷款支持处于早期阶段、风险较大、不被其他金融机构认可的高科技企业，关键原因在于硅谷银行具有非常高的控制银行贷款风险的能力，掌握了一套行之有效的产品开发设计理念和风险预防措施。硅谷银行在 2000～2009 年保持 0.6% 的年均坏账率，远远低于同期广义上市银行指数记录的 1.11%，正是得益于硅谷银行强大的风险控制能力。

硅谷银行控制银行贷款风险的主要措施有：

1. 选择 VC 支持过的科技企业发放贷款

为了降低对早期阶段科技型企业贷款的风险，硅谷银行有针对性地选择 VC 机构支持过的科技型企业，提供银行贷款服务。由于 VC 公司具备较强的挑选项目的能力，因此 VC 机构投资过的早期阶段科技型企业一般都具有较好的增长前景，因此硅谷银行借助 VC 公司进行客户甄别，避免了贷款发放前的信息不对称；同时，在 VC 公司以股权投资之后，科技型企业的财务状况会有较大的改善；再者，由于 VC 公司除了股权投资之外，一般还会参与企业的经营，为企业提供技术、管理、咨询、市场等方面的服务，硅谷银行实现了间接地依靠 VC 机构对银行贷款进行日常管理，从而有效地降低了风险。

2. 发放贷款时签订第一位受偿顺序条款

硅谷银行在与企业贷款合同中一般会有"硅谷银行的贷款位于债权人清偿第一顺序"的条款，保证硅谷银行在发生企业倒闭清算时，享有优先的损失索赔权利，可以将损失降到最低，从而最大限度地维护银行的利益。

3. 以企业的知识产权作为质押，降低企业违约贷款的风险

对处于早期阶段的高科技企业发放贷款时，为了降低贷款风险，硅谷银行要求企业以企业拥有的知识产权作为质押。一旦企业不能提供贷款，硅谷银行就可以将企业质押的知识产权卖给某些大型企业，比如 CISCO、IBM 等大企业，这些大型企业经常收购一些小企业的知识产权；从而将质押的知识产权变现，弥补企业的贷款损失，甚至会获得比银行贷款更多的收入。

4. 重点关注贷款企业的现金流

早期和成长阶段的高科技企业一般盈利较少甚至亏损，且缺少抵押品，因此，硅谷银行十分关注企业的现金流。硅谷银行一般要求贷款企业和投资于其的风险投资基金都在硅谷银行开户，以加强对风险投资及贷款企业现金流的监控。同时，要求企业在账户中必须保持一定数量的现金，以降低风险。

二、法国国家投资银行

（一）设立背景

法国国家投资银行集团诞生的初衷是促进中小企业的发展，在整体宏观经济背景依然紧张的情况下，实现逆经济周期的融资功能，从而缓解市场失灵和不完善，为法国中小企业发展注入活力。

此前，法国设有法国创新署（OSEO）和工业银行，负责为中小企业发展、融资提供服务。但法国政府希望能在此基础上，加大对中小企业的扶持力度。2012年12月31日，通过了关于成立国家投资银行（Bpifrance）的法律。2013年，财政部、再工业化部牵头组建国家投资银行，由国家和法国信托储蓄银行（CDC）共同控股，将涵盖原法国创新署、UBIFRANCE等与中小企业发展相关的机构部分职能。2013年7月12日，正式命名为法国国家投资银行（Bpifrance FINANCEMENT）。

（二）机构使命和职能

法国国家投资集团的战略行动为：支持中小企业成长，准备未来的竞争力；建设有利的生态系统以支持创业。集团主要活跃在创新、融资、担保三大业务线，贯穿创业者的项目最具风险的阶段：从公司创立，到转让/收购，包括创新和国际扩张等。

（三）支持创新模式

法国国家投资银行主要提供三种业务：第一是作为支持中小企业创新的支柱，从创新开始到产品成熟全程扶持企业；第二是与银行合作，对创新型的中小企业进行金融和资金方面的资助；第三是帮助银行担保贷款，特别为一些中小型企业进行创新项目的贷款保障。

1. 创新

Bpifrance为有具体前景的技术创新项目提供支持和融资。Bpifrance提供了适合公司各阶段的融资工具（补贴，提前偿还，贷款担保等），同时与地区有紧密合作。创新融资活动主要分为两类：

第一，个人项目援助（补贴，偿还垫款和零息贷款）和贷款（创业贷款，CIR预融资，产业贷款等），通过全国各地的Bpifrance网络实现；

第二，巴黎总部进行的合作项目融资，形式为补贴和偿还垫款。

在创新融资援助方面，Bpifrance2013年共利用了7.47亿欧元的融资援助工具，为21亿欧元的项目提供融资支持。个人和合作项目的协议数量达到6.34亿欧元。

2. 融资

Bpifrance用专有技术结合各种融资手段，为弥补市场缺陷设计解决方案，提供种子期融资、中型企业的创新银行融资（夹层贷款和税务研究信贷

(CIR)),促进创新型中小企业与重点客户或投资者的接触。与银行机构一起提供企业经营周期所需的各项融资,主要包括以下两种:

第一,提供有形或无形资产,包括中长期贷款和房地产或设备融资租赁业务,以及金融租赁。

第二,提供无形投资,流动资金需求的融资,开发贷款的形式(经济增长,出口,转让/收购,创新),这种投资通常是长期的,不需要公司或其董事的保证或担保。

同时,为了鼓励创业过程的最关键阶段,Bpifrance 还开发了与地区和投资专员合作的具体融资工具,包括出口贷款、数字化贷款、竞争力集群产业贷款和创业贷款。

3. 担保

Bpifrance 提供银行融资担保(包括租赁和融资租赁)和股权投资,对企业的成立、创新、发展、转让/收购、国际行动(对出口市场的银行担保人和在境外设立的法国子公司(GPI)的风险)等行为提供支持。

在 2013 年,Bpifrance 设立一个担保基金,旨在加强公司的现金头寸,因此他们的银行整合了他们的短期未偿贷款成新的中期贷款。配额从 40%~60% 不等。如果有 Bpifrance 地区担保基金的援助,可以高达 70%。比较典型的有:中小企业发展担保,旨在支持和鼓励中小企业的发展。受益对象:有投资或开发项目的中小企业。Bpifrance 可以提供相应的银行干预,从而分担融资银行风险,干预方式包括 Bpifrance 共享企业的风险投资股权,或者为中小企业提供贷款 40%~70% 的担保。

4. 成效

Bpifrance 通过为中小企业和创新融资,在私人部门产生连锁效应,同时通过与所有支持中小企业的发展与创新的公共和私人行动合作,优化了公共资源杠杆作用。2013 年,Bpifrance 完成了 3210 个金融创新项目,250 个基金投资组合,500 个直接股权投资,21 亿欧元资金,90 个区域资金,1680 个国际项目。

Bpifrance 对地区振兴起到了关键作用,比如环保技术、生物技术和数字化的等高成长行业的发展,还为工业部门提供服务。它还资助社会的经济发展和整体创新,开发专用工具用于解决企业融资需求和社会需要。它成为一个催化剂,引起社会的连锁反应,成为国家和地区增强经济竞争力的重要工具,获得了公共政策的积极支持。

三、欧盟设立银行贷款风险分担机制

(一) 概况

在里斯本制定的战略中，欧洲制定了要成为世界上最具竞争力和动态知识经济地区的目标。为了实现这个战略目标，提高欧盟在 R&D 上的投资成为提高欧洲竞争力和确保长期经济增长和就业的关键。但是，虽然欧盟的 FP7 计划在 2007~2013 年的预算有了提高，但是欧盟的 R&D 投入仍然不足，许多非常优秀和高质量的 R&D 项目资助还是缺乏资金。2005 年，欧盟 27 国的 R&D 强度是 1.84%，而美国则是 2.68%，日本则达到了 3.4%，远远低于美国和日本的 R&D 强度。欧盟调研后发现：私人投资在 R&D 投入中的比例较低，是欧盟在 R&D 上的总投资相对较弱的关键因素，也是欧盟与美国、日本相比 R&D 投入强度较低的主要原因。2005 年在欧盟的 R&D 投入中，私人投资占 R&D 投入的比重只有 55%，与美国的 64% 和日本的 75% 都存在不小的差距，如表 6-4 所示。

表 6-4　2005 年主要国家和地区的 R&D 比较

	R&D/GDP（%）	私有部门占 R&D 比重（%）
EU-27	1.84	55
US	2.68	64
Japan	3.40	75

除了私人投资缺乏之外，欧盟针对中小企业（SMEs）和创新的融资市场也不完善，对风险较高的研究开发项目和创新型企业、特别是 SMEs 的融资很少，而 2008 年爆发的国际金融危机进一步恶化了企业的融资形势。因此，鼓励私人投资于 R&D 活动，成为欧盟应对国际竞争的一个重要举措。

在这种情况下，为了鼓励私人部门向 RDI 活动（Research, Development and Innovation, RDI）投资，降低 RDI 活动贷款融资的风险，欧盟创新了 FP7 的资金支持方式，将无偿资助方式改为了风险补偿方式，拨出专项预算资金与 EIB 联合设立风险准备金，联合开发了一个新的金融工具——风险分担金融工具（Risk-Sharing Finance Facility, RSFF），建立了贷款风险联合分担机制，目的是提高银行向较低资信级别的 RDI 项目提供贷款或担保支持的能力，发挥欧盟预算资金的杠杆作用，吸引更多的社会资金用于研究开发和创新。

（二）RSFF 的适用目标

1. 支持 RDI 活动

RSFF 贷款支持的符合件的 RDI 活动种类包括：基础研究、定义阶段/可行性研究、产业研究、竞争前开发活动、引领和示范项目、创新。其资助的主题包括 8 个领域，分别是保健、食品/农业/生物技术、信息通信技术（ICT）、纳米科学/纳米技术/材料和新产品技术、能源和环境（包括气候变化）、交通（包含航空）、安全、太空。其中，RSFF 目前最关注的关键部门是工程/汽车、能源、ICT（信息通信技术）、生命科学、RDI 基础设施。

2. 支持对象

EIB 和欧盟对于申请 RSFF 支持的贷款对象没有特别的限制，不分大小和属性，只要是从事 RDI 活动、具有明显 R&D 行为的所有合法实体都可以申请 RSFF 支持的 EIB 贷款。申请者可以是：中小企业和大型企业，特殊目的公司（SPC）、合资企业、研究机构、大学、科技园、JTI（Joint Technology Initiatives）、公共的和私人的研究组织，甚至大学都可以借款；由联盟建立的联合合法机构，包括公私联合的（PPP）。

另外，欧盟将申请 RSFF 贷款支持的对象范围扩展到欧盟之外，除了欧盟 27 成员国，包括爱尔兰、列支敦士登、挪威、瑞士、以色列、土耳其、克罗地亚、塞尔维亚在内国家符合条件的实体都可以申请 RSFF 贷款。

3. 风险大

RSFF 支持对象的风险较高。EIB 正常贷款支持的客户要求企业的信用评级必须在穆迪（Moody's）的 Baa3（或者标准普尔和惠誉（S&P and Fitch）的 BBB -）以上，而由 RSFF 支持的 EIB 贷款，EIB 其客户的信用等级要求可以降低到穆迪的 B3（或者标准普尔和惠誉的 B -），信用等级范围在 B3 和 Ba1（或 B - 和 BB +）之间，远远低于 EIB 普通贷款对客户的资信要求。因此，RSFF 使得那些风险较大、资信较低的 RDI 项目可以获得银行贷款的支持。

（三）RSFF 的运作机制

欧洲投资银行和欧盟签订合作协议，欧盟在 2007～2013 年内分别从 FP7 计划中拿出 10 亿欧元，欧洲投资银行拿出 10 亿欧元，共计 20 亿欧元，当作欧洲投资银行提供贷款支持研究开发创新活动的贷款风险损失准备金。当欧洲投资银行或者合作机构向符合条件的 RDI 项目提供贷款时，RSFF 为每一笔贷款提供相应比例风险准备金；一旦 RSFF 支持的贷款或者担保出现了违约贷款，由二者共同覆盖项目贷款可能产生的风险。

RSFF 主要是通过资金分配和准备金来覆盖 EIB 直接提供的贷款或者担保贷款所产生的风险。根据测算，欧洲投资银行为 RSFF 贷款的风险准备是 20%，补助到 RSFF 的每 1 欧元，平均可以转化成 5 欧元的 RSFF 贷款和担保，故可以带动 100 亿欧元的资金投资 RDI 活动，从而实现政府资金的杠杠效应。根据欧盟的估算，银行贷款资金只占资助研发项目成本的 1/3，因此 RSFF 总共可以吸引 300 亿欧元的私人投资于研发上，远远超过欧盟提供的 10 欧元的资金总量。

（四）RSFF 贷款的运作方式

欧洲投资银行有两种 RSFF 贷款融资模式：直接贷款和间接贷款。欧洲投资银行可以直接给符合条件的项目提供贷款支持，也可以为合作银行提供担保，让合作银行机构为项目提供贷款，如可以提供中介贷款（Intermediated Loans）给银行和金融机构分配信用额度来支持中小企业。具体如下：

1. 直接贷款

对于超过 750 万（含）欧元的贷款，欧洲投资银行直接贷款给借贷者。申请者可以直接联系 EIB 在卢森堡的总部，或者联系 EIB 设在欧洲奥地利、比利时、法国、德国、希腊、意大利、波兰、葡萄牙、西班牙、和英国的驻外办事处联系申请。

2. 间接贷款

对于那些贷款额度在 750 万欧元以下的项目，欧洲投资银行提供间接贷款支持，选择合作银行开展转贷款。具体流程是：欧洲投资银行给合作银行提供担保或者低利息贷款，由合作银行直接发放 RSFF 支持的贷款给借款者，欧洲投资银行与合作银行共享 RSFF 的收益。这种贷款模式对于支持中小企业规模的 RDI 项目更有效，既降低了欧洲投资银行的贷款成本，也提高了中小企业的贷款效率。

欧洲投资银行在欧盟和相关国家内与大量的银行合作，构建了一个超过 150 家银行的合作网络，这些银行分布在欧盟各个成员国和相关国家内。申请这种中小规模的 RDI 项目贷款可以到欧洲投资银行的官方网站查看合作银行及其联系方式。欧洲投资银行和其合作机构实施，根据"先来先服务的原则"以市场化方式运作；贷款的申请者只需要提供一个详细的商业计划和相关的标准文档，银行即可据此评估项目融资的可行性。

RSFF 贷款支持的 RDI 项目要经过两个层次的审核：一是审核是否符合 FP7 计划中 RDI 项目的条件，二是看是否符合欧洲投资银行的融资条件。欧洲投资银行充分利用已经提交给 FP7 相关委员会的文档进行技术—经济方面的金融评价，来审查项目是否具有银行可贴现性。欧洲投资银行估计出项目的风险水平；当项目被银行认为是可以接受的，EIB 就可以将贷款发给潜在的借贷者，贷款金额上限是项目合格成本的 50%。需要提出的是，一个 RDI 项目即使是符合 FP7 计划支持的，如果不能满足 EIB 要求的金融评价条件，也不能获取 RSFF 贷款支持，要求企业必须具备产生相对稳定的现金收入的能力。

（五）成效

欧盟联合欧洲投资银行设立 RSFF 贷款，在促进金融机构支持 RDI 项目融资上已经取得了明显成效，使得许多从事研究开发活动、具有较高风险的机构获得了银行贷款支持。从 RSFF 设立到 2009 年 7 月，欧洲投资银行总共批准了 45 项 RSFF 业务，涉及贷款总额达到了 44.27 亿欧元，其中，签订的贷款合同的有 27 项 RSFF 贷款业务，涉及贷款金额达到了 19.42 亿欧元，分布在 16 个欧盟成员国和相关国家之内。从分布行业来看，RSFF 下的投资主要在 ICT 等行业，分别是 ICT 占 25%，能源（可再生能源技术）占 24%，工程和汽车占 24%，生命科学占 22%，其他占 5%。EIB 提供的 RSFF 贷款有力支持了信用等级较低的 RDI 项目的持续开展，也提高了欧盟的研究开发投入强度，对于增强欧盟的国际竞争力起到了重要作用。

四、启示

从上述得出如下启示：

（一）银行贷款支持具有较高风险的科技创新是完全可行的

从上面研究看出，无论是商业银行的硅谷银行，还是政策性银行欧洲投资银行的实践，都充分证明：通过金融创新，银行以市场化方式支持具有较高风险的科技型中小企业是完全可行的，可以实现企业成长与银行收入和规模增长的双赢模式。

（二）设立专门的科技银行来支持科技创新

法国设立了支持中小企业的专门银行，以实现国家的政策目标，并取得了良好效果，即使股权资本市场最发达的美国，也有硅谷银行这样的、专门以支持早期阶段高科技企业出名的金融机构，因此对于我国来说，也需要成立专门的银行来支持国内中小企业的科技创新。

（三）政府需要拿出专有资金来推动银行贷款支持科技创新

欧洲投资银行的做法显示：政府出资和银行设立风险补偿金，共同承担银行贷款风险，是可以有效引导银行贷款支持风险较高的企业创新活动的；另外，德国、日本等都出资降低贷款成本；因此，政府需要设立专项资金，采取贷款贴息和风险补偿等方式来推动银行支持科技创新。

（四）银行需要开展多种形式的金融创新支持科技创新

科技创新风险高，而从事创新的中小企业按照传统模式很难获得银行贷款支持。硅谷银行和印度中小企业银行、法国国家投资银行都开展了适应中小科技企业的金融产品和服务，开发出以知识产权质押贷款为核心的多种金融产品；因此，支持创新，需要银行开展适应中小企业的多种金融产品和服务。

（五）培养专家队伍有助于提高银行选择和识别高科技企业的能力

硅谷银行的成功，很大程度上在于硅谷银行拥有了一批生命科学和清洁技术领域的专家队伍，这些专家专门为这些领域的高科技企业提供服务，有些专家甚至从企业创业开始就在企业中工作，解决企业创业和成长过程中出现的问题，因此硅谷银行对这些企业非常熟悉，对所支持企业的发展前景和技术价值把握很准，可以有效控制风险。

（六）银行建立和投资公司、中介机构的合作渠道，有助于降低银企的信息不对称

硅谷银行在支持早期阶段的高科技企业发展过程中，和 VC 机构合作，选择 VC 支持过的高科技企业发放贷款，充分利用 VC 机构在行业分析、项目识别、资本市场等上面的能力，有效控制了银行的金融风险，从而也提高了银行贷款支持高科技企业的积极性。因此，银行和创投机构、中介机构合作，可以充分了解所支持企业的信息，有助于降低银行的信贷风险。

第五节 投贷联动试点工作的进展及其模式研究

一、国内银行"投贷联动"试点工作开展情况及模式分析

为完善科技金融服务模式，降低银行贷款支持科技创新创业企业的风险，提高银行支持"大众创业、万众创新"的积极性，2016年4月15日银监会联合科技部、中国人民银行制定出台了《关于支持银行业金融机构加大创新力度开展科创企业投贷联动试点的指导意见》（银监发〔2016〕14号，以下简称《试点意见》），选择国内包括中国银行在内的10家银行作为试点银行，允许这些银行在北京中关村、武汉东湖、上海张江、天津滨海、西安5个国家自主创新示范区启动"投贷联动试点"工作，目标是推动银行业金融机构为种子期、初创期、成长期的科创企业提供资金支持，探索推动银行业金融机构业务创新发展。

《试点意见》颁布之后，试点银行在银行主管部门的指导下确定投贷联动业务实施方案，并和5家高新区的管委会合作，在试点地区内积极探索银行贷款和股权投资联动。迄今试点工作已经实施时间超过1年，10家试点银行开展投贷联动的状况如何，哪些投贷联动模式值得借鉴，存在哪些不足和问题？本报告通过调查研究来回答上述问题，通过总结当前银行开展投贷联动的模式，分析存在的不足和挑战，并提出若干政策建议，以进一步推进银行投贷联动试点工作在国内的开展。

二、银行投贷联动试点工作整体开展情况

（一）试点银行制定投贷联动试点工作方案

根据《试点意见》要求，参与试点的银行需要制定该行的投贷联动实施方案，并报送银监会批准。根据调查，目前国家开发银行、中国银行、北京银行、天津银行、上海银行、上海华瑞银行、浦发硅谷银行、汉口银行和西安银行9家银行分别制定了其投贷联动试点方案，积极探索投贷联动试点工作。

例如，北京银行在2016年5月25日发布董事会决议公告，通过了《北京银

行投贷联动试点方案》，同意设立科技金融专营机构和设立投资功能子公司，授权高级管理层办理相关具体事宜以及根据监管要求组织实施报批手续。国家开发银行北京分行在2016年6月与中关村管委会、中关村科技担保公司签署了《中关村国家自主创新示范区科创企业投贷联动合作协议》，启动了国开行的投贷联动试点工作。2016年7月，上海的3家试点银行，上海华瑞银行、上海银行和浦发硅谷银行，分别完成了投贷联动试点银行的方案具体实施方案，海市银监局则制定了《上海地区投贷联动业务试点实施方案》及相应的监管实施细则，并上报银监会。

（二）试点地区政府和银监会合力出台支持措施

为推动银行在本地区开展投贷联动试点工作，5家国家自主创新示范区的管理部门和金融部门都出台了专门支持措施，包括：

1. 专门制定促进银行开展投贷联动试点工作的管理办法

目前北京中关村、天津滨海、上海张江、武汉东湖和陕西西安5个国家自主创新示范区的相关政府部门都正式出台了管理办法，用于指导和规范试点银行开展投贷联动业务，如表6-5所示。

表6-5　5家国家自主创新示范区已经出台的政策

试点地区	政策名称	时间	政策出台部门
北京中关村	《关于支持银行业金融机构在中关村国家自主创新示范区开展科创企业投贷联动试点的若干措施（试行）》（京金融〔2016〕201号）	2016.9.18	北京市金融局会同中关村管委会、北京银监局
上海张江	《关于调整和完善本市信贷风险补偿政策和信贷奖励政策有关问题的通知》（沪财企（2016）125号）	2016	上海市财政局、金融服务办公室、上海银监局
天津滨海	《天津国家自主创新示范区支持投贷联动试点的六条政策（试行）》	2016.9.29	天津高新区管委会
武汉东湖	《市人民政府关于促进科技金融改革创新工作的实施意见》（武政〔2016〕39号）	2016.9.5	武汉市人民政府
武汉东湖	《市人民政府关于支持试点银行开展投贷联动业务的意见》（武政〔2016〕46号）	2016.11.1	武汉市人民政府

续表

试点地区	政策名称	时间	政策出台部门
陕西西安	《西安国家自主创新示范区关于支持金融机构开展投贷联动试点的实施办法》（西高新发〔2017〕53号）	2017.5.22	西安高新区管委会

2. 提供财政资金分担银行的投贷联动贷款风险

北京、上海、武汉、天津和西安出台的支持办法中，都提及利用财政资金设立贷款风险补偿金，用于弥补试点银行开展投贷联动业务中的出现的贷款损失，各地规定的银行贷款损失补偿比例略有不同。

如，中关村出台的办法中规定：中关村管委会对监管部门设定的投贷联动试点不良贷款容忍度范围内的信用贷款部分，按照不良贷款本金的50%给予试点专营机构、特色分支行风险补偿；对保险公司、担保公司发生的代偿本金，中关村管委会按照代偿本金的40%给予代偿机构风险补偿。

上海市张江高新区内试点银行可以享受上海市的2016年出台的《关于调整和完善本市信贷风险补偿政策和信贷奖励政策有关问题的通知》（沪财企〔2016〕125号），本办法是为引导和鼓励商业银行加大对本市科技型中小企业和小型微型企业的信贷投放力度，对2012~2015年出台的小微企业信贷风险补偿政策和信贷奖励政策进行的调整和优化，可以覆盖张江高新区内试点银行投贷联动信贷业务；办法规定：对各有关商业银行为符合条件的科技型中小企业和小型微型企业发放贷款所发生的超过一定比例的不良贷款净损失，由信贷风险补偿财政专项资金给予相应的风险损失补偿。其中，科技信贷风险补偿比例为：若商业银行不良贷款率在1.5%~3%，补偿不良贷款净损失的20%；若不良贷款率在3%~5%，则补偿不良贷款净损失的50%；若不良贷款率超过5%，则不予补偿；补偿资金由市和区县两级政府按照35:65的比例承担。

武汉市政府规定：发挥财政资金对银行信贷资金的引导和杠杆作用，目标是设立规模不低于100亿元的投贷联动信贷风险专项补偿基金，在投贷联动试点银行实施尽职追偿的前提下，对年度不良贷款率超过1%但低于7%（含）的实际贷款损失，风险补偿基金与试点银行各承担50%的损失。

天津市高新区管委会出资设立"投贷联动风险缓释资金池"，鼓励银行扩大科创企业信贷规模，试点银行要按照不超过资金池 10 倍的规模对科创企业发放贷款，当投贷联动业务出现贷款逾期时，试点银行将从"投贷联动风险缓释资金池"获得 50% 的逾期贷款本金代偿。西安高新区则规定：试点银行开展投贷联动业务中发生的风险，在企业贷款本金逾期发生 3 个月之后，按照实际损失额给予 30% 的补偿。

3. 提供业务奖励

为了推动试点银行开展投贷联动业务，参与试点的高新区还根据试点银行开展业务数量提供资金奖励。

如，中关村高新区对试点银行开展投贷联动信贷业务及其关联的担保机构、保险机构，按照业务增量进行业务奖励，按照试点银行科技金融专营机构、特色分支行每年投贷联动信用贷款新增量的 1%，给予最高不超过 500 万元的风险补贴支持。西安高新区规定，对于试点银行每年新增投贷联动信贷业务规模同比达到 10% 以上的，按照增量部分的 5% 给予奖励，每家机构限额 100 万元；对于参与投贷联动业务的担保公司和保险公司，每年新增投贷联动信贷业务规模同比达到 10% 以上的，按照增量部分的 5% 给予奖励，每家机构限额 100 万元。天津市高新区对于试点银行业金融机构在天津高新区新注册的投资功能子公司，给予一定金额的资金奖励。

4. 探索建立银行不良资产的退出渠道

针对试点银行开展投贷联动业务可能出现的不良贷款，试点地区尝试建立不良资产的退出渠道，为试点银行解决后顾之忧。

如，中关村则尝试设立不良资产处置平台建设，负责处置投贷联动试点业务产生的不良资产。武汉市则支持试点银行处理不良资产，利用资产管理公司、武汉金融资产交易所、武汉知识产权交易所等，建立试点银行不良贷款资产的退出渠道，试点银行开展投贷联动业务产生的不良资产可以向域内的股权投资机构和资产管理公司出售不良资产，目的也是降低银行的信贷风险。

5. 建立为银行服务的支撑平台

参与试点的高新区充分利用现有的服务园区企业的机构或平台，对试点银行提供信息查询、信用评价等多种服务，目的是降低试点银行开展投贷联动业务的金融风险。

如，西安高新区建立的信用金融服务平台，可以提供科技创新企业信息信息查询、在线信用评估、推荐储备企业的等服务，也可以向企业推广试点银行的金融产品。天津市高新区则尝试建设投贷联动服务中心，形成各级政府、试点银行业金融机构及其集团投资子公司信息交流机制、融资项目推荐机制、专家服务机制和联合工作机制；以服务中心为平台，建立科创企业大数据库，聚集各类金融资源、投融资信息和优质科创企业信息，构建多元化沟通联动机制。

（三）试点银行积极开展投贷联动业务

银监会等出台了银行投贷联动试点工作之后，试点银行制定本行的投贷联动试点方案，并和试点地区的管理部门合作，积极探索开展投贷联动信贷业务。据统计，国家开发银行、中国银行、北京银行、天津银行、上海银行、上海华瑞银行、浦发硅谷银行、汉口银行和西安银行都已经开展了具体的投贷联动信贷业务，通过银行已有的投资机构或者新设立的投资机构等，开展贷款+股权形式的信贷业务。据不完全统计，截至2017年6月底，试点银行已经开展投贷联动业务162笔，贷款金额超过16亿元。

三、投贷联动几种模式

根据《试点意见》的规定，试点银行的投贷联动是指银行与本集团设立的具有投资功能的子公司合作，分别提供信贷资金和股权投资，通过投资公司获取所贷款支持对象的预期股权收益，从而弥补银行的信贷风险的一种金融创新方式。目前试点银行开展投贷联动的模式有：

（一）与不同类型的投资机构合作

1. 与集团内部的投资公司合作业务

根据《试点意见》，试点银行要和本集团设立的投资子公司合作投贷联动业务。试点银行中，有的试点银行集团本来就有投资功能的子公司，有的试点银行则通过设立集团内的投资子公司来合作开展业务。如国家开发银行则充分利用旗下的全资子公司——国开科技创业投资有限责任公司，专门负责科创企业投贷联动的投资业务，北京分行科技金融处负责其中的贷款业务，积极开展投贷联动试点工作。中国银行集团旗下开展投贷联动业务的投资机构共有5家，分别是中银投、中银国际投资、中银资产管理有限公司、中国文化产业投资基金、中银浙商产业基金。中国银行已建立起投贷联动内部协同工作机制，包括定期推荐目标企业，共同走访企业等。

2. 与社会上已存在的投资机构合作

由于有些试点银行集团本身没有投资功能的子公司,需要申请设立审批,为了及时开展投贷联动业务,充分利用现有创业投资机构在筛选项目过程中的经验和能力,因此有些试点银行还与社会上现有的投资机构合作试点投贷联动项目。如北京银行与200多家社会上的投资机构合作,其中包括比较知名的中信建投、中科招商、昆吾九鼎、安芙兰资本、深创投等投资机构,建立客户互荐机制。天津银行则与天津滨海财富资本管理公司、梧桐树资本管理公司,建立战略合作关系,在客户共享、业务互动等方面展开合作,为企业匹配"债权融资+认股选择权"的综合服务模式。上海华瑞银行也与社会上的知名投资机构合作,如表6-6所示。

表6-6 试点银行合作的投资机构

试点银行	合作的投资机构	类型(内设/外部)
国家开发银行	国开科技创业投资有限责任公司	内设
中国银行	中银投、中银国际投资、中银资产管理有限公司、中国文化产业投资基金、中银浙商产业基金	内设
北京银行	中信建投、中科招商、昆吾九鼎、安芙兰资本、深创投	外部
天津银行	天津滨海财富资本管理公司 梧桐树资本管理公司	外部
上海华瑞银行	不详	
浦发硅谷银行	不详	
上海银行	上银投资	内设
汉口银行	不详	
西安银行	不详	
恒丰银行	不详	

(二)研发多种形式的投贷联动金融产品

投贷联动的核心是通过金融创新,以获得企业股权方式来获取贷款企业高速成长的收益,来弥补银行可能出现的贷款损失。基于此,试点银行研发出不同形式的贷款利息收入+股权收益的金融产品。

（1）股权+贷款。"股权+贷款"是试点银行普遍采取的一种投贷联动模式。试点银行和投资机构合作，银行提供贷款给企业，投资机构同时提供投资资金获取企业的股权，当企业实现一定规模的增长时，利用投资公司获得的股权收益作为一种银行贷款潜在损失的补偿金。这种模式是银行和银行设立的投资公司合作的典型模式。包括北京银行、中国银行、国家开发银行等银行都推出了这种模式的信贷产品。

（2）认股权+贷款。"认股权+贷款"则是试点银行研发的另外一种常用的贷联动模式。试点银行和投资机构合作，银行在给企业提供贷款的同时，还获得一个企业的认股权证。认股权实际是一种期权，允许银行在某个时段以价格购买企业一定数量的股份；本质是一种看涨期权，认为贷款企业增长前景看好，股价会增长，因此现在约定将来可以较低的价格购买一定的企业股份，一旦企业的股价涨幅达到银行的预期，银行可以行使认股权，既可以购买企业的股份，也可以直接将此认股权转让出去，从而获得额外的收益，用于弥补银行的贷款损失。这种"认股权+贷款"形式，也是美国的硅谷银行采用的投贷联动模式。北京银行、国家开发银行、汉口银行、浦发硅谷银行等多家试点银行都推出了这种模式，北京银行推出的专属特色品牌"投贷通"即是这种认股权式的投贷联动产品。

（3）远期共赢利息。① 远期共赢利息模式是一种将银行的贷款收益与小企业的发展周期相结合，针对企业看涨模式制定的一种获取较高利息收益的一种投贷结合金融创新。该模式目前是由上海银行研发的一种金融产品，其实质是一种"前低后高"的阶梯式贷款利率定价模式，在贷款发放时，先收取相对较低的基础利率；待小企业基于该行信贷支持得到发展，且满足预先商定的触发条件后，再收取远期共赢利息。约定的触发条件包括财务类指标、债务类指标、股权类指标、业务类指标等多种条件，触发时间一般为贷款本金存续期间及贷款本金归还后1年以内。该贷款模式和投资相关之处在于，银行在提供贷款时，会和企业在贷款合同中约定：若公司在未来一定时期内引进新一轮股权投资，则须向上海银

---

① 严格意义上，远期共赢利息模式不符合办法规定的投贷联动模式，但由于是试点，需要银行进行多种方式的创新，而且远期共赢利息模式也是一种与银行未来股权投资相关的期权，因此本报告在此将其列入，目的也是为监管部门提供借鉴。

行浦东科技支行额外支付一笔"远期利息"。

四、不足和挑战

虽然投贷联动试点工作已经取得了很大进展,试点银行在 5 家试点地区内开展了多种方式的投贷联动信贷产品;不过,目前国内银行的投贷联动试点工作还存在如下不足:

(一)试点银行开展业务参差不齐

根据调查统计,10 家试点银行中,投贷联动信贷业务开展的参差不齐,开展最多的是北京银行,无论数贷款数目,还是贷款资金量,都远远超过其他试点银行,另外天津银行和上海银行的贷款笔数也相对较多,其他试点银行投贷联动业务都在个位数,个别试点银行还处于探索阶段,未实施真正的投贷联动信贷业务,如表 6-7 所示。

表 6-7 试点银行开展的投贷联动信贷业务[①]

试点银行	投贷联动业务数(笔)	投贷联动业务规模(万元)
国家开发银行	3	12000
中国银行	3	2900
北京银行	126	123700
天津银行	14	14000
上海华瑞银行	—	—
浦发硅谷银行	1	3350
上海银行	15	—
汉口银行	1	5000
西安银行	1	500
恒丰银行	—	—
合计	162	16145

(二)业务总量偏少

根据统计,目前试点银行发放的投贷联动贷款数目是 162 笔,贷款规模只有

[①] 由于数据调查的因素,表中有些银行没有数据,不过这并不代表它们没有开展投贷联动业务。特此说明。数据来源:试点银行上报材料、试点银行网站、5 家试点地区的网站。

16亿元，贷款规模总量偏小，不能满足当前创新创业的资金需求，更重要的是，投贷联动贷款数量太少，对单个银行来讲，很难实现利用认股权证或者股权来弥补银行贷款的风险的目标。

（三）银行控制风险方式还待继续创新

目前，投贷联动试点工作还处于试点初期阶段，时间比较短，因此试点银行都采取和试点地区的政府，或者政府建立的投资机构合作共同承担风险的方式，而利用股权和认股权来弥补银行贷款风险还未见到。试点地区的政府都出资设立贷款风险补偿资金，一旦出现逾期贷款，财政资金先弥补银行一半的损失，本来由试点银行承担的风险，基本转嫁给了政府、担保机构等，偏离了投贷联动试点工作的初衷。另外，投贷联动支持的对象应该是不符合传统信贷条件的企业，但目前试点银行开展的投贷联动业务中，还没有充分体现这一点。

（四）银行团队建设有待加强

《试点意见》要求试点银行和其内设的投资子公司合作开展投贷联动，但是由于一些银行没有投资子公司，申请设立时间；更重要的是，银行在评价一个企业或者项目时，与投资机构的评价标准差距是非常大的，银行团队看重的是短期内贷款资金的稳健性，而投资机构的团队看重的则是企业未来的高增长前景，目前大部分试点银行在选择、审核和评价项目上的投资团队建设还比较薄弱，一些试点银行投贷联动业务进展缓慢，投资方面的人才缺乏是原因之一。

（五）试点银行的监管、考核等措施还需细化落实

试点银行的投贷联动贷款，一旦出现了不良贷款，如何考核和监管银行及其管理团队，还需要详细可行的实施细则。试点银行拿到的企业股权如何变现，尤其是银行贷款的短期性和企业股权的长期性如何匹配，这都是需要银行监管部门和科技部门需要尽快落实的地方。

（六）试点银行和社会投资机构合作投贷联动的问题

但根据《试点意见》的规定，试点银行开展投贷联动业务，须和银行自身成立的投资机构合作。调查发现，由于试点时间段，一些试点银行的投资机构还未成立，目前有些试点银行和社会上的创业投资机构合作开展投贷联动业务。这种与外部投资机构合作的现象是否合规？是否也能实现投贷联动试点工作的初衷？是否值得继续鼓励？这也是需要下一步解决的问题。

五、下一步试点工作重点和政策建议

为更好地推动投贷联动试点工作在国内的开展，促进银行支持科技创新型企业，推动"大众创业、万众创新"在全国的开展，现提出如下建议：

（一）试点银行要加快投贷联动业务的实施

试点银行要尽快设立银行自身的投资公司，同时通过人才引进和内部培养等方式，加强从事投贷联动的团队建设，提高试点银行的金融创新和风险控制能力；同时，投贷联动信贷业务要体现与传统信贷不同的特点，贷款评审条件要体现出采用传统贷款不能予以发放的特点。

（二）科技部和银监会要采取措施推动投贷联动试点深入开展

科技部要联合银监会开展试点银行的投贷联动试点工作的督查和调查，掌握了解目前试点工作中存在的主要问题，针对试点银行的投贷联动贷款监管和考核、业务工作人员的激励评价提出更加切实可行的支持措施，以推动试点工作的深入进行。

（三）试点地区应完善支持试点银行的措施

试点地区政府应该探索更好的支持措施，而不是停留在仅仅承担银行的贷款损失上，要围绕在认股权的处理、银行不良资产的处理上做文章，使银行可以快速地变现不良资产，这样才能提高试点银行的积极性。

（四）评估试点银行与社会投资机构合作开展的投贷联动业务

对于试点银行和社会投资机构合作开展的投贷联动业务，虽然不符合《试点意见》规定的内容，但由于是试点工作，因此建议不限制试点银行和社会投资机构合作开展投贷联动业务，并建议科技部和银监会对此进行跟踪评估。

第六节　政策建议

一、尽快启动风险补偿金，建立银行贷款风险共担机制

科技部尽快启动银行贷款风险补偿金我实施，与地方政府合作，探索建立风

险共担合作机制。借鉴欧洲投资银行的做法，科技部门选定几家银行合作，建立科技贷款风险补偿金制度，明确与合作银行的贷款损失的承担比例，避免目前这种"撒胡椒面"的做法，引导银行贷款支持那些拥有技术含量高、市场前景好的科技成果的创业阶段企业。

二、推动设立多家以支持科技型中小企业和科技创新活动为主的科技银行

构建一个充满竞争性的金融市场环境是科技银行存在的必要条件，也是科技银行乐意贷款支持风险较高的早期阶段科技企业的前提。建议科技部和银监会在国内科技资源聚集的地方，吸引社会资金，成立国内的科技银行。

三、继续推动投贷结合试点工作

试点银行要尽快设立银行自身的投资公司，同时通过人才引进和内部培养等方式，加强从事投贷联动的团队建设，提高试点银行的金融创新和风险控制能力；同时，投贷联动信贷业务要体现与传统信贷不同的特点，贷款评审条件要体现出采用传统贷款不能予以发放的特点，建议试点地区重点构建"投贷联动"的股权退出渠道。

四、科技部和银监会要采取措施落实对银行监管考核政策的实施

科技部要联合银监会落实针对银行的投贷联动贷款以及发放的科技贷款的单独监管考核细则，并对业务工作人员的激励评价提出更加切实可行的支持措施。

第七章

资本市场

第一节 新需求

一、创新主体规模不断扩大

(一) 创新创业平台快速发展

2016年,创新创业政策日益完善,科技部制定出台了《专业化众创空间建设工作指引》,鼓励众创空间围绕结构调整和产业转型升级进行专业化众创空间进行布局,创业孵化载体成为重要的科技金融服务平台表现形式;技术、装备、资本和市场等创新资源向众创空间集聚,各类资本参与孵化载体建设的热情高涨,创新孵化载体得到空前发展;政府提供孵化服务的传统格局发生改变,民营企业建设的众创空间占比超过65%,近400家由投资机构直接建立的众创空间提高了被服务企业的融资效率,统计显示,创业风险投资机构2016年的投资项目中有11.3%来自市场化的科技企业孵化器和众创空间。成功企业家、天使投资人、龙头企业、新兴服务机构等市场机构的积极参与促使创新孵化载体经营模式的多样化,投资驱动、地产模式、产业链服务等不同特色的众创空间均得到发展,部分众创空间自身也成为创新创业产物并受到社会资本青睐,上海苏河汇则成为首家登陆资本市场的众创空间。

众创空间的出现推进了创新创业服务平台向早前期延伸，进一步降低了创新创业的门槛，瞄准创业早起孵化难题，弥补了创业孵化短板，实现"大众创业、万众创新"从顶层设计到真正落地转变。截至目前，全国 4298 家众创空间、3000 余家科技企业孵化器和 400 余家企业加速器及 156 家国家高新区打造了接递有序的服务链条，形成了从创意到产业的创新创业服务生态。促进企业创新发展的政策进一步完善，2016 年，《高新技术企业认定管理办法》重新修订，中小企业认定标准得到优化；2017 年，《科技型中小企业评价办法》正式颁布，精准施策成为可能，随后针对科技型中小企业出台了更加优惠的研发费用税前加计扣除优惠政策。

2016 年，新登记服务业企业 446 万户，比 2014 年增长 55.4%，初次创业小微企业占新设小微企业的比重为 85.8%，新设小微企业周年开业率达 70.8%；瞪羚企业、独角兽企业数量均大幅增长，一大批科技企业奠定了我国创新驱动发展的坚实基础。2016 年，高技术产业增加值比上年增长 10.8%，高新技术产业占规模以上工业增加值比重为 12.4%。

（二）科技型中小企业数量激增

近年来各地科技型中小企业数量激增，特别是创新驱动发展战略提出、大众创业万众创新启动，各类创新资源追求经济利益的过程中诞生了大量的科技型中小企业。各地出台了针对科技型中小企业的融资政策，中央政府也于 2017 年公布了《科技型中小企业评价办法》，统一全国标准，成为政府促进科技型中小企业健康发展提供政策支持的科学标准。

二、放管服改革需求

相比美国、欧洲等发达国家资本市场，中国资本市场还处于发展初期，还有很多不适应市场需求的传统制度限制资本市场发挥作用。其中发行审核制度是重要的表现。发行审核制度不仅是多层次资本市场不发的一种表现，同时也与中央政府提出的放管服改革相矛盾。

主板、中小板和创业板新股发行采取发行审核制度，在明确了上市标准的基础上仍然需要对企业进行审核，此外多次出现暂停 IPO 的情况，监管部门对于市场的管制过多，放管服改革推进缓慢，无法满足当前市场的巨大需求。

第二节　多层次资本市场支持科技创新

从场内到场外，从股票到债券，从上市到并购，近年来中国的多层次资本市场规模继续扩大、服务更加多样，制度创新和产品创新成为其为科技型企业提供金融服务的重要手段。突出表现在通过制度创新、产品创新不断拓宽融资渠道。

2016年，资本市场在"沪港通"的基础上启动"深港通"，2017年启动"债券通"，中国多层次资本市场的国际化进程继续深入，优先股、双创公司债等创新产品也为科技企业提供了新的融资渠道。《2016年国民经济和社会发展统计公报》显示，全年上市公司通过境内市场累计筹资23342亿元，比上年增加5088亿元。其中，首次公开发行A股248支，筹资1634亿元；A股现金再融资（包括公开增发、定向增发、配股、优先股）13387亿元，增加4618亿元；上市公司通过沪深交易所发行公司债、可转债筹资8321亿元，增加414亿元。集中高新技术企业、战略性新兴产业的中小板和创业板市场融资接近480亿元，中小板和创业板上市企业通过增发股票融资达到4800亿元；集中创新创业企业的新三板市场通过发行股票融资也达到1391亿元。债券市场发行债券规模继续增长，2016年全年发行债券28829支，发行规模22万亿元，净融资额达到16.18万亿元，均较2015年有大幅增长，公司信用类债券8.22万亿元。资本市场的繁荣也带动了创业风险投资行业发展，当年通过公开发行上市退出的项目占比有较大提升，提振了创业风险投资行业的信息。深交所强制退市、新三板分层管理等制度对于我国多层次资本市场健康发展具有重要意义。信息更透明、管理更完善的资本市场，会吸引更多资金参与，同时也对成长性、创新性的科技型企业的公司治理提出了更高的要求，有利于企业健康成长。

一、多层次资本市场规模继续壮大

主板市场以服务大型蓝筹企业为主要目标；中小板市场主要服务细分行业的龙头企业，集聚了大量中等规模的成熟企业；创业板市场主要服务于创新型、成长型企业；场外市场的主要服务对象是早期创业企业、小微企业等（如图7-1所示）。

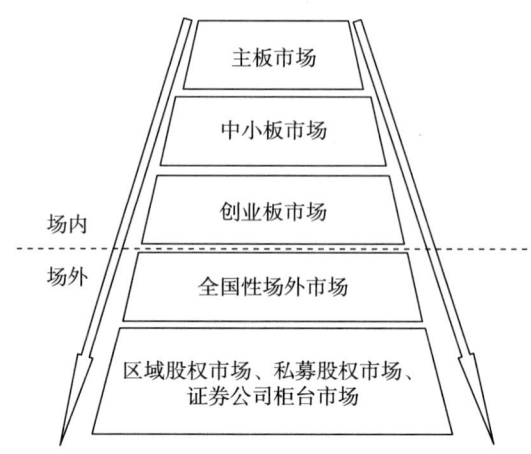

图 7-1 中国多层次资本市场

多层次资本市场规模更加壮大，首次公开发行再次启动，为资本市场带来了更多新的投资标的，对于科技型企业而言则是股权融资渠道再度开放，更多科技型企业可以通过发行股票实现融资。A 股市场当年通过首次公开发行股票，为 240 家企业融资 1600.05 亿元。其中，中小板市场 46 家，筹资额 221.21 亿元；创业板市场 78 家，筹资额 257.64 亿元。中小板、创业板中高新技术企业、战略性新兴产业占比始终较高，其中创业板上市公司中，高新技术企业占比约 90%，战略新兴产业公司占比约 70%，研发强度长期保持在 5% 以上。

中国证监会保持新股发行常态化，支持创新型企业发行上市融资，完善 IPO 监管标准和上市公司再融资制度，加大支持科技创新企业力度。2017 年以来，有 246 家战略性新兴产业企业实现 IPO，占新上市企业家数的 50%，融资金额 1157 亿元，覆盖新一代信息技术、高端装备制造、新能源、生物医药等关键领域。

资本市场并购重组促进了产业技术升级和创新型企业做强做优做大。2017 年以来，战略性新兴产业上市公司发生并购交易金额 6370 亿元，占全市场并购总额的 24%。境内上市公司完成跨境并购 188 单，涉及交易金额 2536 亿元。

截至 2018 年 5 月底，新三板挂牌的高新技术企业共 7214 家，占挂牌公司数量的 64%。目前以科技创新等领域为主要投资方向的公募基金产品发行约 700 亿元。支持创新创业企业拓宽债券融资渠道。2017 年以来，高新技术企业发行公司债券募资 763 亿元。推出创新创业公司债，支持设置转股条款，目前有 29 家企业发行"双创"债，激发社会资本投向科技创新领域。发展资产证券化，科技创新型企业融资 610 亿元。

随着多层次资本市场的不断丰富完善，特别是创业板、新三板的推出，我国私募股权投资基金行业快速发展。截至目前，全国登记的私募股权投资基金和创业投资基金管理人约 1.4 万家，管理基金规模 7.8 万亿元。私募股权投资基金已发展成为多层次资本市场的一支重要力量，特别是对于促进长期资本形成、支持创新创业具有不可替代的重要作用。

2016 年，新三板市场新增挂牌企业 4976 家，挂牌公司定向增发融资 1354.04 亿元，发行优先股融资 20.20 亿元，债券融资 55.75 亿元；区域股权交易市场继续快速增长，在 2015 年的基础上，苏州股权交易中心、宁波股权交易中心等新建市场开始为中小企业提供服务。从不同层次资本市场规模的变化趋势看，我国多层次资本市场厚基础的特征更加明显，如表 7-1 所示。

表 7-1 多层次资本市场规模（2016 年）

	上证主板	深证主板	中小板	创业板	新三板	区域股权交易市场
公司数（家）	1223	478	822	570	10163	>58000[①]
总市值（亿元）	284607	77728	104188	57519	40558	>11500[②]
企业平均市值	232.71	162.61	126.75	100.91	3.99	0.20[②]

资料来源：Wind 数据库，各市场官方网站。

注：①按照市场披露 2016 年年报数据累计；②区域股权交易市场的总市值和企业平均市值为企业总资产和企业平均资产。

并购市场也发展迅速，企业通过并购不仅获得了资金，同时获得核心技术、新生市场，从而扩大自身创新发展的空间；科技型中小企业则通过海外并购不断完善自身团队建设、技术创新、市场规模以及资金来源等环节。

二、市场制度进一步完善

2016 年，我国多层次资本市场进一步为科技型企业改善融资环境。创业板更加重视市场规制，努力为企业和投资者提供更健康的投融资平台。

(1) 增加资金供给。2016 年，新股发行按照制度执行，其中最大的变化之一是取消"新股认购预缴款"制度。新制度下，新股发行对市场资金的稀释效应被严格控制在既定范围内，有效减轻了市场资金压力，为企业融资提供了更多的供给。"深港通"开通后，更多创新型企业可以通过境内资本市场获得境外融资供给。

(2) 加大监管力度。2016 年，创业板首次强制股票退市，体现了创业板市场促进市场健康发展、保护投资者的决心。上市公司退市虽然会影响市场市值，但是对市场更加透明、公开、公正、公平具有积极作用，市场健康发展实际上是为更多科技企业在创业板低成本融资提供了保障。

(3) 挂牌企业分层管理。2016 年，新三板推出分层管理制度，首批 953 家企业正式进入创新层，对于激励挂牌企业提高经营质量具有重要的激励作用，同时也有利于市场更加透明。

三、多层次资本市场的多维服务

创业板、新三板是科技型企业获得股权融资的最重要渠道。在发行股票融资这一传统手段之外，多层次资本市场不断创新融资方式，满足科技型企业的不同需求。

（一）股票融资

股票发行依然是资本市场最重要的金融服务，2016 年创业板上市公司通过首次公开发行募集资金高达 257.64 亿元，每家平均获得融资 3.30 亿元，均较 2015 年有所下降。当年通过增发再融资 1463.63 亿元，每家平均获得融资 9.50 亿元，均较上一年有较大幅度增长，如表 7-2 所示。

表 7-2　2016 年创业板上市公司发行股票融资的行业分布　　单位：亿元

	IPO	增发	合计
软件和信息技术服务业	54.9384	271.86	326.80
计算机、通信和其他电子设备制造业	52.2376	197.79	250.03
电气机械及器材制造业	16.3693	176.33	192.70
互联网和相关服务	1.204	125.00	126.20
专用设备制造业	28.8629	65.47	94.33

续表

	IPO	增发	合计
化学原料及化学制品制造业	24.8716	48.85	73.72
通用设备制造业	12.3211	57.42	69.74
非金属矿物制品业		68.01	68.01
医药制造业	16.5778	47.62	64.20
土木工程建筑业	4.6791	51.23	55.91
仪器仪表制造业	12.0623	40.27	52.34
橡胶和塑料制品业	4.753	41.29	46.04
生态保护和环境治理业		42.03	42.03
新闻和出版业		31.44	31.44
专业技术服务业	3.1365	25.52	28.66
汽车制造业	6.1262	20.98	27.10
广播、电视、电影和影视录音制作业	5.1391	21.91	27.05
商务服务业		21.48	21.48
卫生		15.03	15.03
其他制造业		14.60	14.60
开采辅助活动		14.45	14.45
农业	6.3075	6.80	13.11
零售业		12.90	12.90
纺织服装、服饰业		12.70	12.70
电信、广播电视和卫星传输服务		10.00	10.00
电力、热力生产和供应业		7.50	7.50
批发业	2.219	3.60	5.82
食品制造业		5.20	5.20
农副食品加工业		3.48	3.48
纺织业	3.264		3.26
建筑装饰和其他建筑业	2.574		2.57
文教、工美、体育和娱乐用品制造业		2.16	2.16
畜牧业		0.39	0.39
铁路、船舶、航空航天和其他运输设备制造业		0.34	0.34
合计	257.64	1463.63	1721.27

资料来源：Wind 数据库。

从首次公开发行融资规模的行业分布看，软件和信息技术服务业上市公司融资规模最大，占当年首次公开发行融资的 21.32%，其次是占比 20.28% 的计算机、通信和其他电子设备制造业，专用设备制造业、化学原料及化学制品制造业、医药制造业分别排在 3~5 位，上述行业上市公司通过首次公开发行融资占全部 18 个行业的融资总额的 68.88%（见图 7-2、图 7-3）。从增发融资规模的行业分布看，软件和信息技术服务业，计算机、通信和其他电子设备制造业依然是融资规模最大的两个行业，融资规模占比分别为 18.57% 和 13.51%，其次是电气机械及器材制造业、互联网和相关服务业以及非金属矿物制品业，合计占比为 57.32%。2016 年，通过首次公开发行和增发股票融资的创业板上市公司分布在 34 个行业，其中融资规模最多的 5 个行业分别是软件和信息技术服务业，计算机、通信和其他电子设备制造业，电气机械及器材制造业，互联网和相关服务以及专用设备制造业。

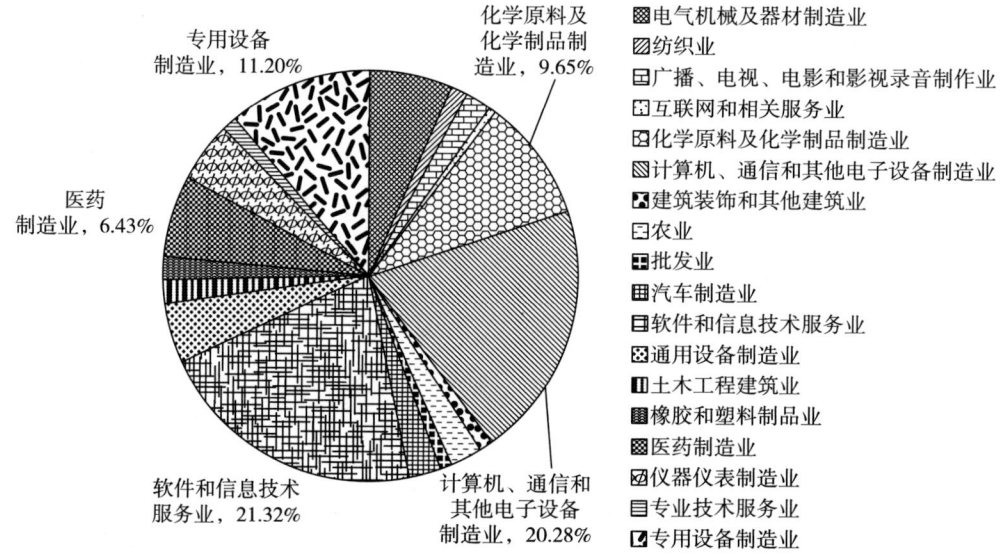

图 7-2　2016 年创业板上市公司 IPO 融资的行业分布

资料来源：Wind 数据库。

2015 年 9 月，新三板发布优先股业务相关规则，首支新三板优先股于 2016 年 8 月发行，中视文化发行以初始票面股息率 4% 发行 10 万股优先股，融资

1000万元用于项目建设和补充一般流动资金。新三板优先股采用备案制，减少了企业融资的时间成本和财务成本，同时优先股发行不影响原始股东地位，特别适合未来面临多轮融资的初创企业。截至2016年底，新三板成功发行3支优先股，为企业融资20.2亿元。此外，2016年还有11家企业发行优先股备案。

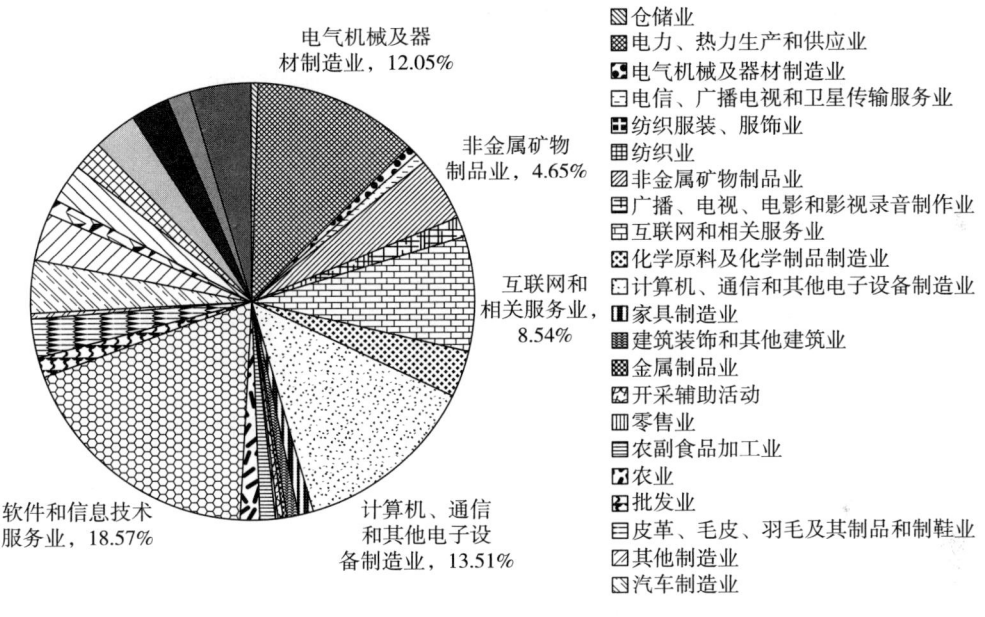

图7-3　2016年创业板上市公司增发融资的行业分布

资料来源：Wind数据库。

（二）债券融资

2016年，我国债券市场发行债券规模继续增长，2016年全年发行债券28829支，发行规模22万亿元，净融资额达到16.18万亿元，均较2015年有大幅增长，如图7-4所示。

债券市场创新不断，2016年新推出了7种债券新品种，其中绿色金融债、绿色企业债、绿色资产支持证券和"双创"公司债直接或间接为科技型企业提供更丰富的融资渠道和更大量的资金供给，如表7-3所示。

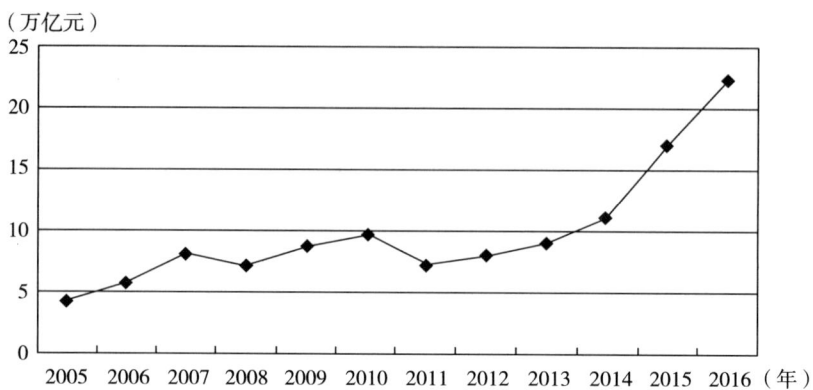

图 7-4 债券发行趋势（2005~2016 年）

资料来源：中央结算公司，《中国债券市场概览（2016 年版）》。

表 7-3 中国债券品种创新演变

年份	政府信用债券	金融债	企业信用债
1981	国债		
1984			企业债
1985		特种贷款金融债	
1992			城投债
1996	贴现国债；央行融资券		
1997		政策性银行债，特种金融债	
2001		非银行金融机构债	
2002	央行票据		
2003		境内美元债	中小企业集合债
2004	凭证式国债（电子记账）	商业银行次级债	
2005		券商短期融资券；国际机构债（熊猫债）	短期融资券；信贷资产支持证券，券商资产支持证券
2006	储蓄国债		可转债
2007	特别国债		公司债
2008			可交换债，中期票据
2009	地方政府债		中小企业集合票据
2010	政府支持机构债		企业资产支持票据
2011		商业银行普通债券	非公开定向债务融资工具

续表

年份	政府信用债券	金融债	企业信用债
2012			中小企业私募债
2013		同业存单	可续期债券
2014		证券公司短期公司债券，保险公司次级债，三农专项金融债	永续中期票据；项目收益债，项目收益票据
2015	定向承销地方政府债	大额存单；专项金融债	
2016		绿色金融债；SDR 计价债券；扶贫专项金融债	绿色企业债；绿色资产支持证券；"双创"公司债

资料来源：中央结算公司，《中国债券市场概览（2016 年版）》。

2016 年，中国人民银行与国家发改委相继出台绿色债券相关指导意见，绿色债券发行加速。绿色信贷资产支持证券、绿色金融债、绿色债务融资工具、绿色企业债券、境外绿色债券与绿色永续债券相继发行，实现了绿色债券从制度框架到产品发行的落地。全年发行规模超 2000 亿元，绿色债品种逐渐健全，我国已成为全球最大的绿色债券市场，其中绿色公司债发行 17 支，融资 223 亿元。

《推进普惠金融发展规划（2016～2020 年）》中指出，要在全国中小企业股份转让系统增加适合小微企业的融资品种。进一步扩大中小企业债券融资规模，逐步扩大小微企业增信集合债券发行规模。2016 年，新三板挂牌公司发行 10 支私募债券，累计发行 56.15 亿元；发行"双创"公司债融资 1.5 亿元。2016 年，区域股权交易市场债券发行规模也呈现大幅增长，当年发行 873 支债券，发行规模达到 153.27 亿元，同比增长 12.2%。

"双创"公司债主要是为满足创新创业公司因技术创新、产品研发、市场开拓等产生的资金需求。沪深市场为"双创"公司债试点积极准备，2016 年，新三板挂牌企业传视影视成功在深交所发行"双创"公司债，单次发行募集资金 2000 万。"双创"公司债还处于探索阶段，融资规模无法与发行股票相比，但对于弥补定增放缓、信贷收紧造成的融资缺口具有重要意义，此外其期限和利率更适合解决创新创业企业小规模、高频次融资需求。

债券市场产品创新为企业提供了更多的融资方式选择，制度建设和创新则为市场的健康发展奠定了基础。2016 年，债券市场在发行流程、额度管理、发行人分层等方面进行了改革，个人投资者门槛降低、企业外债额度审批取消、自贸区债发行、做市制度、市场化银行债转股、质押券折扣率等具体制度也得到优化，增强了债券市场活跃度和债券投资需求，促进了直接融资比重提高。

第三节　新三板创新

一、新三板市场的功能定位演变

新三板作为我国多层次资本市场的重要组成部分，发挥了重要的交易、融资功能。经过多轮改革，新三板市场规模快速扩大，形成了我国多层次资本市场的宽厚基础层。自2006年新三板设立以来，其主要功能定位发生了较大变化，从服务国家高新技术产业开发区内的高新技术企业股权流通，转向服务全国创新型、创业型、成长型中小微企业。2012年、2013年，新三板先后两次扩容，实现了全国全覆盖，同时从服务国家高新技术产业开发区内未上市高新技术企业转变为服务于未上市"创新型、创业型、成长型中小微企业"，通过新三板"公开转让股份，进行股权融资、债权融资、资产重组"。新三板同时承担了连接区域性股权交易市场和主板的功能，其中"在全国股份转让系统挂牌的公司，达到股票上市条件的，可以直接向证券交易所申请上市交易"；区域性股权转让市场进行非公开转让的公司，如符合挂牌条件，"可以申请在全国股份转让系统挂牌公开转让股份"。如表7-4所示。

表7-4　新三板市场功能定位变迁

年度	服务对象	服务范围	功能定位	政策依据
2006	高新技术企业	中关村科技园区	对未上市高新技术企业股权流通 总结试点工作经验，逐步允许具备条件的国家高新技术产业开发区内未上市高新技术企业进入代办系统进行股份转让	《国家中长期科学和技术发展规划纲要（2006~2020年）》；《国务院关于实施〈国家中长期科学和技术发展规划纲要（2006~2020年）〉若干配套政策的通知》（国发〔2006〕6号）

续表

年度	服务对象	服务范围	功能定位	政策依据
2009	高新技术企业	中关村国家自主创新示范区	完善中关村科技园区范围内非上市公司进入证券公司待办股份转让系统的相关制度；逐步建立和完善各层次市场间的转板制度，建立具有有机联系的多层次资本市场体系 为非上市股份有限公司提供股份转让和股权私募服务	《国务院关于同意支持中关村科技园区建设国家自主创新示范区的批复》；《关于中关村代办股份转让试点的政策解读》
2012	高新技术企业	中关村、东湖、张江、滨海国家自主创新示范区		
2013	创新型、创业型、成长型中小微企业	全国	公开转让股份，进行股权融资、债权融资、资产重组；建立不同层次市场间的有机联系	《国务院关于全国中小企业股份转让系统有关问题的决定》（国发〔2013〕49号）

二、新三板市场的发展现状

新三板是政策主导的市场，政府明确了其在多层次资本市场中的功能定位。但是，新三板市场发展十余年，其功能定位并未得到完全的体现，尽管市场规模在增大，企业融资以及包括创投股权退出的股权交易并不活跃。

（一）挂牌企业数量快速增加

新三板功能的扩展是市场规模扩大的直接原因，尤其是2013年向全国推广，服务对象从高新技术企业扩展到创新型、创业型、成长型中小微企业之后，市场规模增长进入新的轨道，挂牌企业从每年增加几十家迅速上升到几百家、几千家，总股本也连续翻番。如图7-5所示。

图7-5 新三板发展情况（2006~2016年）

（二）挂牌企业经营特征

新三板挂牌企业的规模在增长，其中主要原因是市场进入门槛降低。但是从挂牌企业的基本信息看，"创新型、创业型、成长型"企业的特点还不明显。

一是初创企业挂牌比例少。2014年，新三板面向全国初创企业提供挂牌服务，但是成立3年以内的企业占比始终维持在1%~2%。而新三板向武汉东湖、上海张江和天津滨海国家自主创新示范区扩容后的2013年却有3.9%的挂牌企业是成立3年以内的。此外，成立时间20年以上的企业在新三板挂牌的比例高于成立3年内的企业占比；成立10年以上挂牌的企业占比始终在40%以上，其中2014年挂牌企业中有48.5%的企业成立10年以上。如表7-5所示。

表7-5 挂牌企业公司成立年限情况（2013~2016年）

成立年限	2013年	2014年	2015年	2016年
3年内	6	13	45	56
3~5年	24	180	592	735
5~10年	62	421	1299	1910
10~20年	59	546	1432	2115
20年以上	2	33	98	169

资料来源：Wind数据库。

二是创新企业挂牌比例低。2016 年,新三板进行分层,符合创新层标准的企业接近 1000 家,占当年全部挂牌企业的比例为 18.3%;2017 年仍然入选创新层的企业 627 家,由此可见按照营利性、成长性和流动性标准看,新三板挂牌企业中创新企业占比并不高。

三是挂牌企业成长性较好。创新层企业中符合成长性的企业占比较高,其中 2016 年创新层企业中有 498 家达到创新层成长性指标,高于符合营利性指标的企业数;2017 年创新层企业中,符合成长性指标的企业占比也高于符合营利性指标的企业比重,但是符合成长性指标的企业占全部挂牌企业的比重依然较低。如表 7-6 所示。

表 7-6　入选创新层企业标准达标情况(2016~2017 年)

	2016 年	2017 年
标准一	436	601
标准二	498	715
标准三	176	249

(三)挂牌企业行业分布特征明显

截至 2016 年底,新三板挂牌企业超过一万家,其中制造业企业占比超过 50%,较 2015 年下降 2.8 个百分点。其次是信息传输、软件和信息技术服务业,占比为 19.7%,与 2015 年持平。科学研究和技术服务业挂牌企业占比达到 5.0%,在所有行业中排名第四,相应的主板、中小板和创业板上市公司中该行业上市公司占比仅为 0.9%,创业板中也仅有 1.6% 的企业为科学研究和技术服务业企业。如表 7-7 所示。

表 7-7　新三板挂牌企业行业分布

行业分类	新三板		创业板	
	公司家数(家)	占比(%)	公司家数(家)	占比(%)
制造业	5153	50.70	393	69.56
信息传输、软件和信息技术服务业	2003	19.71	104	18.41
租赁和商务服务业	507	4.99	6	1.06

续表

行业分类	新三板		创业板	
	公司家数（家）	占比（%）	公司家数（家）	占比（%）
科学研究和技术服务业	459	4.52	9	1.59
批发和零售业	436	4.29	6	1.06
建筑业	330	3.25	9	1.59
文化、体育和娱乐业	228	2.24	10	1.77
水利、环境和公共设施管理业	199	1.96	8	1.42
农、林、牧、渔业	173	1.70	8	1.42
交通运输、仓储和邮政业	163	1.60	3	0.53
金融业	126	1.24		
电力、热力、燃气及水生产和供应业	101	0.99	2	0.35
教育	72	0.71		
房地产业	67	0.66		
卫生和社会工作	47	0.46	3	0.53
居民服务、修理和其他服务业	40	0.39		
采矿业	30	0.30	4	0.71
住宿和餐饮业	29	0.29		
合计	10163	100.00	565	100.00

资料来源：证监会、全国中小企业股份转让系统。

（四）挂牌企业空间集聚度高

从挂牌企业地域分布看，广东、北京、江苏三省市挂牌企业最多，合计占比达到42.4%，较2015年上升了1.5个百分点。其中，注册地为广东的挂牌公司超越北京排名第一。中西部地区、东北挂牌公司数量仍然较少；首次扩容即覆盖的天津挂牌企业数量较少，与上海、湖北之间的差距较大。如表7-8所示。

表7-8 新三板挂牌公司地域分布

省份	2016年末		2015年末	
	公司家数（家）	占比（%）	公司家数（家）	占比（%）
广东	1586	15.61	684	13.34
北京	1477	14.53	763	14.88

续表

省份	2016 年末		2015 年末	
	公司家数（家）	占比（%）	公司家数（家）	占比（%）
江苏	1246	12.26	651	12.69
浙江	901	8.87	410	7.99
上海	890	8.76	440	8.58
山东	570	5.61	336	6.55
湖北	348	3.42	204	3.98
河南	342	3.37	195	3.80
福建	332	3.27	139	2.71
安徽	302	2.97	162	3.16
四川	294	2.89	137	2.67
辽宁	205	2.02	114	2.22
湖南	205	2.02	110	2.14
河北	195	1.92	98	1.91
天津	171	1.68	92	1.79
陕西	141	1.39	64	1.25
江西	135	1.33	62	1.21
重庆	116	1.14	59	1.15
新疆	97	0.95	63	1.23
黑龙江	90	0.89	51	0.99
吉林	78	0.77	41	0.80
云南	76	0.75	55	1.07
山西	65	0.64	32	0.62
广西	60	0.59	31	0.60
内蒙古	60	0.59	26	0.51
宁夏	54	0.53	36	0.70
贵州	51	0.50	36	0.70
甘肃	31	0.31	17	0.33
海南	30	0.30	16	0.31
西藏	11	0.11	2	0.04
青海	4	0.04	3	0.06
合计	10163	100	5129	100.00

资料来源：全国中小企业股份转让系统。

三、制度创新和产品创新提高服务水平

2013年,全国中小企业股份转让系统设立以来,市场每年都推动制度创新和产品创新,不断丰富市场功能,为未上市企业提供更多服务。

(一) 制度创新

新三板设立以来进行了多次制度创新,包括做市商制度、分层管理制度、私募做市制度、退市制度等,这些制度创新为新三板健康发展奠定了基础,为挂牌企业提供更好的股权交易、股权融资等服务。

一是做市商制度。2014年,新三板发布《全国中小企业股份转让系统做市商做市业务管理规定(试行)》,启动证券公司做市制度,做市券商在经被做市企业同意的情况下,在新三板交易系统发布买卖双向报价,并在其报价数量范围内按其报价履行与投资者成交义务。做市商制度推出以来,做市商数量接近100家,做市股票接近1600家,相对协议转让方式,做市转让的股票交易规模明显更大。如表7-9所示。

表7-9 新三板交易数据(按交易方式划分)

项目		2015年	2016年	2017年上半年
成交数量(亿股)		278.90	363.63	219.19
	其中:做市方式	123.73	170.77	92.26
	协议方式	155.18	192.86	126.92
成交金额(亿元)		1910.62	1912.29	1245.52
	其中:做市方式	1106.75	950.07	522.18
	协议方式	803.87	962.22	723.34
成交均价(元)		6.85	5.26	5.68
	其中:做市方式	8.95	5.56	5.66
	协议方式	5.18	4.99	5.70

二是分层管理。2015年,新三板发布《全国中小企业股份转让系统挂牌公司分层管理办法(试行)》,自2016年6月27日起,全国股转公司正式对挂牌公司实施分层管理,按照营利性、成长性和流动性等标准,将挂牌企业分为创新层和传统层。如表7-10所示。

表7-10 创新层标准

	分层标准	直接进入标准
营利性	最近两年连续盈利,且年平均净利润不少于2000万元(以扣除非经常性损益前后孰低者为计算依据);最近两年加权平均净资产收益率平均不低于10%(以扣除非经常性损益前后孰低者为计算依据)	最近两年连续盈利,且年平均净利润不少于2000万元(以扣除非经常性损益前后孰低者为计算依据);最近两年加权平均净资产收益率平均不低于10%(以扣除非经常性损益前后孰低者为计算依据);申请挂牌同时发行股票,且融资额不低于1000万元
成长性	最近两年营业收入连续增长,且年均复合增长率不低于50%;最近两年营业收入平均不低于4000万元;股本不少于2000万股	最近两年营业收入连续增长,且年均复合增长率不低于50%;最近两年营业收入平均不低于4000万元;挂牌时股本不少于2000万股
流动性	最近有成交的60个做市转让日的平均市值不少于6亿元;最近一年年末股东权益不少于5000万元;做市家数不少于6家;合格投资者不少于50人	做市商家数不少于6家;申请挂牌同时发行股票,发行对象中包括不少于6家做市商,按发行价格计算的公司市值不少于6亿元,且融资额不低于1000万元;最近一期期末股东权益不少于5000万元
附加条件	最近12个月完成过股票发行融资(包括申请挂牌同时发行股票),且融资额累计不低于1000万元;或者最近60个可转让日实际成交天数占比不低于50%	

新三板首次分层纳入953家创新层企业,创新层企业不仅在上述标准上面反映了企业的创新性,在行业和空间分布上也凸显了其创新的特征。创新层企业具有较高的行业集中度,其中180家企业为计算机软件类企业,占比为19.56%,其次为专用设备和化学制品类企业,但二者占比合计不足计算机软件类企业占比的一半。从空间分布看,北京和广东为创新层贡献了最多企业,分别为176家和140家,上海、江苏和浙江排在第3~5名,前5名地区共计561家,占全部创新层企业的60.98%。

三是私募做市。为弥补券商做市商数量少、资金不足的局限性,2016年新三板推出私募做市业务试点。深创投等10家私募股权投资机构成为首批做市私募机构。为保护私募机构投资者资金安全,私募机构做市资金仅限于自有资金,不允许使用受托管理的客户资金。新三板合格投资者 33.42 万户,其中机构投资者仅为 3.85 万户,新三板做市券商 85 家,平均每家做市商可用资金 3 亿元,整体上用于股权交易的资金较少。试点私募做市,市场做市资金将增加 10% 以上,在一定程度上促进挂牌企业股权交易,提高市场流动性。

(二)产品创新

新三板产品创新主要是围绕提高企业服务质量开展,扩大企业的融资渠道。2015 年,新三板发布《全国中小企业股份转让系统优先股业务指引(试行)》。新三板优先股发行对象不局限于挂牌公司,还包括"符合中国证监会规定的其他非上市公众公司和注册在境内的境外上市公司"。2016 年 4 月 21 日,新三板挂牌公司海南中视文化传播股份有限公司成为首家在新三板发行优先股的公司,发行总额为 10 万股,融资 1000 万元,该优先股于 2016 年 8 月 8 日在新三板挂牌并公开转让。截至 2016 年底,新三板发行优先股 3 支,为企业融资总额为 20.20 亿元。如表 7 – 11 所示。

表 7 – 11 新三板优先股发行情况(2016 年)

公司简称	发行日期	发行方式	发行规模(万元)	初始票面股息率(%)
中视文化	20160808	非公开发行	1000	4.0
高峰科特	20160816	非公开发行	1045	1.0
齐鲁银行	20161114	非公开发行	20000	5.1

四、新三板挂牌企业融资现状

(一)融资渠道多元化

新三板市场通过不断创新,为挂牌器企业开发了多种融资渠道,其他市场也为中小企业融资推出了一系列创新产品。中小企业私募债、"双创"公司债、知识产权质押、股权质押等产品为新三板挂牌企业提供了全方位的融资渠道。

"创新创业"公司债是中国债券市场 2016 年推出的创新产品,募集资金主要用于创新创业公司的技术创新、产品研发、市场开拓等。2016 年 3 月,在中国证监会的指导下,上海证券交易所发行挂牌了全国首批创新创业公司债券,发行人分别为方林科技、金宏气体和普滤得,三家新三板创新层企业合计融资6000万元。如图7-6所示。

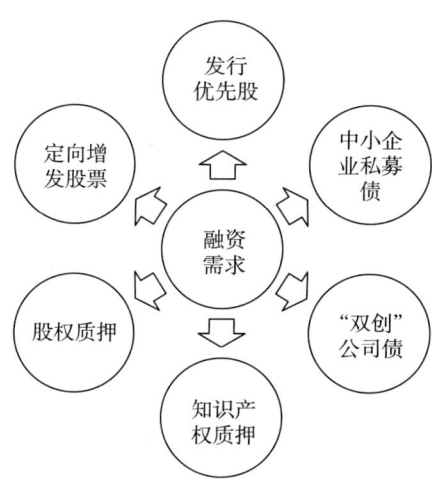

图7-6 新三板挂牌企业融资渠道

(二)融资规模稳定增长

2015年,新三板挂牌企业通过发行股票融资1216.17亿元,是2014年的近10倍,实现了新三板融资历史上的第二大增幅、第一大增量;2016年全年,2584家挂牌企业增发了1411.23亿元,企业平均融资规模大幅下降,相对于市场规模的增长而言,融资总规模的增长也显得较少。但是新产品较好地弥补了股票发行融资增长的疲软,新三板挂牌企业通过发行股票、优先股、债券等方式获得融资规模有所增加,2016年私募债、双创公司债和优先股发行融资规模达到77.85亿元,其中两种新产品融资21.7亿元;此外,新三板挂牌企业股权质押融资也从2015年的937次增加到2016年的3099次。如表7-12所示。

表7-12 新三板挂牌企业融资情况　　　　　　单位:亿元

	2014年	2015年	2016年
发行股票融资	129.99	1216.17	1390.89
优先股	—	—	20.20

续表

	2014 年	2015 年	2016 年
私募债	9.57	39.0	56.15
双创公司债	—	—	1.5
合计	139.56	1255.17	1468.74

第四节 主要问题

一、创业板改革进展缓慢

2009 年，金融危机席卷全球、国际经济形势动荡不安，中国推出了创业板市场。创业板为促进自主创新企业和成长型企业发展、服务自主创新国家战略发挥了重要作用，但是发展 8 年来，仍然存在改革进展缓慢的问题，主要表现在以下方面。

（一）发行主体缺乏创新创业特征

创业板设立主要是服务创新企业，但上市公司中初创企业、成长型企业和新兴产业覆盖面较低，未能体现创业板对创新的支持。

一是初创企业覆盖不足。从上市企业上市年限看，创业板公司大部分已经经历过初创期，属于创业成功企业。Wind 数据显示，截至 2017 年上半年，创业板全部上市公司平均成立时间为 11.8 年，较中小板上市公司的上市时的成立年限长，实际上创业板每年上市公司的成立年限也不明显较中小板短。如表 7-13 所示。

表 7-13 创业板与中小板当年上市公司成立年限（2009 年至 2017 年上半年）

年度	创业板	中小板
2009	9.87	10.73
2010	9.84	11.16

续表

年度	创业板	中小板
2011	10.55	11.72
2012	11.29	12.22
2013	—	—
2014	13.23	14.95
2015	12.75	15.44
2016	14.02	15.12
2017年上半年	15.57	15.54

二是小企业覆盖不足。有数据显示,创业板上市公司上市前一年的平均营业收入4.75亿元,其中只有14家公司低于1亿元,大部分分布在1亿~5亿元,在向上、向下延伸方面,存在着一定的断层。规模较小、具有源头创新潜力的企业,因为多种因素的影响,难以通过IPO进入创业板。与纳斯达克市场相比,创业板还没有覆盖创新、创业各个阶段的公司。有数据显示,2009~2015年纳斯达克上市的公司中,营业收入的跨度为0~700亿元,个区间的公司分布相对均匀,其中上市前无收入的公司达到105家,创业板不存在上市前无收入的公司,收入低于5000万元的公司数位0。如图7-7所示。

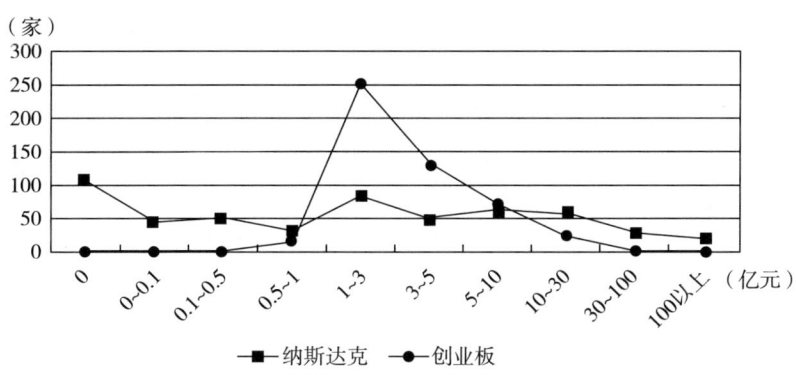

图7-7 IPO公司上市前一年营业收入分布(2009~2015年)

三是新兴行业企业少。我国当前发展最迅猛的互联网企业,特别是以BAT

为核心的企业群体较少在创业板上市,大部分在纳斯达克上市,小部分在新三板挂牌。从产业角度观察,代表未来产业发展的信息技术、健康医疗两大行业的企业在创业板上市的公司数相比纳斯达克要少。2009~2015年,纳斯达克IPO公司中信息技术和医疗健康两大行业占比最高,平均占比超过50%,其中2013年之后超过了60%。2009~2017年IPO的创业板公司中,上述行业的企业占比不足40%。

(二) 上市标准落后于产业发展趋势

创业板是我国资本市场的新事物,因为稳定性需求在发展初期偏于保守是我国资本市场发展的客观现实。但是在经历近10年的发展后,创业板上市标准改革进程缓慢,已经不适应新兴产业的发展趋势。

一是不能吸纳处于创新前沿但尚未盈利的企业。《证券法》关于发行"具有持续盈利能力"的规定不仅适用于主板,也适用于中小板和创业板。创业板虽然盈利年限及规模要求低于主板和中小板,但仍然将盈利作为必备条件。然而,对于新兴行业的成长型企业,在发展早期往往因为研发投入、开拓市场、人才激励等而导致亏损或者亏损扩大,从而无法达到IPO条件。事实上,有与研发投入导致的亏损,通常被视为投资的一部分,而不被认为是资源消耗或损失。Bloomberg统计显示,美股未盈利IPO样本中,来自互联网、生物医药、生物技术、软件等10个行业的公司占全部亏损企业的六成。此外,现有标准要求企业不得存在未弥补亏损,也就是说即使企业开始盈利,也不一定能够达到上市标准。创业板有关盈利的要求排出了一部分处于快速成长阶段但暂未盈利的新兴行业企业。与此相对应,境外一些市场实行多套上市标准且不将盈利作为必要条件,则可以广泛接纳创新型成长型但尚未盈利的企业。有数据显示,纳斯达克2009~2015年,可获得数据的500余家IPO企业中,84%上市前一年净利润为负,71%净利润低于2000万元,高于7000万元的企业仅占18%。目前创业板两套上市标准仅是在收入、利润的规模以及时间上的组合,欠缺境外市场常见的权益规模、市值、现金流等平行标准。这种单一的上市标准无法满足不同行业、不同成长阶段、不同盈利模式企业的多样化需求。

二是IPO申报后企业重大事项无法开展。目前拟上市企业材料申报后,其资产重组、股权激励、股权融资等对创新型企业成长期至关重要的重大事项均无法进行,主要是因为企业持谨慎态度,避免因不可控因素导致上市流程受阻。其主要表现包括以下几个方面:

首先，根据现有政策，拟上市公司发生资产重组中被重组方重组前一个会计年度末的资产总额或前一个跨级年度的营业收入或利润总额达到或超过重组前发行人相应项目 20% 的，根据是否同一控制下的合并、业务相关性，设置了 12 ~ 36 个月不等的重组后运行时间要求。尽管 20% 以下的重组不做运作时间要求，但实践中发行人或者是保荐机构为了发审过程"稳健"、减少进一步反馈可能带来的不确定性，发行人不得不将放弃一些原本非常必要的重组活动，使得排队旗舰企业的资本运作活动基本停滞，这与新兴行业通过并购重组应对市场竞争，应对新技术、新模式的挑战的发展规律和需求不相适应。

其次，现有 IPO 政策下，企业申报材料后，股权结构处于"锁定"状态，因此无法实施股权融资，也无法进行股权激励。然而，绝大多数创新型企业属于轻资产企业，有较大的股权质押、股权融资需求，上述规定导致拟上市企业陷入资金短缺困境。企业上市后资金瓶颈的已解决，但是一些对企业重要的战略期已经错过，或者带来更高的经济成本。

最后，股权实施试点和方式制约。股权激励涉及存量股权的变动或增量股份的发行，企业发行审核期间无法实施股权激励；发行人的股权激励主要是报会前通过直接持股、有限责任公司持股或通过合伙企业持股等已经"确定"的股权来完成，无法采取股票期权、限制性股票等存在"不确定性"的激励方式。上述两条制约对于高科技企业、人才驱动型企业具有较大影响，在企业高速成长期，企业通常会利用股权吸引人才、激励人才，这符合高速成长期企业资金短缺的特征，但目前相对单一的激励方式选择、报会后的股权激励限制，导致企业的人才战略受限，影响企业发展。

（三）中介机构服务中小企业动力不足

一是服务中小企业的保荐资源稀缺。现有制度下，较少的保荐资源会按照市场规律服务大型企业。主要原因在于市场本身没有足够的保荐服务机构，中介服务供给无法满足需求，主板企业对保荐机构的需求加大了服务的供给不足；供求不平衡导致中介服务价格偏高，中小企业能够负担的融资成本有限，通常先由较小的财务顾问机构和 PE 投后机构协助小企业推进改制和融资，待企业有较为确定的上市可能性后，保荐机构才会帮助小企业进行合规改造和推进上市，企业上市的目的和意义被扭曲。虽然券商直投业务有利于鼓励保荐机构服务尚未盈利的和微利企业，但是现有制度仅对券商直投比例进行了 7% 的限制，缺乏对上市后解禁试点、规模的细化措施安排，导致中介机构独立性问题有被显著放大的潜在风险，而判断券商与发行人是否有联合操纵业绩也面临现实困难。

二是筛选功能未匹配创业板定位。当前保荐机构服务企业创业板上市的逻辑基本与主板相同，筛选功能的有效性未能有效发挥。

首先，从发挥筛选功能的利益逻辑看，保荐机构筛选创业板拟上市企业仍主要倚重IPO通过率和融资规模，尤其是IPO审核排队企业较多的背景下，保荐机构面对有限保荐人资源，在项目选择时倾向于大中选大、优中选优，而保荐、承销机构的收入主要与募集资金挂钩，倒逼其选择上市快、净利润高的企业，从而尽可能通过高融资额实现高收益。这种逻辑导致创业板上市企业通常是发展模式稳定、合规风险较小、净利润水平高、业绩风险不大的成熟企业，而新成立、新模式、新技术的创新型企业、中小企业很难被券商看重。其次，从发挥筛选功能看，我国券商擅长对企业进行合规化改造，对企业价值判断的研究不足，服务能力偏弱。在国外，企业上市的合规工作由律师承担，投资银行主要是对被服务对象的企业价值、成长前景进行判断，以便提供合理的IPO定价。在我国，由于现行IPO发审制度的倒逼，保荐机构缺乏对价值创造类型企业的服务能力，也缺少经验积累和激励机制。同时，保荐人对新模式、新技术的研究也不足，识别优质创新企业的能力严重不足。

三是中介机构的定价功能尚未激活。包括创业板在内的多层次资本市场都受到IPO价格管制的影响，中介机构丧失定价主动性和地位，而新股发行的定价机制效率不高，也不利于资源的优化配置和长期价值投资理念的普及。近年来，IPO供求失衡现象严重，监管层审核的隐形背书带来的"新股必涨"误解也放大了中介机构和发行人扭曲定价行为，这种长期"坐享其成"的状态也导致中介服务机构定价能力无法得到锻炼，从而中小企业、创新型企业最需要的定价服务无法得到满足。

（四）小额快速再融资制度落实不到位

为了满足创新型企业在发展过程的小额、快速融资需求，提高融资效率，2014年5月，监管部门出台创业板再融资制度，率先实行了小额快速融资机制，符合条件的小额快速再融资①，适用简易程序，自受理之日起15个工作日内作出

---

① 非公开发行融资额不超过5000万元且不超过最近一年末净资产10%的，适用建议程序。

核准决定。快速再融资制度设计契合创新成长企业的发展特点和需求，创业板公司迅速跟进，半年内先后有 13 家公司推出小额快速融资方案，但实际效果与预期存在较大差异；13 家公司中仅有 1 家公司获得了快速核准，其他核准均超过 15 个工作日，与大额再融资方案的审核周期基本无差异，其中 6 家方案被否决或终止。

二、新三板市场功能发挥不足

对于企业、投资人而言，新三板发挥了不同的功能，其中核心功能是挂牌企业的股权交易与融资功能，挂牌企业还通过新三板平台不断提高企业的治理、市场、商誉水平，从而加快企业健康成长的进程。作为资本市场的基础层，新三板也是投资平台，是天使投资、风险投资等股权投资人股权退出渠道，也是各类合格投资人通过交易实现盈利的平台。但是，新三板上述功能发挥并不完善，其中主要体现在交易、融资和投资三个方面。

（一）交易功能

新三板设立以来，股份交易始终处于活跃度较低水平，虽然做市商制度为市场提供了一定流动性，但是各项指标显示，新三板市场的股份交易并不活跃。

一是活跃企业占比较低。新三板设立以来，发生交易的挂牌企业占挂牌企业数量的比例始终处于较低水平，特别是 2012 年新三板市场面向部分国家自主创新示范区扩容以来，活跃企业占比始终不足 50%，其中 2013 年低至 32%。二是交易额处于较低水平。2014 年、2015 年成交金额增长迅速，但 2016 年仅比 2015 年增长了 0.1%；发生交易的企业年平均成交额不足 1 亿元，受做市商制度影响，2015 年平均交易额达到了 8593 万元，但是 2016 年又下降到 4476 万元。三是换手率低。2011 到 2013 年，新三板股票的换手率为 5% 左右，2014 年引入做市商制度提高了换手率，当年达到 19.67%，这实际上也充分说明新三板市场的交易功能还未被充分激发。

造成新三板股权交易功能发挥不充分的原因包括以下几个方面：

一是交易制度缺陷导致交易股权无法体现市场价值，一位私募股权投资机构创始人指出，"协议转让很难发现公允价值，出现价低转让现象，实际上存在转移利润的潜在风险"。

二是做市商数量少导致市场不活跃，做市商制度建立以来，新三板市场努力吸引更多做市商，但实际上做市商数量并未明显增加，部分做市商在缩减业务；

新推出的私募股权做市试点实际上也没有实质推进,因此整体上做市资金量还不足以支撑市场的正常交易。

三是交易规则不科学影响交易积极性。新三板市场存在大量规模较小的企业,部分企业固定资产交易因超过净资产的 50% 而被划入重大资产重组而需要经过审核。根据 2016 年年报显示,挂牌企业净资产中位数为 4985 万元,7.2%的企业净资产不足 1000 万元。某园区新三板企业培育负责人表示,所在城市企业买卖商品房行为也按照重大资产重组进行审批。

(二) 融资功能

与主板和创业板不同,新三板挂牌企业主要依靠定向增发融资。2015 年,新三板融资规模达到 1224.71 亿元,是 2014 年的近 10 倍,实现了新三板融资历史上的第二大增幅,第一大增量。但是 2016 年,2584 家挂牌企业增发了 1411.23 亿元。不仅融资企业的平均融资规模大幅下降,相对于市场规模的增长而言,融资总规模的增长也显得较少。实际上 2017 年上半年,融资规模也低于 2016 年全年的一半水平。

新三板融资功能不健全的主要原因包括以下几个方面:

一是融资链条断裂。目前私募股权投资机构在新三板投资量较大,券商和基金也积极参与,但是基金之后的投资链条出现断裂,合格自然人投资者和机构投资者数量不足,市场可持续发展性差。国内较早开展新三板投资一位公募基金负责人指出,"从天使到 VC、PE,到资本市场公开交易的投资机构,再到券商、公募基金,再到银行系和保险系,每一个环节的不同投资者因为资金规模、成本以及风险偏好不同阶段的投资,当券商和公募基金成为天使、VC 和 PE 的退出渠道时,市场并没有为券商和公募基金退出做好准备"。

二是融资渠道少。目前新三板融资渠道主要是定向增发、股权质押,股权质押受市场整体发展的影响,规模在缩减,已经开发的新产品实际效果也不乐观。2014 年以来,新三板推出了私募债、优先股、双创债等多种融资工具,但是效果并不理想,三个融资产品在 2016 年融资 77.85 亿元,与发行股票融资之间的规模还相差甚远。一位从事股转业务的券商人士指出,很多创新产品实际上存在缺陷,例如双创债甫一推出就引起了挂牌公司的关注,但是对企业资产要求较高,并没有真正弥补挂牌企业融资难的问题。

（三）投资功能

对于投资者而言，新三板是投资平台，VC、券商、基金和自然人在市场中选择投资标的进行投资，并通过转让交易获利。但是目前新三板投资者者整体上较难获益，投资收益无法体现。

一是资金供给受限。2015年，新三板爆发式增长，总股本从658亿增长到2960亿，截至2017年上半年，新三板总股本已经达到6651亿。实际投资者增加并不明显，以做市商数量为例，2015年底做市商90家，到2017年上半年做市商仅增加3家。一位做市股票数量排前十位的券商研究人员指出，很多做市商在收缩业务。2017年6月，新三板修订了有关投资者适当性的管理办法，一方面自然人资产门槛统计口径从"证券类资产"修改为"金融资产"，另一方面计算要求由"前一交易日日终"的时点指标修改为"最近10个转让日日均"的区间指标。在当前金融市场波动较大的背景下，实际上是提高了自然人投资者门槛。

二是三类股东问题。新三板未限制契约型基金、资产管理计划和信托计划等非公开募集的金融产品投资挂牌企业，但是如果被投资企业在主板或创业板IPO则面临潜在风险。多名投资机构从业人士指出，虽然IPO规则中没有禁止拟上市企业被上述三类股东投资的要求，但几乎所有拟IPO企业都极力避免出现三类股东。这种没有政策法规明确的"潜规则"严重打击了上述三类金融产品投资的积极性。受到"三类股东"问题的困扰，很多企业选择协议转让。

三是基金缺乏激励。在市场整体估值下降的背景下，基金投资新三板股票收益难以保证，从而影响积极性。目前公募基金主要以专户产品投资新三板，收益受单次投资影响大。受市场回冷和流动性不足影响，收益难以保证，2016年公募基金专户产品参与新三板定增投资规模较2015年萎缩四成。私募基金同样难以得到投资收益，Wind数据显示，截至2016年底，有650只新三板概念私募投资基金，其中149只基金的复权单位净值小于1，占披露数据基金的57.1%。

第五节 国际经验

美国、英国是资本市场相对发达的国家，其中美国多层次资本市场中的纳斯达克成为创新企业最重要的融资渠道之一，英国的多层次资本市场也具有非常鲜明的特色。

一、美国资本市场促进科技创新概述

纳斯达克作为最成功的创业板市场，不仅涌现了苹果、谷歌、微软、脸书、亚马逊等全球最炙手可热的创新企业，还吸引了来自全球的创新企业，如英国的沃达丰、加拿大的黑莓、瑞士的罗技以及百度、新浪、京东、网易等一大批中国互联网企业。纳斯达克之所以受到创新企业的欢迎，除了经济学中的集聚效用，与纳斯达克市场不断创新密不可分。

（一）多层次资本市场

美国作为世界上最大的经济体，拥有全球最完备的多层次资本市场体系，这样多层次的资本市场体系满足了不同发展阶段、不同规模、不同需求企业的资金需求，使得它们都可以有效地利用资本市场进行融资，获得发展的机会，这为美国科技创新和经济增长提供了有力的支撑。如图7-8所示。

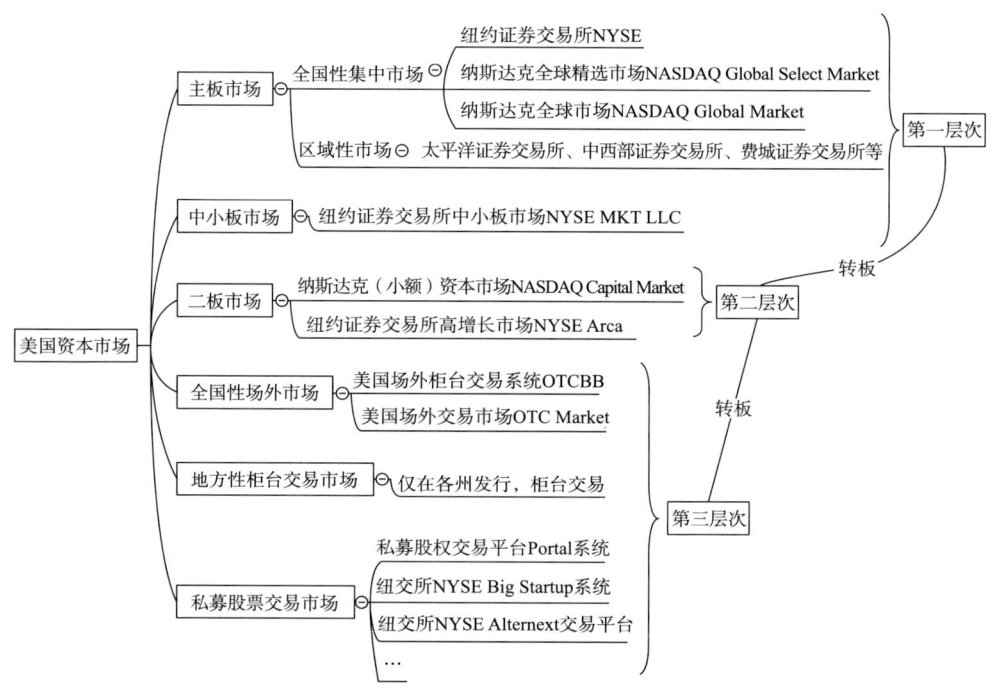

图7-8 美国多层次资本市场体系结构

资料来源：纽约证券交易所、纳斯达克证券交易所网站及相关资料整理。

美国资本市场体系庞大、功能完备、层次多样，既有统一、集中的全国性市场，又有区域性、小型的地方交易市场。按交易的组织形式、地理空间以及上市公司要求，我们将美国资本市场划分为三个层次。

第一个层次包括纽约证券交易所（NewYork Stock Exchange，NYSE）、纳斯达克全球精选市场（NASDAQ Global Select Market）以及纳斯达克全球市场（NASDAQ Global Market）。截至2014年7月底，纽约证券交易所拥有超过2632家来自全球超过55个国家的公司股票在其上市注册，其作为一个全球性交易所集团，拥有全球超过30%的现金股票交易量，是全球最具流动性的交易平台之一；2007年，纽交所并购了欧洲的泛欧证券交易所，成为全球最大的交易所；2008年，纽交所又并购了全美证券交易所（American Stock Exchange，AMEX），并使其作为中小板市场来运作，其上市条件比纽约证券交易所要求低，在2012年5月改名为纽约证券交易所中小板市场（NYSE MKT LLC）。

纳斯达克（NASDAQ）全称全美证券商协会自动报价系统（National Association of Securities Dealers Automated Quotations），是美国的一个证券电子交易机构，创立于1971年。经过40多年的发展，在美国纳斯达克市场发行的国外公司的股票数量已超过纽约证券交易所，成为外国公司在美上市的首选地点。2006年2月，纳斯达克宣布将股票市场分为三个层次，即纳斯达克全球精选市场、纳斯达克全球市场（即原来的纳斯达克全国市场）以及纳斯达克资本市场（即原来的纳斯达克小额资本市场），进一步优化了市场结构，吸引不同层次的企业上市。其中纳斯达克全球精选市场及纳斯达克全球市场拥有更高的上市标准和要求，作为主板市场的组成部分，与纽约证券交易所直接竞争。

除此之外，美国还有区域性交易所。区域性交易所主要有芝加哥交易所、费城交易所和太平洋交易所等。区域性交易所多数拥有自己特有的交易金融工具，如芝加哥期货交易所是当前世界上最具代表性的农产品交易所。而1978年成立了市场间交易系统（ITS），ITS电子化链接了所有的全国性交易所，可以处理大量的股票交易指令，区域性的股票交易可以通过纽约证券交易所和NASDAQ市场的区域交易中心来进行。

第二个层次包括纳斯达克资本市场和纽约证券交易所高增长市场。纳斯达克资本市场是专为成长期公司提供服务的市场，其财务指标要求没有主板市场上市标准那样严格，为那些暂时无法满足主板上市标准的成长型公司提供了上市场所。2006年纽约证券交易所成立了纽约证券交易所高增长市场，上市的公司可以选择自己的主做市商。主做市商有义务严格控制价差范围，并为股价的上升提供机会。纽交所高增长市场以优异的市场质量（极为有效的价差和交易速度），从纳斯达克证券交易所吸引了数量可观的交易份额。

在美国资本市场体系中，第二层次对于科技创新的作用显得尤为重要。第二层次市场主要是为具有高成长性的中小科技企业和高科技企业融资服务的，是针对中小科技企业的资本市场。其对扶持高新技术产业、鼓励风险投资，起到了很大的作用。首先，它弥补了原有的资本市场忽视新兴产业的缺憾，为新兴企业融资提供了场所；其次，它建立在主板市场基础之上，对市场准则、市场理念、监管制度等各方面都是一种完善；最后，其与主板市场在一定程度上存在竞争关系，并且通过创业板市场的培育向主板市场输送高质量的上市公司，有利于提高市场效率，降低交易费用，使市场在优化资本配置过程中更好地发挥基础性作用。

第三个层次包括场外柜台交易系统（OTCBB）、美国场外交易市场（OTC Market Group）以及地方性柜台交易市场和私募股票交易市场。其中OTCBB是全美证券商协会（NASD）管理的一个电子报价系统。与美国其他主要证券交易所相比，其门槛很低，有简单的上市程序以及较低的费用；对公司在资产规模或财务盈利上基本没有任何要求，但是要求公司保持向美国证券交易管理委员会（U. S. Securities and Exchange Commission，SEC）提交申报文件，所有在OTCBB挂牌交易的公司都必须按季度向公众披露其当前财务状况，年报必须经由SEC核准的会计师事务所审计。美国场外交易市场起源于"粉单市场"（Pink Sheet Market），其创建于1904年，由全美报价机构（National Quotation Bureau）设立。美国场外交易市场不需要挂牌公司提供注册会计师的财务审计报告，只要有一家符合NASD要求资质的做市商愿意为某只股票做市报价，其股票就可以挂牌交易。其交易股票具体包括：第一，由于已经不再满足上市标准而从NASDAQ股票市场或者从交易所退市的证券；第二，为避免成为"报告公司"而从OTCBB退到OTC市场的证券；第三，其他的至少有一家做市商愿意为其报价的证券。

2007年，美国的场外交易市场已被分为六个层次，最上层为OTCQX，主要为已在境内外交易所上市或符合上市条件但不愿履行SEC报告义务的公司服务，这一层次集中了一大批知名跨国企业，如阿迪达斯、巴黎银行、帝国烟草、英国天然气集团（BG Group）、巴斯夫（BASF）、法国航空、瑞士罗氏（制药）等。第二层为OTCQB，主要是为向SEC注册并履行持续信息披露要求的公司，该层次的公司基本就是曾经在或者正在OTCBB报价的公司。第三层为OTC Pink，即为最初的Pink Sheets，该层按照报价公司信息披露的程度再分为正常信息（Current Information）、有限信息（Limited Information）、无信息（No Information）和灰市（Grey Market）四个层次。

Pink Sheets的市场分层完成后，2008年3月，Pink Sheets LLC再次更名为Pink OTC Markets Inc。2010年3月，Pink OTC Markets Inc进入OTCQX报价交易，交易代码为OTCM，公司会定期公布按照GAAP编制的季报和年报。

2011年1月，Pink OTC Markets Inc又更名为OTC Markets Group。至此，经过漫长的十年时间，历经一次迁址、三次更名、完善功能、结构重塑等步骤，卡尔森（Coulson）彻底摆脱了当年Pink Sheets在投资者心中的不良印象，建立了一个几乎全新的OTC Markets Group。美国场外柜台交易系统以及美国场外交易市场为培养优质上市公司提供了一个平台，通过在其上的资本运作，有效发展其生产经营水平，提高自身整体水平，为上市做好准备。

地方性柜台交易市场包括仅在各州发行的小型公司股票。大致10000余家小型公司的股票仅在各州发行，并且通过当地的经纪人进行柜台交易。据了解，这些公司都是根据《美国证券法》发行注册豁免条款发行的股份，这些股份都是州内的小额发行公司股份。

私募股票交易市场包括第三市场和第四市场。美国第三市场是指在其市场上的股票同时在股票交易所和场外进行交易，第三市场的交易也是通过经纪人或交易商的网络系统进行的，报价信息和内部交易指令都是通过各种工具传递的，而具体交易指令的执行则是由市场参与者完成的。而第四市场上的股票交易都是交易双方直接交易，而不需要经纪人。私募股票交易市场的具体形式有Portal系统、The NYSE Big Startup平台、NYSE Alternext交易平台等。Portal系统由全美证券商协会运营，该系统为私募证券提供交易平台，参与交易的是有资格的机构投资者，机构投资者和经纪商可通过终端和Portal系统相连，进行私募股票的交易。纽交所针对中小企业提供了The NYSE Big Startup的平台，用于连接美国新设企业与原有企业，以便加速新设企业的发展。该平台通过设立企业融资基金以及信息交流平台，从资金和信息两个方面加强对有发展前景的中小企业的扶持，帮助其成长。在 NYSE Alternext 交易平台上,提供特殊的市场模式,为中小型企业供给专门的流动性提供者(Liquidity Providers),以便增强中小型企业在资本市场上的流动性。纽交所还通过对有上市前景的公司提供财务顾问服务,协助其法律以及财务审批流程,呈交表格与申请以及首次公开发行等事宜,为中小企业提供整体化的上市咨询。

美国多层次资本市场形成了较为完备的服务科技创新的微观机制,促进了科技创新的发展,具体表现在对科技型企业风险投资的发现、筛选机制和一整套的融资服务方式两方面。

(二) 私募债券市场

与多层次资本市场同样,美国的债券市场也非常完备,在推动企业创新方面发挥了重要作用。

美国的债券市场包括了公募债券和私募债券,公募债券发行高额的信息披露成本为私募发行提供了发展空间,美国私募债券市场的演进伴随着三大法规:1933 年《证券法》、1982 年的《D 条例》(Regulation D)与 1990 年的《144A 规则》(Rule 144A)。从开始的豁免注册到允许转让,三个规范互相独立,又互相衔接,分别调整着美国的私募发行市场的运行规则。

1933 年《证券法》第 4(2)条规定了私募发行可以豁免注册,由此为私募发行打开了口子,但是未对私募发行等进行明确界定。1972 年 SEC 出台的《144 规则》,从某种程度上解决了非公开发行证券转售所涉及的限制问题。1982 年 SEC 颁布了《D 条例》,将私募发行的标准加以明文规定,为《证券法》第 4(2)条的豁免规定了非排他性的安全港,确立了私募发行的证券属于受限制的证券,没有经过注册或者援引其他豁免条件不能转售流通。1990 年 SEC 在《144 规则》的基础上出台《144A 规则》,进一步减小了对受限制证券在合格机构投资者之间流通的限制[1],进一步解决私募证券流动性问题。

根据 144A 规则,可以将美国的私募发行分为一般私募发行和 144A 发行。《D 条例》给出了三种可获得注册豁免的证券发行情形,即提供了三个注册豁免的"安全港":小额发行豁免、小额发行和私募发行的混合豁免、私募发行的豁免。144A 规则则是"合格投资者"之间可进行不受注册限制、不受数额限制、

---

[1] 李湛. 美国 144A 规则对发展我国中小企业私募债的启示 [J]. 金融与经济,2012 (7).

不受交易对手数量限制的对交易所交易证券之外的任何证券进行交易,将"合格投资者"之间的交易不视为"发行"的一部分,因此可根据《证券法》第4(1)条豁免自由进行交易。

美国私募制度总的特点是:对私募发行企业不存在门槛限制,发行豁免注册,仅需事后报备,与公开发行制度相比,信息披露要求低,发行材料报备少或不报备,相关费用较少[1],发行成本较低;对证券种类和发行人的范围几乎没有限制,投资者分为获许(合格)投资者和熟练投资者;根据保护投资者的立法原则,按照不同投资者自我保护能力的差别,规定了针对不同投资者的信息披露要求;发行规定多样化,在相关发行环节的规定各有不同,购买人资格和人数不同,除在名称上已有明显区分的"公司内部小额发行"和"州内发行"外,100万美元以下的私募对购买者资格不作限制,500万美元以下的私募可包含自然人,也可不含自然人。非小额私募发行则明确除获许投资者之外,可有35人的非获许投资者[2]。此外,私募发行的债券可以在合格机构投资者之间自由流动。充分利用制度优势,对发行额度和方式、购买人资格、信息披露等方面进行约束,有效平衡中小企业直接融资的"投资者利益保护"和"融资效率"问题。

(三) 配套机制

美国资本市场在促进企业创新方面发挥的作用还离不开各种配套机制的建设。其中,风险投资的发现、筛选机制为以企业为主体的技术创新提供了可靠的动力保障。技术创新与高新技术产业发展的重要特征是高投入、高风险、高回报。如果没有持续稳定的资金支持,技术创新与产业发展将缺乏必要的成长条件和基本动力。由于华尔街的风险投资家、投资银行家,与硅谷致力于技术创新的企业家,同时具备对技术创新可能产生高回报的强烈渴望,从而在技术创新与资本市场之间建立起有效的互动通道,并在实践中逐步完善起一整套资本对技术、市场对企业的优化筛选机制。

在这套机制作用下,分散的社会资金通过资本市场和风险投资管道,源源不断地被输送到具有发展潜力的中小创新型企业手中。风险投资者和投资银行将那些在创新中脱颖而出的佼佼者,通过市场化运作方式带入资本市场。这些佼佼者

---

[1] 曹萍. 美国公司债券发行制度分析 [J]. 浙江工商大学学报,2013 (4).
[2] 金永军,崔荣军. 美国债券定向发行制度研究及启示——兼论我国中小企业债券融资制度建设 [J]. 证券市场导报,2012 (6).

在通过资本市场获取高额投资回报的同时,也造就出像微软、苹果、甲骨文、思科、雅虎等世界级的高新技术公司。从某种意义上说,正是这种资本市场与技术创新之间的良性互动,成就了美国经济的战略转型和产业优化升级。

美国政府对科技中小企业进行政策扶持,建立了以中小企业局(Small Business Administration,SBA)为中心的一整套中小企业服务体系。SBA 制定宏观调控政策,引导民间资本向中小企业投资。SBA 的职责是"尽可能地帮助、援助、维护、保护与小企业密切相关的利益"。SBA 在科技型小企业债务融资中起担保作用,对于后者逾期不能支付的商业贷款余额提供 90% 以上的支付;在政府资助科技型中小企业发展过程中充当监管作用。

同时,美国资本市场还提供了一系列保护投资者和刺激经营者的金融产品和服务,有力地促进了科技创新型企业的体制机制完善和竞争优势的形成。资本市场通过提供股权和期权计划,帮助创新型企业形成有效的激励机制和相对完善的公司治理结构;资本市场通过投资银行为创新型企业提供一流的专业财务和管理顾问服务,加快创新型企业转变传统经营方式,尽快进入现代企业行列;资本市场还为创新型企业进行并购和业务扩张提供直接融资的便利,促使其迅速形成竞争优势。由于完善的资本市场具有上述特殊功效,使美国的一大批优秀科技创新型企业不断成长为在全球具有强大竞争力的跨国公司。

二、英国资本市场促进科技创新概述

英国资本市场包括伦敦证券交易所、创业板市场和交易所外市场三个层次。在伦敦证券交易所内主要有以伦敦证券交易所为中心的主板市场(Main Market)和以 AIM(Alternative Investment Market)为中心的二板市场。根据英国《2000年金融服务市场法案》规定,正式上市的证券公开发行必须经过英国金融服务局(Financial Services Authority,FSA)批准,发行后在伦敦证券交易所上市。非上市证券的公开发行则应遵守《1995 年证券公开发行条例》的规定,发行后可在伦敦证券交易所以外,为非上市证券提供交易服务的市场挂牌交易。图 7 - 9 为英国多层次资本市场体系的结构。

伦敦证券交易所内又分为两个层次。第一层次是主板市场(Main Market),作为全国性交易所的伦敦证券交易所 Main Market 是英国最大的国际化证券交易市场,也是国际著名的金融中心,全球许多大型、成熟、有实力的企业在其注册

图7-9 英国多层次资本市场体系结构

资料来源：伦敦证券交易所网站及相关资料整理。

上市。第二层次是另类投资市场，即 AIM，在该市场挂牌的证券不需要金融服务局审批，属未上市证券。与美国不同的是，英国的二板市场——AIM，是由伦敦证券交易所主办，其运行相对独立。在协助广大中小企业，特别是中小型高科技公司通过资本市场获取资金进行投资方面，英国政府采取了一项意义深远的举措，就是在伦敦证券交易所内设立了一个为中小企业提供融资服务的证券市场——AIM 市场。AIM 直接受伦敦证券交易所的监督与管理，并由交易所组织人员负责经营。如表7-14 所示。

表7-14 Main market 与 AIM 市场上市资格对比

AIM	Main Market
上市要求	
没有最小资本金限制	最小资本金限制
没有商业交易记录的要求	一般需要3年的商业交易记录
没有对公众持股数的要求	最低公众需持有公司25%的股份
后续责任	
对大多数交易来说不需要股东提前批准	对于实质性的并购和出售需要股东提前批准
终身保荐人制度	发起人只继续负责一部分特定事务
申请文件在大多数情况下不需要交易所或英国上市管理署提前审查，管理署只会审查 AIM 申请文件中招股说明书	英国金融市场行为监管局（Financial Conduct Authority）下属部门——上市管理署（UK Listing Authority）提前审查

资料来源：伦敦证券交易所网站。

伦敦证券交易市场也为科技创新企业提供有针对性的技术和资金支持。为了促进科技创新，更好地为中小型企业和高新科技企业提供融资支持，伦敦证券交易所将主板市场与 AIM 市场中的高科技公司划分为 TechMarK 市场板块、按公司所在区域划为 LandMarK 板块。TechMarK 内的生物医药类公司又进一步划分为 TechMarK mediscience 板块。TechMarK 和 TechMarK mediscience 是伦敦证券交易所的特殊组成部分，致力于为有创新性的科技或医疗科学企业提供专门的行业支持，是一个独立的专家平台。如表 7-15 所示。

表 7-15　纽交所、伦敦证券交易所针对中小科技企业的专门交易平台及产品服务支持

纽约证券交易所	①纽交所泛欧中小企业市场（Pan-European NYSE Alternext Market）为不能达到主板市场上市要求的科技企业提供上市交易途径 ②纽交所新兴企业服务（The NYSE Big Startup）为新设企业提供资金和信息的支持 ③客户顾问（Account Advisors）为有上市前景的企业提供上市流程的咨询服务 ④流动性提供服务（Liquidity Providers）为中小科技企业增强市场的流动性
伦敦证券交易所	①TechMARK 和 TechMARK mediscience 是主要市场上专门为科技型成长企业提供上市途径的平台 ②The TechMARK Admission Panel 是独立的工业专家团队，专门为中小科技企业提供上市服务

资料来源：纽约证券交易所、伦敦证券交易所网站。

英国的场外资本市场不像美国那样发达，英国多层次资本市场体系主要是以伦敦证券交易所的内部多层次架构为主构建。英国的场外资本市场主要由一些大的投资银行根据英国《公司法》《2000 年金融服务与市场法案》及《1995 年证券公开发行条例》为非上市证券提供交易服务。这些投资银行通常作为非上市证券的做市商，通过报纸、互联网等渠道为非上市证券提供买卖报价。其中最有名的是 OFEX 市场，该市场由 JP Jenkins 于 1995 年建立，有一套完整的挂牌、交易、结算、信息披露规则，一度成为 AIM 的竞争对手。自 2004 年 11 月开始，OFEX 市场转由 PLUS 市场集团（PLUS Market Group）运营，并于 2006 年 10 月更名为 PLUS①。在与 AIM 长达数年的竞争之后，PLUS 宣告失败，并于 2012 年 5

---

① David Thomas. Plus Markets：A timeline［N］. Financial News，2012-5-14.

月进入公司注销程序；2012 年 11 月 PLUS 更名为 Polemos，集团旗下的 PLUS 股票交易所（PLUS Stock Exchange，PLUS – SX）与 PLUS 贸易解决方案有限公司（PLUS Trading Solutions Limited，PLUS – TS）被 ICAP 收购，剩下的 PLUS 衍生品交易有限公司（PLUS Derivatives Exchange Limited，PLUS – DX）被 Pipeline Capital Inc. 收购[①]。

在收购了 PLUS 股票交易所之后，ICAP 将其更名为如今的 ICAP 证券及衍生品交易所（ICAP Securities & Derivatives Exchange，ISDX）。ISDX 中主要有两个板块：主板市场和成长板块。在吸取了 PLUS 的失败经验之后，ISDX 决定发展一条与 AIM 不同的路线，即对挂牌公司提出更高的财务标准，着意打造一个较 AIM 更为精品的板块。

与美国不同，英国科技创新型中小企业融资服务微观机制的显著特点是政府的大力支持。英国成立小企业服务局，帮助创新型中小企业学习监管法规、提供贷款担保，还为中小企业及时提供国外市场信息和如何采用先进经营手段等方面的服务。另外，英国政府联合私营部门制定了一系列中小企业商业融资体系。如表 7 – 16 所示。

表 7 – 16　英国政府主导的科技型中小企业商业融资体系

	计划分类	功能描述
英国中小企业商业融资体系	中小企业贷款担保方案（1981~2004）	为未能从银行或其他金融机构获得贷款，年营业额不超过 300 万英镑的企业提供 75% 比例的担保
	地区风险资本基金	为具有高成长性但缺乏资金的中小企业提供不超过 50 万英镑的风险资本融资。由风险资本家以公私合伙方式运作
	英国高科技基金（"基金中的基金"）	由一家私营证券公司管理，通过向 9 个专业风险资本基金注资间接对科技型中小企业进行风险融资
	SBS 商业孵化基金（2000 年实施）	由公共和私有企业筹集的总金额为 5 亿英镑的基金，主要用于科技型企业的起步及早期成长阶段的融资
	早期成长基金（2002 年设立）	为处于早期成长阶段的创新型、知识密集型企业提供平均 5 万英镑的小额风险投资
	凤凰基金	支持落后地区的企业创新

---

① POLEMOS plc，Annual Report And Financial Statements For The Year Ended ［R］. 2012 – 11 – 31.

三、日本资本市场促进科技创新概述

与美国和一些欧洲国家相比，日本资本市场的多层次化发展起步较晚。虽然早在 1878 年 5 月，日本东京股票交易所的雏形就已经初现，并且历史上最早的期货市场也出现在日本的江户幕府时代，但是其证券市场的发展在二战结束、日本投降之后中断，1949 年才重新开启。20 世纪 90 年代以来，日本资本市场发展迅速，以 JASDAQ 以及多个中小企业资本市场的成立为标志，日本建立起了完善的多层次资本市场体系，东京证券交易所也成为全球三大证券交易所之一。借鉴日本资本市场发展的意义，不仅在于其资本市场架构体系最为接近美国，更在于日本是成熟经济国家中为数不多的仍然以间接金融体系为主的国家，这与我国现行的金融结构体系比较接近①。

日本的证券交易所内部可以分为四个层次：第一层次为第一市场部，即主板市场，具有较高的上市标准要求，主要为大型成熟企业服务；第二层次为东京证券交易所第二市场部，即中小板市场，上市标准低于第一市场部，为具有一定规模和经营年限的中小科技企业和创业企业服务；第三层次为新市场，即创业板市场，上市标准低于第二市场部，为处于初创期的中小科技企业和创业企业服务；第四层次为日本店头市场，即三板市场，又分为绿单发行市场和凤凰发行市场。如图 7-10 所示。

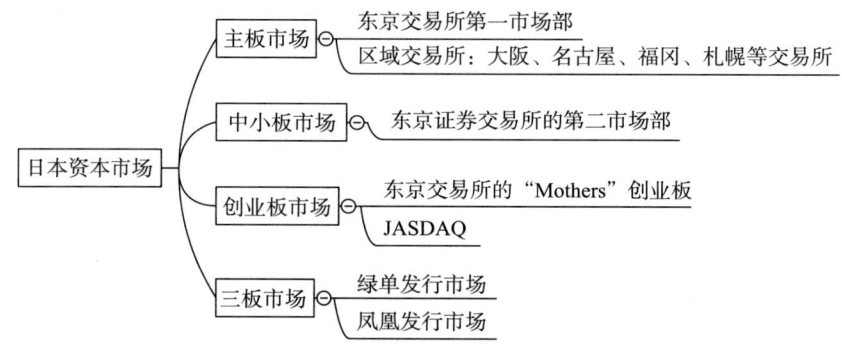

图 7-10　日本多层次资本市场体系结构②（部市场）

资料来源：东京证券交易所网站。

---

① 阙紫康. 多层次资本市场发展的理论与经验 [M]. 上海：上海交通大学出版社，2007.
② 绿单发行的证券属于从未在交易所挂牌的证券，凤凰发行的证券则是属于被交易所摘牌的证券。

第七章 资本市场

经过合并与联合，日本的证券交易所形成了东京、大阪、名古屋及福冈、札幌五个交易所。东京证券交易所、大阪证券交易所两大证券交易所于 2013 年 1 月 1 日合并为"日本交易所集团"。交易所集团中的股票现货市场于 2013 年 7 月全部交由东京证券交易所运营，而金融衍生品市场于 2014 年 3 月前完成交接，转由大阪证券交易所运营。

作为日本最大的证券交易所，东京证券交易所分为四个市场部。第一部的上市条件要比第二部的条件高，新上市股票原则上先在交易所第二部上市交易，再根据每一营业年度结束后各上市股票的实际考评成绩，选择相应的市场。结合外国企业经验，根据企业的发展阶段，东京证券交易所开设了第三市场部，其由"Mothers"市场和 JASDAQ 市场组成。"Mothers"创业板市场面向具有高成长性的公司和国外新兴企业。JASDAQ 市场内部又分为两个层次：第一层次为第一款登记标准市场，为登记股票和管理股票服务。所谓登记股票是指符合日本证券业协会订立的标准、申请并通过该协会审核、加入店头市场交易的证券；管理股票是指下市股票，或未符合上柜标准、经协会允许在店头市场受更多限制得以进行交易的股票。第二层次为第二款登记标准市场，为特殊股票（Green Sheet）服务。特殊股票是指未上市、上柜的公司，但经券商推荐有成长发展前景的新兴事业股票。在日本创业板市场发展的过程中，JASDAQ 扮演着重要角色，一度是日本最为重要的创业板市场。

东京证券交易所的第四市场部也是日本资本市场的第四层市场，其由场外交易市场构成，日本场外市场交易的证券可大致分为两类：承担信息披露责任的证券和无须信息披露的证券。在需要信息披露的证券当中，又可以分为绿单发行（Green Sheet Issues）和凤凰发行（Phoenix Issues）两种。绿单发行的证券属于从未在交易所挂牌的证券，而凤凰发行则是属于被交易所摘牌的证券。在本节中所称的绿单市场即为包括绿单发行与凤凰发行在内的市场总称。由于绿单市场由日本证券业协会（JSDA）运行并管理，与交易所并无实质关系，因此该市场并没有得到交易所给予的相应支持。

在日本，对企业的融资实行以银行为主的主银行制。主银行通过其股权和债权人的双重身份对企业展开必要监督。政府设立专门的政策性金融机构长期提供优惠贷款，来弥补民间融资机构的不足，银行体系在金融系统中居于主导地位；在金融市场结构上，也存在债券市场相对滞后于股票市场，企业债市场相对滞后于国债市场的问题，日本政府也一直在对日本债券市场进行积极的探索和改革。

四、国际经验对我国的启示

通过研究境外主要经济体利用多层次资本市场服务科技创新的经验，我们发现，资本市场结构的完善、完善有效的准入制度、发达的风险资本及通畅的退出渠道是多层次资本市场能否有效服务科技创新融资的关键因素。

（一）完善的多层次资本市场结构

从对美国、英国、日本资本市场结构的分析可以看出，多层次的资本市场是有力促进科技创新的重要保障。目前大多数创新型国家的资本市场发展也都不约而同地分为多个层次。

美国资本市场分为三个层次，多层次资本市场有力地促进科技创新主要表现为：第一，资本市场各层次分工明显，不同层次的资本市场为不同成长阶段的企业提供在资本市场上运作的机会；第二，在各级市场中都存在一定程度上交叉的市场部分，这种设计便于市场间的沟通，以及企业在各级市场上交易的转换；第三，针对科技企业的微观需求，为中小科技企业的发展提供便利；第四，以高科技电子信息技术为支撑，为企业与投资者都提供了方便，从一定程度上加强了整个市场的流动性。

英国资本市场包括了伦敦证券交易所、创业板市场和交易所外市场三个层次。虽然交易所外市场不像美国那样发达，但以伦敦证券交易所内部的多层次结构为主，仍然成功构架了英国的多层次资本市场。第一层次是主板市场，主要为经过英国金融服务局批准正式上市的国内外公司提供交易服务；第二层次是另类投资市场，在该市场上挂牌的证券不需要金融服务局审批。而英国的场外市场主要由一些大的投资银行主导，为许多未能在场内挂牌的企业提供融资与转让服务。

日本资本市场分为四个层次：第一层次主要为大型成熟企业服务，具有较高的上市标准；第二层次主要为具有一定规模和经营年限的科技企业和创业企业服务；第三层次主要为处于初创期的中小科技企业和创业企业服务；第四层次则为准备进入场内交易的公司证券以及退市证券服务。不同层次的资本市场为促进科技创新、解决处于不同成长阶段的科技企业和高新科技企业的融资难题提供了最广泛的支持。

西方创新型国家多层次资本市场建立的成功经验，对我国多层次资本市场建设至少有下列借鉴：

第一，建立多层次资本市场的重点应是中小企业板、创业板和"新三板"市场的建设。①应进一步优化企业直接融资制度，提高审核效率。应进一步完善面向具有自主创新能力较强的科技型中小企业发行上市"绿色通道"机制。②完善全国中小企业股份转让系统。2013年国发49号文《国务院关于全国中小企业股份转让系统有关问题的决定》指出要建立不同层次市场间的有机联系，在全国股份转让系统挂牌的公司，达到股票上市条件的，可以直接向证券交易所申请上市交易。在符合要求的区域性股权转让市场进行股权非公开转让的公司，符合挂牌条件的，可以申请在全国股份转让系统挂牌公开转让股份。在股权转让制度逐步拓展到全国的过程中，我们要注意理顺股份转让系统的组织架构和职责分工，在此基础上，拓展全国中小企业股份转让系统服务于科技型企业的功能，并研究全国股份转让系统在多层次资本市场体系的定位，充分发挥其服务中小微企业发展的功能。

第二，应大力发展债券市场，完善企业信用评级制度。债券融资是资本市场的重要组成部分，对于许多成熟的企业，债券融资是企业获得长期稳定资金支持的重要手段。而对于处于起步阶段的高科技创新企业，其在信用状况、还债能力方面存在的信息不对称现象，阻碍了企业从债券市场融得资金。所以有必要对债券市场进行发展完善，使有发展潜力的优质创新企业可以获得债券市场的资金支持，从而能够更好更快地发展。基于此，有如下具体建议：①凡是符合法律规定条件的高科技创新型公司均可自愿申请发债，债券发行利率、期限、担保、品种设计等均由发债主体自主选择。②应进一步增加交易所债市交易量，改革交易所债市交易机制，防止交易所债市被边缘化，为高科技创新型企业发行公司债打造一个良好的平台。③应进一步完善企业债券发行的担保制度，对投资者的风险承受能力及国内信用评估体制的完善都能起到积极的促进作用。④应进一步建立健全债券信用评级制度，改变目前债券发行人信用状况往往不是很清晰，债券持有人的债权保障机制较薄弱的现状，为发展债券市场提供相应的法律支持和保障。

第三，应大力发展金融市场产品创新。①应建立健全做市商制度。做市商的目的主要是活跃市场、增强流动性。目前，新三板采用的做市商制度，在区域性市场上存在一定的障碍，2011年国发38号和2012年国办发37号文对非国务院批准的交易所就有严格的限制。在区域性市场方面,政策上未来应该有所突破,如建立健全承销商、区域性市场交易商与做市商的联动机制。选择区域性市场做市商或承销商应从做市规范、业务量大、财务状况好的做市商中选拔。②应取消机构投资者对金融衍生品的投资限制。③应提高部分金融产品的市场流动性。目前各金融产品的流动性差距较大,短期融资券、商业银行次级债的交易较为活跃,而信贷资产支持证券的市场交易较为清淡、流动性明显不足。

(二) 完善市场准入制度

从交易所的支持措施方面来看,美国、英国和日本对于从属于主板或二板市场的场外资本市场,并不设有特别的门槛。一些在场外交易的公司股票及在未上市证券市场交易的股票根据一定的规则进入创业板交易。这主要得益于主要资本市场采用了更为宽松的准入制度,确保了更多符合条件的企业根据自身意愿选择合适的资本市场。在实践中,低一级市场对在该市场交易的企业还起着比较、选择和推荐的作用,只有那些经营业绩突出、市场表现不凡的企业方有可能被推荐到高一层的资本市场。因此,分层次的资本市场结构不仅适应了企业不同成长阶段的融资需要,而且保证了公司质量,从而奠定了资本市场健康发展的制度基础。

我国资本市场的准入机制限定了进入市场的企业数量规模,企业进入高级板块则更加困难,因此大量符合更高层次资本市场的企业选择在新三板、区域股权交易市场进行交易。一些具有创新能力、经营业绩好的企业无法进入公众视野,也无法通过二级市场为投资者带来投资回报。更重要的则是,在成长期需要大量资金的企业无法获得资本市场的融资服务。我们建议,尽快改革资本市场的准入制度,将目前的发审制度改为注册制,通过制定适当的条件区分不同市场的特征,充分发挥企业自主能动性,根据自身发展状况选择最适合自己的资本市场进行交易。

在当前注册制推行困难的情况下,可在区域股权交易市场与新三板之间探索转板制度,打通众多区域股权交易市场与新三板之间的通道,允许在区域股权交易市场挂牌交易一定时间,企业经营管理、信息披露等表现良好的企业,直接转至新三板挂牌交易。

(三) 发达的风险资本及通畅的退出渠道

现今的经济体系中,由于金融市场结构的差异,产生了不同的风险资本市场发展模式。各种模式下，风险资本市场发育的成熟度和特点不尽相同，因此，发达国家的风险资本退出渠道也各有侧重，形成了各自独特的风险资本退出渠道模式。风险投资退出主要采取四种方式：企业首次公开发行（IPO）、企业兼并和收购（M&A）、股权回购、公司清算。通常认为，IPO是风险投资退出最理想的方式，其收益率较高，有利于激励核心层考虑企业长远发展；兼并收购的投资收回最迅速、操作便捷，并且可选择股票交换作为支付形式，大大减少收购方的财务压力；股权回购方式作为一种备用手段是风险投资能够收回的基本保障，其优势在于，这种方式可将外部股权全部内部化，使创业企业保持充分的独立性；破产清算则是在风险投资失败时减小并停止投资损失的有效方法。美国作为风险投资业最发达的地区之一，其发展离不开资本市场畅通的退出渠道，尤其是成立于1971年的纳斯达克市场为美国风险投资退出提供了有效途径。纳斯达克市场细分了不同层次的企业上市标准，对于高科技公司，即使亏损也可能上市。

风险投资行为在中国已经发展了三十余年，是我国资本市场中一股重要的力量。风险资本的重要功能是助推创新创业型企业度过摇篮期、成长早期。等企业到了业绩基本爆发、成熟稳定阶段后，风险资本一般会退出，进而寻找新的投资项目，继续发挥专业优势，从新的项目中获得高额投资回报。风险投资过程，实质上就是一个"投资—退出—再投资"的良性循环过程。风投机构就是在一次次循环中实现其资本的持续增值，因此，良好的退出机制对于整个风险投资的循环来说就显得格外重要。研究西方发达国家成功的创业板市场，我们看到，美国纳斯达克市场的繁荣与美国成熟的风险资本市场是密不可分的。因此，要增强我国资本市场对于科技创新的促进作用，必须不断加强各种制度建设，并完善政策环境。虽然我国的风险投资市场已经取得了长足的进步，但风险投资企业上市标准仍然相对过高，较高的主板上市条件使得风险投资很难通过主板上市的形式退出；另外，披露信息不完善、信息不对称等现象的存在，让我国二级市场的投资者对新型产业前景的判断能力有限，所以采取一定的措施弥补风险资本退出机制存在的不足是有必要的。

整体而言，我国科技创新之风险投资资本退出困境表现为我国风险资本市场体系的不完善，缺乏成熟的与风险投资企业特点相适应的创业板块、完善的场外交易市场等，这使成长期、扩张期的科技创新资本无法实现IPO退出。同时，场外交易市场交易制度不完善、市场交易不活跃，难以形成自己的定价机制。因此，要解决促进科技创新的创业资本的退出困境，必须从资本市场的制度建设和环境保障着手。我国在发展主板市场和创业板市场的同时，还需要完善多层次资本市场体系。通过风险投资机构之间的退出市场、回购市场、并购市场，以及完善中国主板市场、创业板市场、场外交易市场等的发行制度，打通多层次资本市场之间及其与境外资本市场之间的通道，从而丰富风险投资的多样化退出路径，拓宽和完善我国风险投资退出渠道。

（四）积极利用境外发达资本市场

随着资本市场全球一体化的发展，境外资本市场已经在我国技术创新方面发挥了巨大作用。以阿里巴巴为例，2014 年 9 月 19 日，阿里巴巴集团正式在纽约证券交易所挂牌交易，阿里巴巴此次在纽交所上市公开发售约 3.2 亿股 ADR（美国存托凭证），其中包括新发行的约 1.23 亿股，以及既有股东售出的约 1.97 亿股，募集的金额约为 217.7 亿美元。除此之外，阿里巴巴集团以及部分原始股东允许承销商有权限在 30 天内销售额外的约 4800 万股 ADR，启动绿鞋机制①。至此，阿里巴巴 IPO 的募资额将超过 250 亿美元，成为全球历史上最大规模的 IPO。截至上市首日收盘，阿里巴巴股价报收 93.89 美元，涨幅达 38.07%，市值高达 2314.39 亿美元，超越 Facebook 成为仅次于谷歌的全球第二大互联网公司②。

境外发达国家、地区资本市场已经相对成熟，我国应努力为高科技企业在海外上市创造便利条件。据不完全统计，截至 2013 年底，中国企业（不以注册地为判断标准）在境外上市的数量达到 1200 余家，其中中国香港 749 家，美国 205 家，新加坡 132 家，加拿大 56 家，英国 35 家，德国法兰克福 24 家③。并

---

① 绿鞋期权（Green Shoe Option），由美国绿鞋公司首次公开发行股票时率先使用而得名，是指发行人在与主承销商订立初步意向书中明确，给予主承销商在股票发行后 30 天内，以发行价从发行人处购买额外的相当于原发行数量 15% 的股票的一项期权。得到这项期权之后，主承销商可以按原定发行量的 115% 销售股票。如果股票发行后股价上涨，主承销商即以发行价行使绿鞋期权，从发行人购得超额的 15% 股票以冲掉自己超额发售的空头，并收取超额发售的费用。此时实际发行数量为原定的 115%。如果股票发行后股价下跌，主承销商将不行使该期权，而是从市场上购回超额发行的股票以支撑价格并对冲空头，此时实际发行数量与原定数量相等。由于此时市价低于发行价，主承销商这样做也不会受到损失。在实际操作中，超额发售的数量由发行人与主承销商协商确定，一般在 5% ~ 15% 范围内，并且该期权可以部分行使。
② 新浪网，http://tech.sina.com.cn/i/2014-09-20/00529626120.shtml。
③ 文一墨. 肥水岂流外人田？——中国企业缘何热衷海外上市[J]. 财会学习，2014（7）.

且，2014年第三季度就有25家中国企业赴海外上市，合计融资273.78亿美元。在以促进本国科技创新为目的的前提下，从根本上完善境内多层次资本市场的同时，应积极利用现有的境外资本市场资源来拓展我国技术创新融资渠道，进而增强我国的技术创新能力。

我们应适度引导风险投资企业利用境外上市，获得多方面收益。目前我国创业板推出时间不长，相关法规也不够完善和成熟，发展力度还不够大。鉴于国内股票市场的现状，政府应鼓励与引导地方科技创新型企业选择合适的境外资本市场。实行小规模的IPO也是解决风险投资退出问题的有效途径。经过长期的发展，境外发达经济体的资本市场拥有较大的融资能力、较完善的资本市场结构、较规范的运作机制。从短期看境外资本市场可满足国内科技创新型风险企业对资本的急切需求；长远看来，还将给这些企业带来较先进的经营理念、较完善的管理机制和良好的国际影响等方面的收益。因此，在国内市场还未完善之时，可以积极稳妥地利用境外资本市场实现国内促进科技创新的创业资本的IPO退出。

第六节　政策建议

一、创业板发展建议

（一）建立创业板改革长效机制

根据创业板的定位和企业对市场的需求，通过机构、机制改革建立创业板改革的长效机制。

一是明确创业板改革的必要性、紧迫性和可行性。按照中央、国务院对创业板改革的要求，制定明确的改革目标、时间表和路线图。

二是建立评估与战略咨询委员会。在专家咨询委员会的基础上，设立对创业板改革发展评估和提供战略咨询的评估与战略咨询委员会，定期评估创业板服务国家科技战略的情况，持续对创业板改革效果、需求进行研讨，并提出建议。

（二）突出创业板特色

一是明确创业板服务特色。根据创业板在多层次资本市场中的定位，明确创业板服务对象的特色，如企业规模、行业、盈利、成长、创新等特征。

二是创新市场服务功能。结合创业板服务特色，推出不同于主板、中小板和新三板的服务创新，通过改革交易制度、投资者适当性、融资制度等机制，推出个性化的服务内容。

（三）激励中介机构积极性

一是降低中介机构准入门槛。通过增加中介机构供给，提高中介机构市场竞争水平，利用价格机制倒逼中介机构增加对规模较小企业的服务。

二是拓宽中介机构盈利渠道。允许更多中介机构参与直投，放开保荐机构"直投+保荐"投资比例限制，增加中介机构通过直投获得收益的空间。

三是完善中介市场机制。建立中介机构评价机制，对中介机构的服务进行评价，同时建立处罚机制。

二、新三板发展建议

（一）强化分层管理

进一步强化挂牌企业分层管理，并在此基础上推动不同的投资人制度、发行制度和交易制度。

一是降低投资门槛。建立除资产之外的投资者适当性标准，允许更多专业技术人员、具有投资经验的个人参与创新层投资。

二是试点股票发行。允许创新层发行股票，降低融资成本、提高融资效率，同时建立完善的发行备案登记制度，防止企业侵害投资者权益。

三是提高信息披露要求。赋予创新层企业更多功能的同时提出更高的信息披露要求，倒逼挂牌企业提高公司治理能力和信息披露水平。

（二）提高市场活力

为解决市场流动性弱的问题，通过调整投资者适当性、做市商制度。

一是扩大做市商规模。加快推动私募股权、公募基金的做市商制度设计，增加交易主体，为更多的交易需求提供足够的资金支撑。

二是鼓励政府引导基金设立新三板股权投资基金，加大对社会资本的激励力度，吸引更多社会资本参与新三板股权投资。

三是研究银行保险资金参与机制。在投贷联动试点基础上，研究银行对新三板企业投贷联动的机制，探索保险资金投资新三板的机制。

（三）推动制度创新

加快新三板制度建设，通过制度创新不断完善市场环境，为企业和投资者共同分享企业发展红利提供制度保障。

一是交易制度。推动大宗交易制度和竞价交易制度试点，维护股票价格稳定的同时，避免不正当交易，提高新三板企业股票公允价值发现功能。

二是信息披露制度。强化信息披露制度建设，分层次提高对挂牌企业、保荐机构、做市机构的信息披露要求，不断提高市场透明度，为新三板市场更加开放、包容奠定基础。

三是保荐制度。建立终身保荐人制度，挂牌企业在任何时候都必须聘请至少一名符合法定资格的公司作为其保荐人，指导和督促企业遵守市场规则、履行责任和义务，从而降低企业违规风险，进而维护市场整体稳定，增强投资者的信心。

第八章

科技保险

我国步入创新驱动的新阶段，培养和扶持一大批高技术、高成长和创新能力强的科技企业发展壮大至关重要。科技企业在进行科技创新的过程中，面临的风险因素越来越多，也越来越复杂，在一定程度上制约了企业持续开展科技创新活动。科技保险作为一种风险转移机制，对鼓励以企业为主体的科技创新活动，切实有效分散和化解高新技术企业的创新创业风险，提高科技企业抗风险能力，营造良好的创新创业环境，完善科技金融体系等发挥着重要作用。

第一节 新需求

一、科技保险的功能进一步丰富

目前，一方面，科技型中小企业融资难的问题仍未完全解决，国家科技重大专项的实施还存在较大的资金缺口，战略性新兴产业的培育需要持续、大量的资金投入；另一方面，银行储蓄率很高、保险资金大量闲置、民间游资无路可寻。矛盾的根源在于创新创业有风险，资金的贷、投、借等形式存在的风险，得不到最低标准的保障。科技投融资保险可以与政府资金和信誉、担保等联合来分摊这些风险①。

二、保险科技正在颠覆传统保险业

CBInsights 的数据显示,近年来保险科技得到了资本市场的巨大关注,保险科技交易从 2011 年全球范围内的 28 项,增加到 2016 年的 173 项,平均年度增长率为 44.31%②。保险科技是指综合运用人工智能、区块链、大数据、物联网等创新科技,通过对产品创新、保险营销、保险企业管理、信息咨询等渠道改良保险生态,克服行业痛点,借助信息验证、风险测评、核保核赔、医疗健康等应用场景提升保险行业相关生态主体的价值。保险科技在行业的应用有望大规模展开,通过技术的运用来推动保险业创新,而这种创新很有可能是颠覆性的。随着技术的不断进步,技术体系和产业格局也将逐步形成,但与此同时,潜在的风险也随之而来。如图 8-1 所示。

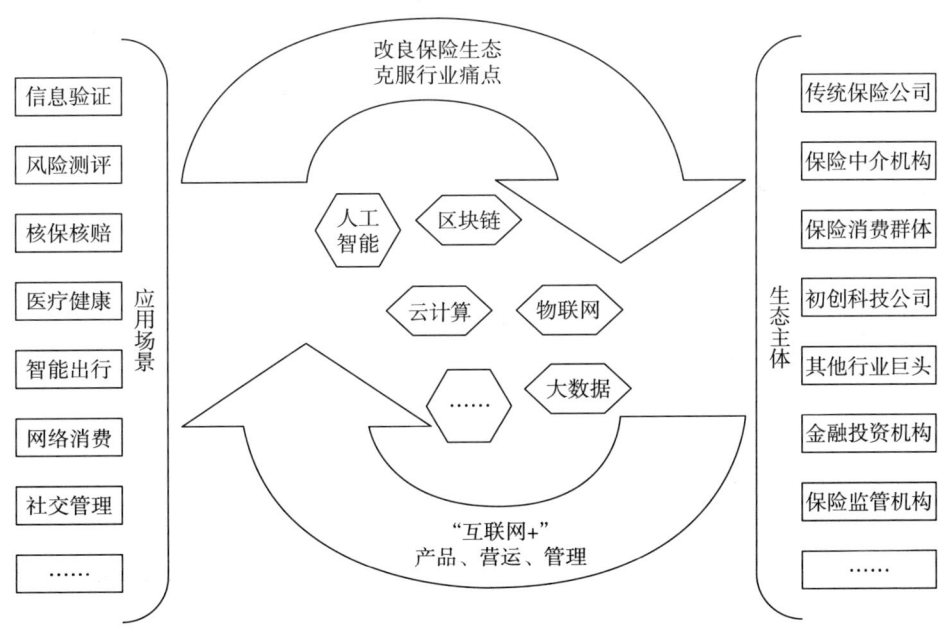

图 8-1 保险科技结构示意图

---

① 邵学清. 政府在科技保险中扮演什么角色 [J]. 创新科技, 2011 (1).
② 许闲. 保险科技的框架与趋势 [J]. 中国金融, 2017 (10).

三、创新是实现科技保险可持续发展的源泉

在科技保险的发展过程中,要更多地认识科技风险,认识科技保险创新,使科技保险真正成为推动科技创新的动力。首先,不断进行理论层面的创新,尤其是可保风险、大数法则、定价理论等领域。其次,要解决科技保险经营的基本原则问题,解决问题的出路是要参与到科技企业和项目的风险管理过程中,尤其是要注重事前的参与,通过保险公司的专业化介人,全面提高企业和项目风险管理能力,从根本上降低风险暴露水平。最后,在开展科技保险的过程中,产品的适应性改造固然重要,但产品的本质创新更重要;产品创新固然重要,但模式创新更重要①。

第二节　科技保险的发展现状

新时期围绕"双创"发展战略对保险支持科技创新提出的具体要求,预示着潜在的政策红利即将释放,也使科技保险的外延进一步拓展。《"十三五"国家科技创新规划》(国发〔2016〕43号)明确提出,加快发展科技保险,鼓励有条件的地区建立科技保险奖补机制和再保险制度。开展专利保险试点,完善专利保险服务机制。科技保险发展全面升级。

一、总体概况

找准保险业促进经济提质增效升级的着力点,为深化供给侧结构性改革服务。充分发挥科技保险的作用,进一步创新开发适合科技企业实际需求的保险产品,积极为科技企业技术研发创新活动和科技成果转让提供多层次的风险保障服务。积极发展科技保险,促进了企业创新和科技成果产业化。试点发展小额贷款保证保险,在服务小微企业融资方面发挥了积极作用。积极推进专利保险,引导和支持市场主体创造和运用知识产权,降低维权成本,维护公平竞争的市场秩序。

---

① 王和. 创新是发展科技保险的必由之路〔J〕. 中国保险,2008(6).

根据中国人保财险提供的数据显示，截至 2016 年底，公司政策性科技保险共为 5326 家科技企业提供风险保障逾 9500 亿元，已支付赔款 2.25 亿元，有效地支持了科技企业的正常运转。截至 2016 年底，专利保险在 62 家地市进行推广，累计为 4450 家科技企业的 10346 件专利提供风险保障逾 93.83 亿元。

二、因地制宜，建立各具特色的经营模式

（一）成立科技保险专营机构

2012 年 11 月，为更有效地服务科技企业，提供更贴近科技企业风险特征的保险解决方案，搭建专属于科技企业的全方位保险服务平台，经江苏监管局苏州监管分局批复，江苏省苏州市成立全国首家科技支公司，这是我国保险业筹备建设的第一家专业领域支公司。

目前，中国人保财险公司系统内已建立了苏州、武汉东湖、北京中关村、厦门、南京共 5 家科技支公司。

（二）科技贷业务迅速发展

以地方科技贷款保费补贴为政策基础，积极与地方政府、银行合作，探索开展中小企业贷款保证保险业务。例如，在无锡地区，无锡市科技局出台了科技保险计划项目指南，与地方财政局研究出台了《无锡市科技保险费补贴资金使用管理办法》。无锡高新技术开发区也根据新区实际，制定了中小发展型企业的科技保险保费补贴政策，最高补贴比例达到 60%。

（三）"互联网+政府统保"的专利保险投保模式

以禅城区人民政府为投保人，对当年新授权的企业发明专利几种投保，以简化企业投保手续，体现政府主动服务精神；此外，运用"互联网+"，开通专利保险网站和"佛知保"微信公众平台实现在线投保。

（四）以专利质押为特点的"中山模式"

"中山模式"是在专利质押融资中创新性地引入以"政银保"为主要模式，采取政府主导、风险共担和市场化运作的实施方式，通过风险资金池撬动合作银行贷款投放量并承担项目开展过程中的风险，实行"政府+保险+银行+评估公司"风险共担融资模式，开启了保险助力贷款的新模式。并实现了更加科学、合理的评估专利价值，贷款手续，简单、操作便捷，融资成本低，切实解决中小微科技企业融资难、融资贵的问题。

(五) 苏州探索险资直投的"政融保"模式

为进一步创新保险资金支农支小业务模式,人保资本借鉴苏州当地的"科贷通"模式,设计了"投贷保"联动的股权投资计划,采用股债结合方式对科技企业进行融资,对于债权投资部分,人保财险苏州科技支公司负责客户受理和融资审批,基金依照"见保即贷"的原则,履行决策程序后通过当地银行发放委托贷款,由苏州科技支公司提供信用保证保险承担兜底还款责任,当地政府提供贴息、贴保和风险补偿政策。

2016年,经人保集团和人保财险总公司批复苏州科技保险创投基金方案,苏州市金融办、科技局、财政局、人保财险四方共同形成《落实科创基金风险补偿方案》的会议纪要,由人保财险苏州分公司根据明确准入标准(科技局重点扶持项目),为科技型企业提供贷款期限2年,单笔不超过500万的纯信用贷款,在发生逾期后由人保财险向基金进行理赔,随后向政府申请风险补偿的操作模式。如图8-2所示。

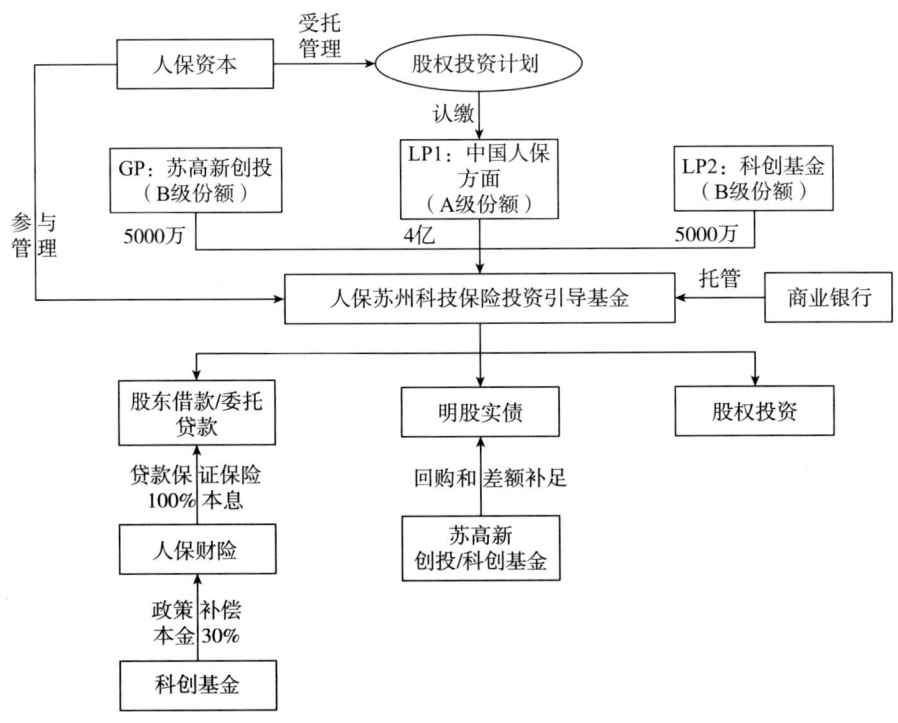

图8-2 "政融保"模式示意图

三、根据新的形势与需求，不断创新科技保险产品

为"双创"科技型企业提供涵盖传统风险、潜在法律风险、无形资产保护和综合金融服务等在内的一揽子产品体系。积极对接国家部委，引导地方建立"保险＋双创孵化器＋多家科技型中小企业"的"1＋1＋N"的"双创"平台运营模式。如表8－1至表8－5所示。

表8－1　"双创"国家科技创新产业综合保障方案（传统风险保障类）

产品名称	保障内容
高新技术企业财产保险（一切险）	由于自然灾害或意外事故造成保险标的直接物质损坏或灭失
高新技术企业财产保险（综合险）	由于部分自然灾害或意外事故造成的保险标的损失（相较一切险保障范围更小）
高新技术企业营业中断保险（A款－研发中断保险）	由于部分自然灾害或意外事故造成保险单明细表中列明的关键研发设备损毁、灭失或丧失使用功能以及存储于其中的科研资料丢失，导致研发项目的研发工作中断
高新技术企业关键研发设备保险	由于设计、制造或安装错误、铸造和原材料缺陷，工人、技术人员操作错误等原因造成保险标的的损失
高新技术企业高管人员和关键研发人员团体健康保险（A款）	疾病住院津贴、手术费补偿金、重大疾病首次诊断保险金、癌症首次诊断保险金
高新技术企业高管人员和关键研发人员团体意外伤害保险	因遭受意外伤害导致身故、残疾或烧伤保险金，以及意外医疗费用、住院津贴、家庭抚恤金

表8－2　"双创"国家科技创新产业综合保障方案（潜在法律风险保障类）

产品名称	保障内容
高新技术企业董事会监事会高级管理人员职业责任保险	在履行董事、监事及高级管理人员的职务时，因违反职责等原因，致使第三者受到损失的损害赔偿责任
高新技术企业雇主责任保险	工作人员在受雇过程中（包括上下班途中）遭受意外或患与业务有关的职业性疾病，所致伤残或死亡的医疗费用及经济赔偿责任

续表

产品名称	保障内容
高新技术企业产品研发责任保险	由于研发成果存在设计缺陷造成意外事故，导致第三者的人身伤亡或财产损失的赔偿责任
高新技术企业环境污染责任保险	由于突发意外事故导致有毒有害物质泄漏，造成第三者人身伤亡或财产损失的损害赔偿责任
高新技术企业产品责任保险	由于产品缺陷，造成使用、消费该产品的人或其他任何人的人身伤害或财产损失的赔偿责任
高新技术企业产品质量保证保险	被保险人在保险期间内首次被提出违约索赔，并依法应由被保险人承担修理、更换或退货的违约赔偿责任

表8-3 "双创"国家科技创新产业综合保障方案（无形资产保障类）

产品名称	保障内容
专利执行保险	被保险人就受侵犯的专利权提起法律请求所产生的调查费用和法律费用
侵犯专利权责任保险	被保险人非故意实施第三者专利权，依法承担的经济赔偿责任，法律费用及合理提出专利无效宣告申请的抗辩费用
境外展会专利纠纷法律费用保险	参展境外展会时产生专利侵权纠纷支出的法律费用
知识产权海外侵权责任保险	被保险人及受偿方非故意侵犯第三者知识产权，依法应承担的经济赔偿责任，抗辩费用及产品撤回费用
专利许可信用保险	因被许可方破产、不履行债务等事由导致无法回收专利许可费的损失

表8-4 "双创"国家科技创新产业综合保障方案（综合金融服务类）

产品名称	保障内容
专利质押融资保证保险	通过专利质押贷款而未能按约清偿到期债务的借款本金余额和利息余额赔偿义务
高新技术企业小额贷款保证保险	投保人（借款人）未能按约清偿到期债务的借款本金余额和利息余额赔偿义务

表8-5 "双创"国家科技创新产业综合保障方案(新兴产业服务类)

产品名称	保障内容
生命科学产品完工责任保险	医药制造企业提供的产品或服务引起的人身伤害和财产损失的经济赔偿责任
个人信息泄露责任保险	保障企业由于黑客攻击或员工故意行为等原因导致企业所管理的个人信息发生泄露并引起客户提起索赔的情况
太阳能光伏组件长期质量与功率保证保险	为光伏组件制造企业提供产品质量保证保险和产品功率保证保险,产品保障期限最高可达30年
云计算服务责任保险	保障云上用户因云服务商服务中断与数据丢失造成的损失

第三节 存在的主要问题

一、政府对科技保险的支持与退出机制有待进一步健全

科技保险在有科技保险保费补贴的试点期间,得到了较快的发展。但是许多地方政府保费补贴取消或者兑现较为困难之后,科技保险的发展陷入困局。如何建立科技保险新的引导机制,找到科技保险的着力点,需要进一步破题。科技保险进入正常发展轨道之后,还有政府退出时机的把握。政府过早或者未及时退出,将对科技保险产生重要影响。

二、科技保险的弱可保性未得到妥善解决

科技保险并非理想的可保风险,科技风险损失通常不满足大数法则,不满足存在大量同质风险的条件,这是制约保险公司未能大批量开展业务的原因之一。同时,保险公司对有关标的的风险、损失率等数据缺乏,导致财务不稳定性增强。科技保险的投保—理赔的传统逻辑未改变,保险公司的承保、资金运用等功能为充分发挥。

三、科技企业对风险管理的意识较弱

从近年来实践来看,大多数科技企业倾向于选择融资类保险。剖析原因,主要是多数投保的科技企业在创业初期亟须融资,因此对其他保险产品需求不是特别强烈。更为重要的是,科技企业管理层对企业发展的保险意识比较单薄,缺乏对风险的真正认识和把握。

四、未形成各参与主体的网络效应

随着科技保险发展深入,科技保险的参与主体逐渐多元化,但是为形成良好的网络效应。例如,中介服务机构作用不明显,未充分发挥风险管理咨询顾问的只能。科技企业发展的服务平台介入科技保险深度不够,积极性不高。

第四节 科技保险发展的国际经验借鉴

在国外,并没有名称严格为"科技保险"之说,有的只是与科技、创新相关的险种,一是分散在项目保险、投资保险和合同保险等一揽子保险产品,二是专为各行业的科技企业提供的行业保险。

一、国外科技保险的险种设置

(一)提供单独险种规避技术创新活动中特定的风险

如知识产权保险(或专利保险)可以转移侵权风险,过失与疏忽保险可以转移责任风险,网络保险可以转移与电子信息安全有关的风险等。

1. 知识产权/专利保险

国外的知识产权保险主要包括两种类型:一是知识产权侵权责任保险,主要是专利侵权责任保险,是一个第三方保险,主要支付以下情况发生的经济损失:①被保险人在保险单有效期间应对专利侵权指控的诉讼费用;②被保险人在应诉中指称原告专利无效而提起反诉的费用;③被保险人启动再审程序作为应诉的答辩费用;④第三人对被保险人提出的损害赔偿。二是知识产权财产保险——专利权保护保险,是一种第一方保险,主要支付专利权对侵权人提出指控的诉讼费用、反驳侵权人提起反诉指称其专利无效的诉讼费用,以及证明其专利无效而在专利局提起专利再审的费用。"知识产权财产保险"则是专利权保护保险的扩展形式。在美国,专利权保护保险可以承保专利、商标和版权的侵权风险。对于中小公司而言,向资金雄厚的侵权者提起诉讼是一件费时费财的事,律师很少愿意接这类案件。因此,知识产权财产保险的存在满足了公司防御可能遭遇知识产权侵权的需要,使公司的知识产权得到了有效的保护。美国知识产权保险可以分为两种类型:知识产权侵权保险(包括专利侵权责任保险和商业责任保单下的广告侵害责任保险)和知识产权执行保险。[1]

2. 过失与疏忽保险

企业在经营过程中会因疏忽行为、错误与过失而被第三方提起诉讼。区别于产品责任险,过失与疏忽保险赔偿除第三方身体伤害、财产损失、人格伤害以及广告伤害之外的经济损失。过失与疏忽保险通常是根据被保险人的风险和保险需求,采取定制方式提供的。这类保险之所以对高新技术企业有重要价值,在于它可以承保某些行业一些传统保险无法承保的责任风险。

3. 网络保险

随着科学技术的不断发展,互联网越来越成为连接各商业主体的纽带,网络对于企业创新有着不可替代的作用。网络风险与一般风险有着质的区别,因而需要专门作为独立的险种来规避风险。网络保险在国际上发展的历史还非常短,从2002年开始才有部分保险人提供这种保险。与我们通常说的计算机保险不同,网络保险保障的是企业与网络相关的风险。现有的网络保险主要承保黑客入侵、病毒攻击、拒绝服务、著作权、商标侵权、网站内容责任、网络责任7个方面的风险。

4. 技术相关保险

该险种通常包括对由于索赔和相关责任造成的损失而提供的保险,是向客户提供的专业的产品和服务。

(二)向某一类从事特殊技术创新活动的行业提供组合式的保险服务

这种方式通常被称为"行业解决方案"。如向电子信息行业生命科学行业

---

[1] 李志斌. 我国科技保险的发展及国际经验借鉴 [J]. 北京城市学院学报,2012(2).

等提供定制的保险解决方案,是现在国外采用较多的技术保险形式。对于一些特殊行业(如电子信息行业、生命科学行业),技术保险提供定制的保险组合产品,以更好地满足其保险需求。保险组合产品是将不同类型的保险责任组合到一个保单中的多年期保险合同,合同中一般不规定单一险种的保险责任免赔额和赔偿限额,而是规定整个保险期间内所有保险责任累计的免赔额和赔偿限额。

二、科技保险承办机构

美国丘博保险公司针对相关科技行业提出相关的解决方案。

(一) 生命科学解决方案

丘博保险公司针对生命科学类公司提供一个完整的风险解决方案,该方案运用财产险和第三者责任险相结合的保险产品组合方式,帮助公司在面临金融风险或诉讼风险时提供损失保底。具体险种包括财产和营业收入保险、一般责任保险、失误与过错保险[1]。

(二) 海洋产业解决方案

针对施工人员、承包人设备及安装、国内运输、租赁财产和分期付款销售、海上责任、运货卡车法律责任、海洋货物运输等方面提出综合的解决方案。

(三) 信息与网络技术解决方案

信息与网络技术公司发展的关键是创新。丘博对该行业的风险提供以下商业保险。主要有:财产与意外损失,包括恶意病毒攻击造成的损失和新产品不能按时投入市场造成的收入损失;过失责任保险;名誉损害保险,包括版权、商标侵犯、诽谤等。

(四) 能源工业解决方案

主要针对包括采矿、石油、电力等能源资源类行业提供一揽子保险解决方案。

---

[1] 李志斌. 我国科技保险的发展及国际经验借鉴 [J]. 北京城市学院学报,2012 (2).

第五节　进一步推动科技保险发展的政策建议

科技保险对促进科技成果转化、充分发挥保险业金融机构对创新的支持作用都具有战略意义，如图 8-3 所示。

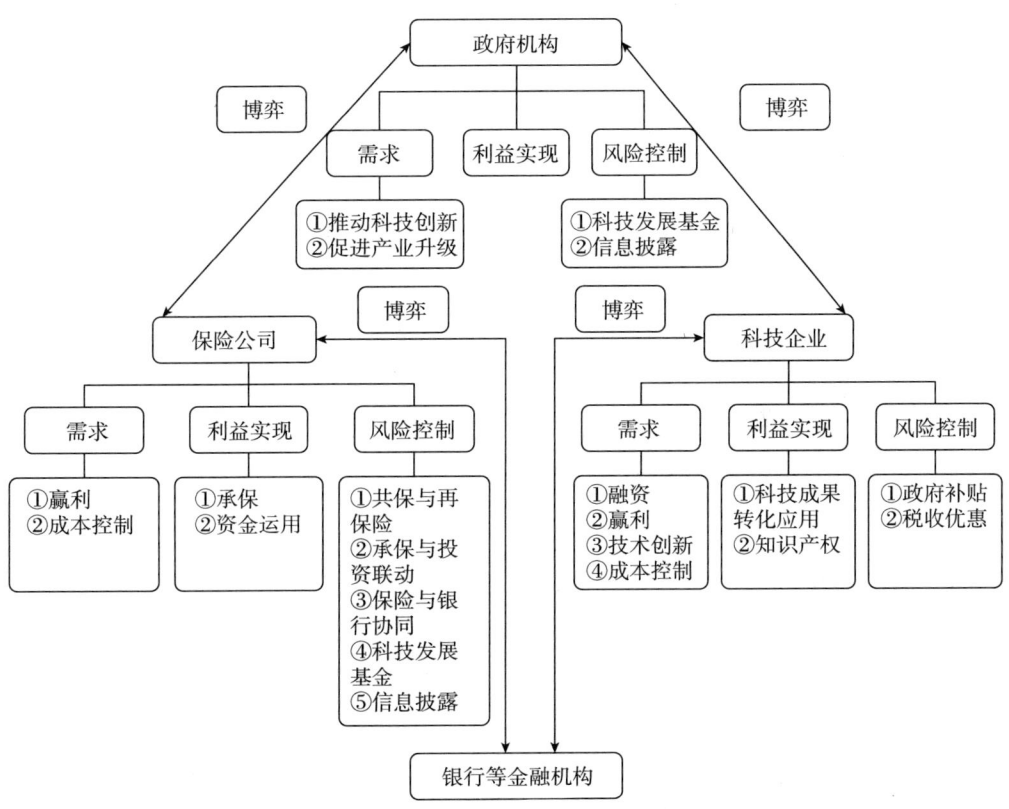

图 8-3　科技保险对创新创业企业的支持体系框架

一、建立政府对科技保险的合理引导机制

借鉴地方开展科技保险保费补贴的经验和做法，研究中央财政对科技保险的

补助机制,带动全国科技保险的深入发展。尤其是建立科技成果转化保险补偿引导基金,以企业科技成果转化融资需求为依据,以保险参与科技成果转化过程的融资风险的经营为保障,设计相应的科技金融保险产品。可依托国家自主创新示范区、高新区开展一些探索和试点。

按照深化中央财政科技计划(专项、基金等)管理改革要求,围绕国家重点研发计划提出全方位保险解决方案,与技术创新引导专项(基金)紧密对接,运用保费补贴机制,由单一补贴企业转向补贴企业保费和激励保险机构产品创新相结合,发挥财政资金的引导和放大作用,调动政府、保险机构和企业等积极性,促进科技保险长效发展。

二、不断提高承保风险的可保性

鼓励科技保险产品(服务)创新。引入风险投资经营理念,缩小回归的周期和范围,从根本上解决科技企业风险定价的难题。针对科技企业和小微企业的特点,提供综合性和一揽子的保障。可开展鼓励"可转换保费"保险等直接融资创新模式尝试,积极开发利用社会资本参与科技成果转化融资保险服务。同时,发挥保险行业风险管理的专业优势,通过保险协助科技企业进行专业化和全过程的风险管理。与相关金融机构加强互动,针对这些机构在融资过程中的风险瓶颈,有针对性地进行化解,形成协同和共赢的局面。此外,通过理赔型、半参与型和全参与型等多样化的承保方式,改进保险公司的收益方式,构建保险资金参与创新收益分配的新机制。

三、强化风险管理理念

加大对科技保险的宣传和普及工作,特别是要将其纳入科技企业的总体规划,并投入相应的资源,扶植和支持科技保险的发展。地方科技主管部门会同保监部门和保险行业协会,利用各种手段和途径,加大宣传力度,尤其在国家高新区,有重点地开展宣传普及工作,让科技企业增强风险意识,学会利用保险手段,提高自身的管理水平和融资能力,有效推动科技型企业持续健康发展。同时,深入研究企业风险产生的规律,尤其是针对创新创业活动开展跟踪研究,总结科技型企业面临的风险点及其应对策略,指导企业系统化管理风险。

四、构建科技保险的多方共赢机制

针对科技企业的特征和难点，政府、保险、其他金融机构、科技企业、平台等应联合起来，提供整体解决方案，共同搭建业务操作平台，建立各方激励约束机制，形成风险分担、防范和化解体系。同时，充分发挥中介机构在风险管理咨询方面的功能，在风险可控的前提下提升其他利益方的介入力度。

第九章 政策建议

习近平总书记在2017年5月14日召开的"一带一路"国际合作高峰论坛上提出,要将"一带一路"建成创新之路,促进科技同产业、科技同金融深度融合。同年8月20日,中共中央、国务院出台《关于服务实体经济防控金融风险深化金融改革的若干意见》(中发〔2017〕23号),明确提出完善科技金融的具体要求和措施。党的十九大报告指出,"着力加快建设实体经济、科技创新、现代金融、人力资源协同发展的产业体系"。这为新时期的科技金融工作提出了更高要求。

在建设科技强国的征程中,科技金融的作用愈加凸显。面向"十四五",围绕中央对创新驱动发展做出的重要部署,需要加强顶层设计和优化资源配置,健全多层次、多元化、多渠道的科技投融资体系。

第一节 完善适应创新驱动发展投融资体系面临的复杂形势

在全球新一轮科技革命和产业变革孕育突破、我国经济转型升级的关键阶段,完善适应创新驱动发展投融资体系面临着更为复杂的环境和形势。

第九章 政策建议

一、完善科技投融资体系面临着科技革命尤其是金融科技的复杂形势

一方面，我国正处于新一轮科技革命和产业变革孕育兴起的新阶段，面对新兴产业、新兴技术和创新成果不断涌现，传统以银行间接融资为主的金融工具与手段远远不能满足科技创新的需求，需要进一步突破和创新科技金融理念，对科技金融发展进行系统思考和整体布局，探索完善科技金融发展新模式，着力营造有利于新技术、新产品、新企业、新业态快速发展壮大的良好投融资环境。

另一方面，金融科技是未来金融业的制高点，对全球金融下一轮发展具有战略性作用。金融科技正向大数据、云计算、区块链、人工智能、物联网、生物识别、虚拟现实等快速转变，聚焦于记账、清算、客户画像、资产定价、风险管理等中后台业务，进入了金融与信息技术深度融合的新时代。金融科技不仅深刻改变金融服务的组织方式和金融风险的管理模式，而且深刻改变科技金融发展的实践形式。

二、完善科技投融资体系面临科技和经济融通发展的复杂挑战

科技和经济融通发展，如何在融和通上下功夫，科技金融面临更加复杂的挑战。科技金融需要服务良好创新生态，创新发展当中推动融通创新，进一步提升科技对经济发展的贡献率。科技金融要引导金融资本和社会资金进入研发领域，促进基础研究、应用研究与产业化对接融通，加快创新成果转化。科技金融要促进科研院所、高校、企业、创客等创新主体协作融通，通过资本纽带推动创新要素自由流动和优化配置。

三、完善科技投融资体系面临着改革思路和路径选择动态调整的复杂背景

从深层次挖掘科技金融的逻辑，不完全竞争理论是主流，因此补足市场论是近年来我国科技金融发展的主要思路。然而，科技金融发展进程并未完结，仍面临着创新驱动发展新阶段的新问题。我国经济发展进入新阶段，供给侧结构性问题突出，科技金融的历史任务必然随之重新调整。在原有基础上，完善服务于创新驱动发展、四化同步、保障创新型国家建设的科技金融体系，对科技金融发展

提出全新要求，相较于过去服务于创新创业企业的金融，新型科技金融体系更加复杂，市场化程度更高，政府与市场间的融合更为密切，改革的进程必然更加复杂。

四、完善科技投融资体系面临创新体系的灵活性和全球化需求

一方面，伴随互联网、通信技术的飞速发展，越来越多针对开发者的开发工具和服务让知识生产的门槛降低，每个人都可以成为知识创造者；另一方面，跨学科、多领域的高端知识生产难度增加，风险和不确定性大大增加。知识生产模式变化、知识扩散时间缩短、知识应用领域多点突破。知识生产过程由线性向开放式转变，知识扩散时间颖周期缩短，基础研究、应用研究、高技术研发边界日益模糊。知识配置也不再集中在某一领域，而是以信息、生物、纳米等众多技术突破和交叉应用为基础的。知识配置的全球化加强。创新资源的全球流动加剧，世界主要国家通过不断升级的创新政策优化知识的配置。比如，2018年特朗普税改将美国企业所得税率由最高35%降至21%，大幅降低了美国制造业税负，改变世界高端制造的竞争格局，跨国公司的研发中心世界布局，根本是高端知识的竞争。

五、完善科技投融资体系面临将资金的潜在供给变为有效供给的困难

经过改革开放几十年的发展，我国经济总量跃居世界第二位，中央政府用于研发的财政支出逐年增加，研发投入总量跃居世界第二。2016年，国家财政科学技术支出7760.7亿元，财政科学技术支出占当年国家的比重为4.13%。截至2016年末，我国银行业金融资产226.26万亿元，证券业总资产5.79万亿元，保险业总资产15.12万亿元。截至2017年底，我国银行业金融机构总资产达252万亿元。另据《2017胡润财富报告》披露，中国拥有600万元人民币以上的高净值家庭共同财富达到125万亿元，其中可投资资产约为70万亿元，民间投资数量庞大，潜力巨大。在中央政府的直接财政投入和间接引导下，包括银行、创业投资、天使投资和资本市场在内的多渠道融资体系已经初步构建完成，创业投资管理资金规模仅次于美国，银行成立的专门支持科技型中小企业的专营机构超过500多家，科技创新融资渠道更加宽泛。如何将资金的潜在供给变为有效供

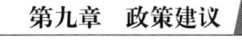

给，将金融资本和社会资本引入科技创新领域，是科技金融面临的重大挑战。

六、完善科技投融资体系面临创新创业企业相对轻资产的复杂基础

随着云计算、大数据、物联网、移动互联网等新一代信息技术突飞猛进的发展，创新创业企业也面临新的特征：主体小微化；服务平台化；敏捷性创新；低门槛准入等。但是这些企业融资过程中，由于大部分是轻资产企业，基本没有有形资产作为抵押物，手里就只有知识产权，金融机构往往要求用土地厂房等固定资产作抵押物，导致融资获得性较低。即便获得融资，融资成本也较高。据中国社会融资成本指数最新统计，社会平均融资成本为7.6%，仅是利率成本，若加上各种手续费、评估费、招待费等，平均融资成本将超过8%，中小企业融资成本大部分高于10%。因此，科技金融发展面临创新创业企业相对轻资产的复杂基础。

第二节 完善适应创新驱动发展投融资体系面临的新挑战

一、将资金供给不平衡不充分变为均衡发展

国内科技创新资金地区分布很不平衡，国内科技创新资源基本分布在东部省份和中心城市，广大的中西部地区，科技投资明显不足，支持科技创新和科技成果转化和产业化的科技金融资源更少。研发经费投入集中在东部经济发达地区，北京、上海、江苏、浙江、山东和广东6个地区的研发经费投入占全国比例是59.3%。创业投资的资本分布呈现东部经济发达地区活跃，中西部和东北三省相对不活跃的情况，北京、江苏、广东、浙江4个地区的创业投资管理资本总量超过5000亿元，占全国总量的71.8%。而东北三省创业投资管理资本合计只有141.5亿元。同时，专门支持科技型中小企业的科技支行也只要集中在北京、江苏、浙江、上海、广东等地。因此，将资金供给不平衡不充分变为均衡发展就显

得格外重要。

二、将融资的后端化转变为精准融资

目前金融机构关注于成长期和成长后期的企业，创业和发展早期的企业融资依旧困难。将融资的后端化转变为精准融资是未来需要考虑的重要内容，政府引导银行和创业投资支持早期阶段的支持措施需要完善和优化，科技创新创业企业和金融机构之间的信息交流渠道不通畅，支持适合企业发展不同阶段的金融产品和融资模式有待于继续丰富补充。

三、将融资方式较为单一变为多样化

尽管科技金融工具不断创新，政策不断完善，但融资方式仍然较为单一。部分地区的资源集聚效应尚不明显，投融资机构与企业间的信息非常不对称，以项目为主支持企业创新产业化的方式，过度依赖于政府财政投入。部分地方政府为鼓励银行贷款和引导基金所设立的风险补偿机制变成了变相的财政补贴奖励。新推出"投贷联动"新模式开展的参差不齐。银行控制风险方式还待继续创新等。为适应新形势发展，融资方式需要更加多样。

四、将金融监管滞后转变为发展与监管协同

我国正处于信息技术革命全面渗透和深度应用的新阶段，催生了大量新产业、新业态、新技术和新模式。面对新兴产业、新兴技术和科技成果不断涌现，传统的金融监管远远不能满足科技创新的需求，需要对科技金融的监管改革进行系统思考和整体布局。同时，金融科技的发展推动了金融创新，倒逼金融监管体制改革。金融监管与金融创新不同步带来了监管空白，金融科技带来的技术创新对传统金融监管提出了挑战，传统的审慎监管和机构监管的方式不足以应对现今的金融创新。将金融监管滞后转变为发展与监管协同，在不触动发生系统性金融风险的前提下，有效支撑金融创新服务实体经济。

五、将科技金融基础薄弱转变为能力提升

科技金融体系的构建和发展离不开全社会科技金融能力建设水平的提升，尽管政府在推动科技金融体系发展方面已取得积极成效，但是在科技金融数据信息

等基础设施建设、科技金融法律体系建设、科技金融市场主体开展科技金融业务的知识体系建设等方面仍存在很多问题。科技金融数据信息等基础设施建设依然存在碎片化、壁垒化等现象,不能满足科技金融发展的现实需求;科技金融法律体制在风险管控等方面还存在很多薄弱环节;中小金融机构面临科技金融人才储备短缺、科技金融产品开发,尤其是绿色科技金融产品开发和绿色科技金融工具推广应用能力不足等难题;地方政府、金融监管部门人员的科技金融专业知识匮乏,在科技金融领域的风险防范、激励与约束和监督监管等方面尚未建立起完备的知识体系,创新管理经验缺失。此外,受制于经济发展水平和地区差异等因素影响,科技金融体系构建的意识与理念依然与发达国家存在差距,支持科技金融体系发展的微观基础有待进一步培育和巩固。

第三节 完善适应创新驱动发展投融资体系的思路、目标与举措

随着世界创新密集型时代的到来,全球的知识创造和技术创新速度明显加快,科技金融对产业发展的作用更加关键,亟须站在全局和战略的高度,充分认识科技金融对于促进高质量发展、建设科技强国的重要意义,准确把握科技金融的工作主线和重点。

一、基本原则

基本原则是发挥政府引导作用和市场配置资源的决定性作用,产业链、创新链、资金链融合发展,科技与经济融通发展。

发挥政府引导作用,弥补科技金融领域的市场失灵,加强统筹协调,大力开展协同创新,集中力量办大事,形成推进科技金融的强大合力。发挥市场配置资源的决定性作用,更加尊重市场决定资源配置这一市场经济基本规律,大幅度减少政府对创新资源的直接配置,推动资源配置依据市场规则、市场价格、市场竞争实现效益和效率最优化。

产业链、创新链、资金链融合发展,消除科技创新中的"孤岛现象",破除

制约科技成果转移扩散的障碍,提升国家创新体系整体效能。围绕产业链部署创新链,提高创新活动有效性。围绕创新链完善资金链,提高创新资源配置精准性。

科技与经济深度融通,构建良好创新生态,打造开放创新平台,提升创新效率,与市场需求紧密结合,进一步提高科技对经济的贡献率。破除科技融通与金融资本的壁垒,科技融通与经济发展的壁垒,形成巨大的创新、创业和创富叠加效应。

二、总体思路

深入学习贯彻《中共中央 国务院关于服务实体经济防控金额风险深化金融改革的若干意见》(中发〔2017〕23号)和全国金融工作会议精神,发展完善科技金融。落实人民银行、科技部等九部门《"十三五"现代金融体系规划》,加快推进各项工作。基于对发展形势的分析,未来的科技投融资体系构建应进一步以市场化改革为大方向和主基调,着眼需求结构的重大变迁,前瞻性地设计好改革的目标、路径和措施。

(一)市场化是改革的大方向与主基调

当前及今后一段时期内,持续深化科技金融的市场化改革,发挥市场在配置科技创新资源中的决定性作用仍是科技金融改革的大方向和主基调。同时应更好地发挥政府在机制建设中的重要作用。

发挥市场配置科技创新资源的决定性作用,就是要更加尊重市场决定资源配置这一市场经济基本规律,大幅度减少政府对科技创新资源的直接配置,推动资源配置依据市场规则、市场价格、市场竞争实现效益和效率最优化。在新一轮的科技金融改革中,建立健全在市场参与主体理性决策基础上实现均衡和出清的市场机制仍是主要任务。市场化改革应当解决市场内在活力不足的问题,重点厘清解决风险与收益不平衡问题。创造与风险收益匹配的市场结构,通过市场拉力来引导金融资本和社会资金投入科技创新领域,进而提高科技金融绩效。

更好地发挥政府在机制建设中的重要作用,弥补科技金融领域的市场失灵,加强统筹协调。政府引导需要更加精准,根据创新规律和特点、科技型企业的成长阶段、产业发展的规律等选择支持的侧重点。

(二) 助力创新是科技投融资体系的核心目标

根据经济要素在经济结构中的地位和作用,迄今为止人类经济发展方式从低级到高级依次经过斯密发展—库兹涅茨发展—熊彼特发展。熊彼特发展,是创新在经济增长中占主导地位的经济发展方式,创新驱动根本动力。熊彼特发展阶段,需要更加突出金融对创新的支持作用。企业家仅有创新意愿是不够的,还需要有创新行为。但是,创新只有在未来取得商业成功后才有回报,引导生产要素向企业家集中,就必须借助金融手段。没有一个与企业家创新相匹配的金融体系,经济发展将无从谈起。

按照金融与创新之间的关系重新认识科技金融的本质,科技金融改革的核心是助力创新驱动,无疑具有紧迫性。围绕产业链部署创新链,提高创新活动有效性。围绕创新链完善资金链,提高创新资源配置精准性。通过产业链、创新链、资金链融合发展,不断提升国家创新体系整体效能,形成巨大的创新、创业和创富叠加效应,从而实现资源优化再生、企业技术提升、产业结构升级、经济发展方式由低级向高级发展,产品附加值与人民生活水平不断提高,社会文明形态从低级向高级演化。

(三) 加快建设创新型国家是科技投融资体系的战略任务

党的十九大报告强调,创新是引领发展的第一动力,是建设现代化经济体系的战略支撑。按照党中央的决策部署,把加快建设创新型国家作为现代化建设全局的战略举措,加快建设创新型国家是科技金融改革的战略任务。

我国科技投入近年来持续增长,但是存在总量不足、结构失衡、使用效率不高等问题。需要深入推进科技管理体制改革,不断优化科技创新资源配置。充分调动政府、企业和其他社会力量的积极性。政府投入要聚焦基础前沿和重大项目设施,发挥"四两拨千斤"的作用,同时充分发挥金融资本的作用,大力发展投贷联动、完善资本市场,促进科技创新与创业投资有机结合,引导更多的社会资金投向科技创新。

(四) 加快构建新产业体系是科技投融资体系建设的根本遵循

党的十九大报告提出,着力加快建设实体经济、科技创新、现代金融、人力资源协同发展的产业体系。在现代化经济体系中,实体经济、科技创新、现代金融、人力资源相辅相成,共同构成现代化经济体系的"四大支柱"。无论是实体经济发展还是实体经济与科技创新的深度融合,都离不开现代金融的服务和支持。作为现代金融的重要组成部分，科技金融在加快构建新产业体系中将发挥重要作用。

一是围绕实体经济发展这个着力点，特别是先进制造业和现代服务业发展，提高更加高效便捷、成本合理的融资服务。与国家开发银行联合推动"国家重大科技项目贷款"，开展探索和试点。深入推进投贷联动。

二是围绕互联网、大数据、人工智能与实体经济融合产生的新经济、新业态、新创业发展，提供更好的风险和创业融资服务，为中小微企业提供更加普惠的金融服务。

三是为传统产业企业的技术改造和设备更新提供更便利和价格低廉的融资服务，为去杠杆提供更好的股权融资服务。

（五）多元化、多层次、多渠道是科技投融资体系建设的基本要求

引导金融资本、民间投资参与科技创新，不断增加全社会研发投入，加快形成多元化、多层次、多渠道的科技投融资体系。

首先，外源融资体系的建立是科技投融资体系的重要组成部分，外源融资的实现取决于金融体系的发达程度，经济结构优化的重要方向就是要大力发展科技金融服务业。

其次，外源融资中资本型金融相对于债务型金融更适用于创新，应从银行主导的间接融资体系转向市场主导的直接融资体系。落实国务院办公厅印发《关于开展创新企业境内发行股票或存托凭证试点若干意见的通知》，为我国创新创业企业进入资本市场融资建立了"快速通道"。推动各地科技部门、国家高新区加强对高新技术企业和科技型中小企业的改制上市培育。

最后，要将资本型资本前移，不仅要大力发展天使、创业投资和私募股权，而且要鼓励高净值人群努力成为机构投资者，投资于创新的前端、中端以及产业化的形成阶段。

三、主要目标

（1）引导金融资本、民间投资参与科技创新，不断增加全社会研发投入，加快形成多元化、多层次、多渠道的科技投融资体系。

（2）突破创新型企业特别是科技型中小企业融资难、融资贵的瓶颈，优化企业科技创新的投融资环境。

（3）建立金融支持科技创新创业的服务体系，加强科技创新和金融创新结合，增强金融机构支撑科技创新活力和水平，实现科技和金融多赢发展。

四、政策建议

（一）明确政府资金的定位，政府引导更加精准

科技金融工作的发展首先要解决好政府与市场的关系，清晰界定政府与市场在科技金融中的边界，明确政府资金的定位。政府引导需要更加精准，应根据科技型企业的成长阶段、产业发展的规律选择其支持的侧重点，发挥政府在科技金融中的作用需要防止过度干预从而妨碍市场机制、降低经济效率。

（二）夯实科技金融组织保障

一是建立多部门合作的科技金融推进机制。完善科技金融工作的顶层设计，进一步强化科技部与"一行三会"、财政部、国资委、税务总局等部门的联动工作机制，将科技金融纳入宏观经济政策框架体系，统筹考虑。

二是健全央地联动、政金协同的科技金融工作体系。加强中央和地方联动，充分调动两个积极性；强化政府与金融部门（机构）协调，财政资金和金融资金协同，形成功能互补、良性互动的科技金融新格局，营造良好的科技金融生态。

三是消除科技金融业务壁垒。破除当前在登记托管、支付清算等领域的碎片化运行机制，整合相关科技金融领域，消除科技金融体系内多余的业务领域壁垒。

四是注重宣传、总结和推广科技金融的成功经验和模式。在具备条件的区域，全面展开科技金融改革，并向全国推广成功经验和模式；通过收集、整理、剖析典型案例，挖掘科技金融创新实践规律，引导科技金融的可持续发展。

五是开展科技金融机制前瞻性研究。构建促进科技金融发展的研究网络，开展科技金融理论研讨，强化科技金融前瞻性研究，为深化科技金融改革做好理论储备与支撑。

（三）赋予试点地区更多的改革权限，对科技金融实施差异化监管

建议赋予促进科技和金融结合试点地区更大的改革权限，涉及金融、财税、国资等相关的试点政策，优先在试点地区进行试点。总结推广科技金融试点地区的先进经验，统筹考虑科技金融试点的区域与机构。稳步推动科技金融试点工

作,启动科技金融机构的认定工作试点。对科技金融创新实施差异化监管。对确有创新价值,且功能属性与现有金融业务和产品相同的金融创新,可按照功能监管的原则,施加统一的监管规则。对暂难以准确定位的金融创新,可以考虑借鉴国际上沙箱监管的尝试,监管者应提高风险警觉性,不能只在出现问题后才采取行动,要有预判、有预案。强调行为监管和功能监管的同时,引进穿透式的监管理念,坚持宏观与微观相结合,加强行业自律监管,完善信息系统工具的风险规制作用,突出科技在监管中的重要地位与作用。

(四)提供专业化和综合化服务

一方面,加强服务模式创新,积极向科技企业提供开户、结算、融资、理财、咨询、现金管理、国际业务等一站式、系统化的金融服务;另一方面,为科技企业提供更加专业化和综合化服务。充分发挥第三方服务机构作用,提供信息、技术创新和质量、创业、市场开拓、法律等专业服务,并建立服务评价机制。采取政府引导、市场化运作、开放服务的方式,在科技企业比较集中和具有产业集聚优势的地区,重点支持建立一批科技金融服务机构,为企业提供设计、信息、研发、试验、检测、新技术推广、技术培训、金融等综合化服务。

(五)推动科技金融产品和服务创新

鼓励银行业金融机构完善科技企业贷款利率定价机制,充分利用贷款利率风险定价和浮动计息规则,根据科技企业成长状况,动态分享相关收益。推动适应科技企业特点的金融产品创新,扩大仓单、订单、应收账款、产业链融资以及股权质押贷款的规模。在有效防范风险的前提下,支持银行业金融机构与创业投资、证券、保险、信托等机构合作,创新交叉性金融产品。支持发展信用保险保单和贷款保证保险保单质押业务,鼓励保险公司与银行合作,采取"政府+保险+银行"的风险共担模式。探索银行提供股权和债权相结合的融资服务方式,与创业投资、股权投资机构实现投贷联动。

(六)强化科技金融能力建设

一是加强科技金融统计监测。明晰科技金融内涵和范畴,建立科技金融基础数据库,建立和规范科技金融统计监测与评价机制。针对经济运行新常态的特点及规律,抓好经济和科技金融形势分析,持续开展对创业投资、科技信贷、资本市场、科技保险等重点领域的分析和监测。在学习借鉴发达国家和地区经验做法的基础上,充分考虑科技金融投入绩效的特点,从基础条件的建立、评价体系的完善和绩效信息的有效利用等方面，不断健全科技金融发展的绩效评价体系。

二是加强科技金融数据信息基础设施建设。构建稳定的、高效的、安全的科技金融数据信息基础设施，创新科技金融服务模式，增强环境风险管理、责任投资等方面的能力与推广力度。

三是构建完善的科技金融法律体系。健全科技金融法律法规制度，并完善其配套机制。重点突破科技金融法制体系比较薄弱的领域，如风险防范与补偿、信用评估、标准体系等。

四是培育和建立科技金融专业队伍。利用科教资源，结合市场需求，通过科技和金融领域人员互派、实地培训和学习交流等机制，培育和建立一批懂技术、金融和市场的复合型的科技金融专业队伍；着重提升科技金融投融资双方和第三方机构在科技金融风险管控、创新管理、科技金融评估与认证等方面的专业知识，更好地满足科技项目融资需求。

五是加强国际合作。加强与国际组织在科技金融能力建设等领域的合作，更好地服务于科技金融体系的发展。

五、重点工作

（1）制定一批科技金融创新政策。聚焦解决科技金融的重点难点问题，研究出台更具针对性、可操作性的政策，加强科技金融政策的完整性，满足创新创业企业不同发展阶段的融资需求。

（2）深化促进科技和金融结合试点。深化促进科技和金融结合试点，深刻把握科技创新和金融创新的客观规律，构建符合中国国情、适合科技创业企业发展的金融模式。统筹考虑科技金融试点的区域与机构，启动科技金融机构的认定工作试点。

（3）加强财政资金对科技金融的引导和支持。创新财政科技投入方式，综合运用后补助、风险补偿、基金、融资性担保、创新券等方式，撬动、引导金融资本和民间资金参与科技创新。逐渐降低有明确产品导向或产业化前景的科技计划项目无偿资助比例。稳步扩大国家科技成果转化引导基金规模，增设一批子基金，开展风险补偿，引导带动金融资本、民间投资等支持科技创新成果的资本化、产业化。扩大创新券政策实施范围。

（4）培育发展科技金融服务中心（专营机构）。加速开展企业融资、技术评估、产权转让、财务法律等业务，打造一站式科技金融服务中心，为知识产权、股权等无形资产提供价值评估和技术认证，为科技型中小企业提供全方位、全过程的投融资服务。进一步拓展科技金融中心服务空间，推动科技金融向科技创新重点领域集聚。发展科技金融专营机构（科技支行），加大金融创新力度，培育多样化的科技金融服务组织，大力发展科技金融专营机构，构建普惠金融体系。

（5）发展创业投资。加强统筹协调和事中事后监管，构建促进创业投资发展的制度环境、市场环境和生态环境，加快形成有利于创业投资发展的良好氛围，进一步扩大创业投资规模。完善政府创业投资引导基金的体制机制，引导天使投资和创业投资向早前期投资。

（6）稳步推进投贷联动试点。推动银行业金融机构基于科创企业成长周期前移金融服务，为种子期、初创期、成长期的科创企业提供资金支持，完善落实银行科技贷款的考核和监管政策。

（7）发展科技保险。创新科技创新风险分担机制，利用保险资金支持创新创业，促进银行、保险和担保机构合作，鼓励交叉性的产品创新。探索建立科技再保险制度。

（8）发展支撑创新创业的多层次资本市场。深化创业板和"新三板"改革，同交易所共同制定科技创新企业上市标准，开辟"绿色通道"。

（9）带动社会资本参与国家重大研发任务。进一步加大科技资源配置方式的创新力度，逐步建立引导社会各方多元化投入国家重大研发任务的新模式。引导金融资本、民间投资等向创新链上游延伸，探索建立公私合作实施科技创新项目的新模式。

（10）推进金融科技发展。引导新技术、新成果在金融机构中加速推广应用，加强区块链、大数据、云计算、人工智能等技术研发，建立相关的技术规范和标准。开展人民银行数字货币试点。鼓励金融业运用金融科技优化流程和业务创新。支持运用金融科技加快升级金融基础设施。

参考文献

[1] 熊彼特. 经济发展理论 [M]. 商务印书馆, 1990: 115 - 123.

[2] Modigliani F, Miller M H. The cost of capital, corporation finance and the theory of investment [J]. American Economic Review. 1958, 48 (3): 261 - 297.

[3] Hall S C. Predicting financial distress [J]. Journal of Financial Service Professionals, 2002, 56 (3): 12 - 14.

[4] Arrow K J. Economic welfare and the allocation of resources for invention [M]. London: Palgrave, 1962: 609 - 626.

[5] Hall B H, Lerner J. Chapter 14 - the financing of R&D and innovation [J]. Handbook of the Economics of Innovation, 2010, 1: 609 - 639.

[6] Freeman C, Louca F. As time goes by: from the industrial revolutions to the Information revolution [J]. Academy of Management Review, 2001, 27 (2): 306 - 311.

[7] Nelson. Technical innovation and national innovation systems: a comparative analysis [M]. Oxford: Oxford University Press. 1993: 89.

[8] Nelson R R, Winter S G. In search of useful theory of innovation [J]. Research Policy, 1977, 6 (1): 36 - 76.

[9] Perez C. Technological revolutions and financial capital [M]. E. Elgar Pub. 2002: 78 - 102.

[10] Mazzucato M. Financing innovation: creative destruction vs. destructive creation [J]. Industrial & Corporate Change, 2013, 22 (4): 851 - 867.

[11] Mazzucato M, Wray L R. Financing the capital development of the economy: a Keynes – Schumpeter – Minsky synthesis [J]. Social Science Electronic Publishing, 2015: 1 – 12.

[12] Lerner J, Hardymon G F, Leamon A. Venture capital and private equity: a casebook [M]. New York: John Wiley & Sons, 2012: 54 – 62.

[13] Lazonick W, Öner Tulum. US biopharmaceutical finance and the sustainability of the biotech business model [J]. Research Policy, 2011, 40 (9): 1170 – 1187.

[14] Geoffrey Owen, Michael M. Hopkins. The financing of biotech [C]. // Science, the state, and the city: Britain's struggle to succeed in biotechnology, Published to Oxford Scholarship Online: May 2016: 170 – 191.

[15] 王元. 为创新增加投资 [J]. 中国高新区, 2007 (10): 30 – 32.

[16] 赵昌文, 陈春发, 唐英凯. 科技金融 [M]. 科学出版社, 2009: 89 – 121.

[17] 房汉廷. 关于科技金融理论、实践与政策的思考 [J]. 中国科技论坛, 2010 (11): 5 – 10.

[18] 郭戎. 塑造支撑知识密集型无形资产高效交易的金融中介体系 [J]. 中国科技投资, 2011 (5): 16 – 19.

[19] 房汉廷. 科技金融本质探析 [J]. 中国科技论坛, 2015 (5): 5 – 10.

[20] 王巽, 史永东. 科技金融反哺银行业的异质性研究——来自区域性银行的经验证据 [J]. 科学学研究, 2017 (12): 1821 – 1831.

[21] 钱水土, 张宇. 科技金融发展对企业研发投入的影响研究 [J]. 科学学研究, 2017, 35 (9): 1320 – 1325.

[22] 张玉华, 张涛. 科技金融对生产性服务业与制造业协同集聚的影响研究 [J]. 中国软科学, 2018 (3): 47 – 55.

[23] 张明喜等. 科技金融: 从概念到理论体系构建 [J]. 中国软科学, 2018 (4): 31 – 42.

[24] 理查德·R. 纳尔逊, 悉尼·G. 温特. 经济变迁的演化理论 [M]. 商务印书馆, 1997: 53 – 78.

[25] 黄凯南. 制度演化经济学的理论发展与建构 [J]. 中国社会科学, 2016 (5): 65 – 78.

[26] Blyth M, Lewis O, Steinmo S. Introduction to the special issue on the evolution of institutions [J]. Journal of Institutional Economics, 2011, 7 (3): 299 – 315.

[27] Pagano U. Interlocking complementarities and institutional change [J]. Journal of Institutional Economics, 2011, 7 (3): 373 – 392.

[28] Gunnarsson J S, Wallin T. An evolutionary approach to regional systems of innovation [J]. Journal of Evolutionary Economics, 2011, 21 (2): 321 – 340.

[29] Tedeschi G, Vitali S, Gallegati M. The dynamic of innovation networks: a switching model on technological change [J]. Journal of Evolutionary Economics, 2014, 24 (4): 817 – 834.

[30] Boyer, Robert. The global financial crisis in historical perspective: an economic analysis combining Minsky, Hayek, Fisher, Keynes and the regulation approach [J]. Accounting, Economics and Law, 2013, 3 (3): 93 – 118.

[31] 阿罗. 社会选择及个人价值 [M]. 上海: 上海人民出版社, 2010: 113 – 147.

[32] Hodgson G M. The evolution of evolutionary economics [J]. Scottish Journal of Political Economy, 1995, 42 (4): 469 – 488.

[33] Dosi, G., Winter, S. Interpreting economic change: Evolution, structures and games [C]. // The economics of choice, change and organizations. Edward Elgar Publishers, Cheltenham., 2002: 337 – 353.

[34] 梅特卡夫, 冯健. 演化经济学与创造性毁灭 [M]. 中国人民大学出版社, 2007: 78.

[35] 习近平. 在中国科学院第十七次院士大会、中国工程院第十二次院士大会上的讲话 [J]. 当代劳模, 2014 (6): 14 – 17.

[36] Veblen Thorstein. Why is economics not an evolutionary science? [J]. Quarterly Journal of Economics, 1898, 12 (4): 373 – 397.

[37] Nelson, Richard R. and Sidney G. Winter. An evolutionary theory of economic change [M]. Cambridge, Massachusetts: Belknap Press of Harvard University Press, 1982: 437.

[38] Feldman M S. Organizational routines as a source of continuous change [J]. Organization Science, 2000, 11 (6): 611 – 629.

[39] Witt U. What is specific about evolutionary economics? [J]. Journal of Evolutionary Economics, 2008, 18 (5): 547-575.

[40] Alchian A A. Uncertainty, evolution, and economic theory [J]. Journal of Political Economy, 1950, 58 (3): 211-221.

[41] Hayek F A. The sensory order: an inquiry into the foundations of theoretical psychology [J]. Quarterly Review of Biology, 1999, 76 (4): 182-183.

[42] 中共中央文献研究室编. 毛泽东文集 [M]. 人民出版社, 1999: 128.

后 记

本书的研究撰写得到了科学技术部 2016 年科技创新战略研究专项（ZLY201607）的资助。在研究过程中，多次聆听科技部战略院老领导王元研究员、杨起全研究员、武夷山研究员、王奋宇研究员，财政部财政科学研究所刘尚希研究员、贾康研究员，科技日报社房汉廷研究员，科技部战略院胡志坚院长、王宏广调研员、孙福全副院长、刘冬梅副院长、张丽书记，科技部资源配置与管理司张晓原司长、吴学梯副司长、解鑫副司长、郑健健处长、赵理副处长，成果转化与区域创新司沈文京处长、朱星华副处长，科技部科技经费监管中心刘东金副主任、孙晓芸副主任，中国科学技术信息研究所赵志耘书记、郭铁成副所长等的教诲，他们开拓了研究视野，也使研究思路逐渐清晰起来。但是真正动起笔来，才发现平时的积累厚度远远不够，很多问题难以从理论层面真正解答，不能支撑现有研究。幸运的是，科技部战略院郭戎院务委员对本书的研究写作给予了虚心指导。

在研究撰写过程中，中国风险投资研究院董事长李爱民，中国银监会政策研究局处长王梦熊，中国财政学会公私合作（PPP）研究专业委员会秘书长孙洁，中证研究院邵宇，中国人民银行金融市场司副司长马贱阳，中国人民银行金融市场司朱迪恺，中国财政科学研究院教科文研究中心主任韩凤芹，中山大学副校长李善民，中国社会科学院金融政策研究中心副主任徐义国，中国人民财产保险股份有限公司刘峰，国家开发银行研究院国际战略研究部田惠敏，创新工场合伙人郎春晖，中山大学梁星韵提出了宝贵的意见和建议，在此一并感谢。

更为重要的是，各位好友兼同事薛薇、张俊芳、李希义、魏世杰、付剑峰、朱欣乐、郭滕达、赵淑芳、姜艳凤、白瑞亮、王秋颖、潘洁晞等，大家在一起工作非常融洽，经常讨论和碰撞，产生了大量新的思想火花，使得本书的研究撰写得以顺利进行。

科学技术是第一生产力，金融是现代经济的血液。在全球新一轮科技创新孕育突破、我国经济转型升级的关键阶段，怎样引导金融资源向科技创新领域配置、更好实施创新驱动发展战略？创新科技金融服务体系是现实途径之一。本书的研究撰写仅仅是个开端。

本书作者才疏学浅，书中所提观点仅供各位参考，欢迎批评指正，也希望同行就科技金融问题做更深入细致的研究和探讨，共同推动和繁荣我国的经济学理论。